전산 통사·의미론

—이론과 응용—

전산 통사·의미론

—이론과 응용—

전산 통사 · 의미론

― 이론과 응용 ―

이민행 저

도서출판 역락

책 머 리 에

　자연언어를 자유롭게 이해하고 구사하는 컴퓨터의 개발은 인공지능 분야 및 전산언어학의 궁극적인 목표다. 이 목표를 달성하기 위한 구체적인 과제의 하나로 간주되는 자연언어의 전산적 구현을 위해서는 자연언어를 연구하는 언어학자들과 전산적 기술을 갖춘 전산학자들의 공동 작업이 필수적이다. 본 논저는 언어학자들을 위해 전산언어학 분야에 대한 체계적인 지식을 전달하고 이미 전산적 처리기술을 갖춘 전산학자들을 위해서는 체계적인 정리를 통해 본격적인 언어학 연구를 시작할 수 있는 출발점을 마련케 하는 것을 목표로 삼는다. 본 연구에서 기반으로 삼고 있는 연구방법론은 전산언어학의 트렌드라 할 수 있는 코퍼스기반 혹은 통계기반 방법론이 아니고, 전통적인 언어학과 맥을 같이하는 규칙기반 방법론이다. 또한 본 저술에서 다루는 프로그래밍언어도 코퍼스기반 방법론의 대두로 상종가를 기록 중인 Perl이 아니라, 논리의미론과 잘 어울리는 Prolog이다. 트렌드는 세월따라 변하지만, 전통은 변하지 않으며 시간과 더불어 더욱 빛을 발산한다는 것이 필자의 확신이다.

　우리시대의 코드인 '정보화 사회'의 핵심은 컴퓨터를 기반으로 한 정보의 생산, 가공 및 유통이다. 사람과 컴퓨터 사이의 효율적인 커뮤니케이션 문제가 가장 중요한 이슈로 등장하고 있는 이 시대에 컴퓨터를 이용한 정보화 작업도 궁극적으로는 사람을 위한 노력의 일환이어야 한다. 현재는 사람이 컴퓨터의 언어를 배워야 컴퓨터를 효율적으로 이용할 수 있지만, 고도의 정보화 사회에서는 컴퓨터가 인간의 언어, 곧 자연언어를 이해하여 인류를 위해 봉사하게 될 것이다. 다시 말하여, 사람처럼 자신의 의사를 상대방에게 전달하고 대화상대자의 말을 이해하는 컴퓨터가 창조될 때에 비로소 진정한 의미의 정보혁신이 이룩된 것이라 할 수 있을 것이다.

    이런 맥락에서 자연언어의 전산적 구현이 정보화 사회를 앞당기는 중요
한 역할을 수행한다는 점에서 볼 때, 관심 있는 전산학자나 언어학자들의
역량을 최대한 결집하고 이를 뒷받침할 학문 후속세대의 양성이 필요하다.
문화관광부의 재정적인 지원에 힘입어 2000년부터 매년 국어정보화 아카
데미가 설치, 운영됨에도 불구하고, 국내에서 전산언어학에 대한 체계적인
연구나 소개가 부족한 것이 여전히 사실이다. 본 논저는 전산언어학 분야
의 당위성과 필요성에도 불구하고 이 분야에 대한 본격적인 연구서가 국
내에는 거의 없다는 사실을 염두에 두고 구상되었다. 외국에서 출판된 좋
은 입문서가 몇 가지 있기는 하나, 국내에 쉽게 수용되지 못하고 있는 실
정이고, 또한 한국어를 전혀 다루고 있지 않으므로 국내 전산언어학 발전
에 적절한 기여를 하지 못한다. 따라서 한국어와 영어를 대상으로 하여 자
연언어와 관련된 통사론적, 의미론적 주요 특질을 정리하고, 이를 어떻게
전산적으로 구현할 수 있는지를 제시하는 작업은 그 의의가 자못 클 것이
다. 그렇게 함으로써 언어학자들에게는 꼭 필요한 전산적 지식을, 그리고
전산학자들에게는 필수적인 언어학적 지식을 전해줄 수 있을 것이다. 또
한 이러한 지식이 추상적인 상태에 머무르지 않고 언어학도들에게는 직접
컴퓨터를 이용하여 프로그램을 만들어보도록 유도하고, 전산학도들에게는
언어학 및 이의 구현에 대한 기초 지식을 제공하고 연구의 주요 문제점들
을 정리해 보이고자 한다.

    논저의 토대는 필자가 1991년부터 15년 동안 연세대, 서울대, 한국외대,
서강대 등 여러 대학에서 전산언어학에 대한 대학원 강의를 하면서 정리
해 온 강의록 및 연구논문이다. 일부 내용은 이미 고려대 언어학과의 최재
웅 교수님과 공동으로 진행한 1997년 한국언어학회의 강독에서 소개된 바
있다. 필자가 전산언어학에 입문한 것은 1985년 가을, 당시 박사논문 지도
교수였던 뮌헨대학의 하우써(Roland Hausser) 교수님의 세미나에서 Earley
알고리즘을 해독한 내용을 바탕으로 차트파싱에 대해 발표한 것이 계기였
는데, 그로부터 20년 만에 본서를 출판하게 된 것은 매우 뜻 깊은 일이다.
그 시절만 해도 영어로든 독일어로든 전산언어학에 대한 개론서 한권 없

어 해당 논문만 앞에 놓고 암호코드와 같은 알고리즘을 해석하기 위해 몇 일 동안 씨름해야 했다. 그때에 비하면, 지금 우리는 풍요 속의 빈곤을 경험하고 있는 셈이다.

본 논저는 4부로 구성되어 있으며, 제1부와 제2부에서는 전산언어학의 뼈대라 할 수 있는 전산통사론과 전산의미론을 다룬다. 여기에서 이 두 영역의 여러 현상들을 분석하기 위해 개발된 주요 분석 기법들을 체계적으로 소개한다. 제3부에는 최근에 많은 연구 및 활용이 이루어지고 있는 분야들인 코퍼스 언어학 분야 및 기계번역 분야를 포함시켰다. 본서는 세부적인 통사적, 의미적 처리절차를 구체적인 프로그램으로 작성해 보이기 위해서 인공지능언어로 널리 알려져 있는 Prolog를 활용한다. 이를 위해 제4부에 프롤로그의 술어논리적 배경과 통사론을 정리하였으며, 공개 프로그램인 Swi-Prolog 5.4 사용법을 부록에 포함시켜서 프로그래밍에 배경이 없는 독자라도 책 내용을 이해하고 실습하는 데 별 어려움이 없도록 배려했다. 또한 본문에 제시된 구현 프로그램은 대부분 부록으로 제시되어 있으며, 독자들이 자료들을 실제적으로 활용할 수 있도록 웹사이트를 개설하여 각 장에서 언급된 Code들을 모두 공개한다. 웹 주소는 'http://www.coling.info/synsem/'이다.

본 저술의 집필로부터 출판에 이르는 과정에서 많은 분들의 도움을 받았으며 이에 대해 감사의 말씀을 드리고자 한다. 고려대 언어학과의 최재웅 교수께서는 본 원고를 처음부터 끝까지 읽어 주시고 귀중한 의견을 많이 주셨다. 같은 학과의 이기용 교수님, KAIST 전산학과의 최기선 교수님과 서울대의 장석진 교수님은 전산언어학 관련 프로젝트를 여러 차례 개발하여 필자가 함께 연구할 기회를 마련해 주심으로써 이 분야의 기초연구를 응용할 수 있도록 해 주셨다. 또한 국문과의 홍윤표 교수님은 대형 프로젝트 「21세기 세종계획」을 태동시킴으로써 한국어 정보처리 연구에 지대한 공헌을 하셨고, 이 사업에 필자도 참여할 수 있게 된 데에 대하여 홍 교수님께 깊이 감사드린다. 멀리는 학부와 대학원 석사과정에서 서울대의 신수송 교수님을 통해 논리의미론을 심도 있게 공부하게 된 것과 귀

국 후 서울대에서 전산언어학 강의를 할 수 있도록 자리를 마련해 주신 데 대해 감사드린다. 또한 독일 Erlangen 대학의 하우써 교수님은 필자가 뮌헨대학에서 박사과정 중일 때 전산언어학으로 입문하도록 이끌어 주시고 자신이 제안한 좌연접문법뿐만 아니라 인공지능 언어 Lisp 프로그래밍에 대해 안내해 주셨다. 고맙게도 연세대 국문과의 서상규 교수님은 필자에게 대학원 언어정보학과에 참여할 기회를 마련해 주시고, 국어정보화 아카데미를 연세대에 설치하여 운영하는 데 있어 결정적인 도움을 주셨다. 몇 해 전부터 연세대 언어정보연구원의 책임자로서 말뭉치에 기반한 한국어 대사전의 편찬을 위해 정열을 쏟고 계시는 이익환 교수님은 필자에게 연세대 언어정보연구원과 대학원 협동과정 인지과학과의 운영에 참여할 기회를 마련해 주셨다. 이를 계기로 필자가 전산언어학 분야에 대한 연구를 지속할 수 있었으며 이에 대해 깊이 감사드린다. 마지막으로 프롤로그 코드의 검증작업과 원고의 교정작업에 도움을 준 박사과정의 홍훈기 군과 양 현 군에게 감사한다.

인문학 분야에 대한 사회적인 가치평가가 급격히 절하됨으로 인해 인문학 분야의 출판계 상황이 매우 어려워져 있음에도 불구하고 본 논저의 출판을 흔쾌히 수락해 주신 도서출판 역락의 이대현 사장님과 편집책임을 맡아 각고의 노력을 통해 높은 수준과 품위 있는 편집을 완수한 권분옥 선생님께 심심한 감사를 드린다.

끝으로 이 저서는 1999학년도 연세대학교 학술연구비의 지원에 의하여 이루어진 것임을 밝히며, 이에 대해 연구비를 지원해 준 연세대에 감사한다.

2005년 5월
외솔관에서 이민행

차 례

■■■■■ 부 록 __ 263

서론 : 언어기호의 구조

언어란 무엇인가? 언어에 대한 정의가 여러 가지이지만, "언어는 인간에게 있어 가장 중요한 의사소통 수단이다."라는 정의만큼 많은 사람들의 공감을 얻은 것은 없을 것이다. 아래의 꾸며진 이야기는 바로 언어가 의사소통의 수단이라는 기능을 상실할 때에 어떠한 문제가 야기되는지를 극명하게 보여줌으로써 언어의 기능에 대해 다시 생각하게 한다.

　(1) "책상은 책상이다"(Peter Bichsel)

"무엇 때문에 침대를 그림이라고 일컫지 않지?"라고 그 남자는 생각하면서 "이제 변할 거야"라고 그는 외치며, 그 순간부터 침대를 '그림'이라고 말했다. "나는 피곤하니 '그림'으로 간다."라고 그는 말했고 아침마다 종종 '그림' 위에 오랫동안 누워 있었다. 그러나 책상을 이제 더 이상 책상으로 부를 수 없었다. 그때부터 책상은 '양탄자'라고 불렀다. 아침에 그 남자는 '그림'을 떠나서 옷을 입고 '양탄자' 옆에 있는 '자명종 시계'에 앉아서 무엇을 어떻게 부를까 하고 숙고했다. 그는 신문을 침대라고 말했다. 그리고서 그는 모든 사물에 대한 새로운 명칭을 배우게 되었는데 그것 때문에 올바른 명칭을 자꾸 잊어버렸다. 그 노인은 사람들을 더 이상 이해하지 못했으며 그것이 그렇게 곤란한 것은 아니었다. 더 곤란한 것은 사람들이 그를 더 이상 이해하지 못하는 것이었다. 그래서 그는 더 이상 아무말도 하지 않았다. 그는 침묵했으며, 혼자서만 중얼거리곤 하였고 더 이상 인사조차 하지 않았다.

다람쥐 쳇바퀴 돌듯이 매일 반복되는 일상의 권태로움으로부터 벗어나기 위해 언어를 바꾸고자 했으며, 그럼으로써 세상도 바뀔 것이라는 확신을 가졌던 한 노인의 언어혁명이 허망하게 실패해 가는 과정을 페터 빅셀은 적나라하게 묘사하고 있다. 이 얘기를 통해 우리는 먼저 언어가 의사소통의 수단으로써 특정한 커뮤니티에서 사용된다는 사실을 쉽게 확인할 수 있다. 더 나아가 언어의 소통적 기능이 제대로 작동되지 않을 때에 어떤 커뮤니티이든 소외받은 사람 혹은 노인으로 상징되는 바 소외계층이 생길 수 있다는 함축적인 사실도 이해하게 된다. 이 텍스트는 또한 언어가 나름의 구조를 갖추고 있는 체계라는 사실도 암묵적으로 보여준다. 현대언어학의 창시자인 소쉬르(Ferdinand Saussure)의 구조주의적 관점에서 보아, 그 구조란 언어기호의 내부 구조와 외향 구조를 일컫는다. 여기서 내부 구조란 형태로서의 하나의 언어기호는 반드시 의미적인 측면과 연결된다는 사실을 가리킨다. 양자간의 관계를 소쉬르는 아래의 그림을 통해 설명한다.

(2)

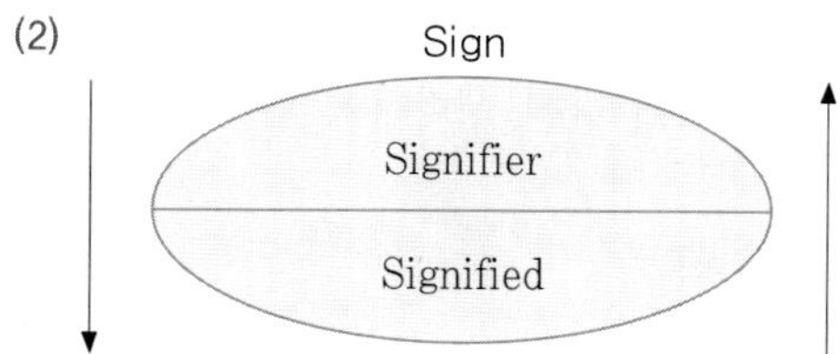

위의 도식에 따르면 하나의 언어기호는 형태적인 측면의 기표(Signifer)와 의미적인 측면의 기의(Signified)로 구성된다. 소쉬르는 기표와 기의가 하나의 기호로서 존재하는 언어의 집은 커뮤니케이션에 참여하는 화자와 청자의 뇌속이라고 보았다. 다음 모형은 소쉬르가 일반적인 커뮤니케이션 과정을 모사한 것으로서 역동적인 모습을 보여준다(Saussure, 1960).

(3)

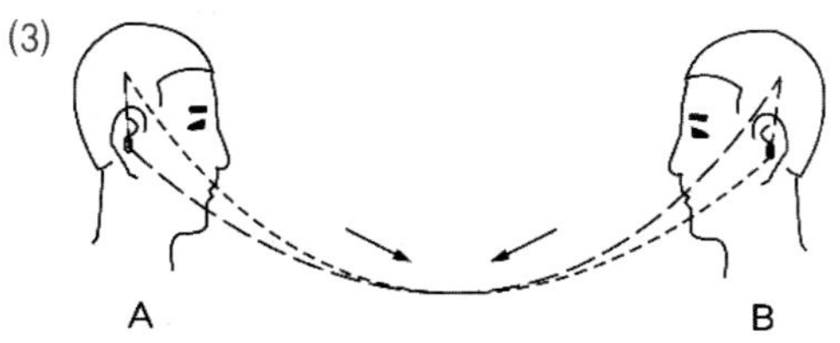

위의 도식에 대해 인지적인 관점에서 해석을 붙이자면 다음과 같다. 화자 A가 뇌속의 기호의 기표적인 측면만을 분리하여 음성의 형태를 갖추어 B에게 전달하면 그 기표는 수신자 B의 귀에 전달된 후에 뇌속에서 의미적인 측면인 기의와 결합하여 하나의 기호로 부활하여 의미를 얻게 된다. 이 의미와 결합한 기표는 청자 B의 뇌속에서 분석된 후에 다른 기호를 불러내며, 이렇게 호출된 기호는 역할이 뒤바뀐 새로운 화자 B의 입을 통해 새로운 청자 A에게 전달이 된다. 소쉬르가 이미 1930년대에 인지적인 과정에 대해 깊은 이해력을 가지고 있었다는 사실과 더불어, 기표와 기의는 언어사용자의 뇌속에서 통합체로 존재하고 뇌속에서 벗어난 순간 기표가 기의와 작별한다는 사실을 발견한 통찰력이 놀랍게 생각된다.

이제 앞의 얘기로 되돌아가면, 주인공인 노인과 커뮤니티의 다른 구성원간에 의사소통상의 장애가 생긴 것은 일차적으로 언어기호의 내부 구조에 대한 이해의 상이함에서 비롯된다. 다른 한편, 이 텍스트는 언어기호의 외향 구조에 대해서도 시사점을 던져주는데 이때 외향 구조란 언어기호들 상호간의 관계를 의미한다. '의자'라고 명명하던 것을 '자명종시계'로 바꾸어 부름으로써 '의자'와는 잘 어울리는 동사 '앉는다'를 '자명종시계'와 결합할 때 의미적인 파열음이 생긴다. 이러한 불협화음은 새로운 기호 '그림'과 동사 '눕다'와의 결합에서도 나타난다. 이처럼 모든 언어기호는 내부 구조와 외향 구조를 가지는데 지금까지 논의한 것은 어휘층위의 기호에 한정된 것이며, 동일한 논리가 문장층위 더 나아가 담화층위로까지 확대적용될 수 있다. 곧 하나의 언어기호로서 문장도 형태적인 측면과 의미적인 측면을 지니며, 역시 두 가지 측면을 지니는 다른 문장과 어울려서 담화층위의 기호를 생성해 낸다. 언어학의 여러 하위분야 중 언어기호의 외향 구조를 다루는 분야가 통사론(Syntax)이고, 언어기호의 내부 구조를 다루는 분야가 의미론(Semantics)이다. 다시 말하여 어휘층위의 기호들이 일정한 원리에 의해 서로 결합하여 새로운 문장층위의 기호로 진화하고, 문장층위의 기호들도 일정한 원리에 의해 담화층위의 기호로 확대발전되어 가는 과정에 통사규칙들과 의미규칙들이 함께 관여하는데, 이 모든 규칙들에 내재된 하나의 공통원리는 바로 합성성 원리라 할 수 있다.

본서는 합성성 원리를 토대로 하여 언어학의 근간이 되는 두 하위영역, 곧 통사론과 의미론을 전산언어학적인 관점에서 논의하고자 한다. 이 과정에서 통사론과 의미론의 여러 가지 이슈들을 인공지능언어인 프롤로그를 통해 구현하는 방법을 탐구하고 직접적으로 컴퓨터에 의해 작동된 결과를 보여주려고 한다. 본 연구에서는 통사적인 정보와 의미적인 정보, 문장층위적 정보와 담화층위적 정보가 하나의 문법 안에 표상될 수 있음을 보임으로써 통사정보와 의미정보의 통합모형을 제안하는 것을 궁극적인 목표로 삼는다. 이러한 논의가 정보화시대의 화두인 인간과 컴퓨터간의 커뮤니케이션과 관련된 여러 가지 이슈들에 대한 해답을 찾는 데 있어 기여가 될 것을 기대한다.

제 1 부 전산통사론

제1장 통사연구 개관

　넓은 의미에서의 통사론(Syntax)은 기호들 상호간의 관계를 연구하는 분야이다. 이 점에서 기호와 세계와의 관계를 다루는 의미론이나 기호와 기호사용자와의 관계를 연구하는 화용론과 구별된다. 좁은 의미에서의 통사론은 문장을 구성하는 여러 구성요소들간의 관계를 연구하기 때문에 다른 말로 문장론이라고도 불린다. 따라서 이 분야는 하나의 단어를 구성하는 하위요소들간의 관계를 다루는 형태론이나 소리단위들간의 관계를 다루는 음운론과 구별된다. 이 장에서는 문장의 구조를 기술하는 몇 가지 기본적인 이론언어학적 접근방법에 대해서 논의하고자 한다.

1. 구구조문법

　일반적으로 형식문법(Formal Grammar)은 개별 어휘들의 범주를 규정한 어휘부와 범주간들의 결합가능성을 규정한 규칙부로 구성된다. 구구조문법(Phrase Structure Grammar)도 일종의 형식문법으로 이해되며, 따라서 구구조문법에서도 어휘부와 규칙부가 서로 구분될 수 있다. 다음의 (1)에 주어진 구구조문법은 몇 가지 간단한 한국어 문장을 분석하거나 생성하는 데 사용되는 구구조문법이다.

(1) 한국어 구구조문법(KGR1)
    a. S → (NP) VP
    b. VP → (NP) (NP) V
    c. NP → N CASE
    d. N → 미미, 우상, 나, 너, 음악, 서태지, 책…
    e. CASE → 은, 는, 이, 가, 을, 를, 에게…
    f. V → 떠난다, 보낸다, 믿는다, 좋아한다…

이 문법 KGR1에서 (1a)-(1c)는 범주들의 결합가능성을 규정한 규칙들로서, 이들이 함께 규칙부를 형성하며, (1d)-(1f)는 개별어휘들의 범주를 규정하는 어휘부를 형성한다. 위 문법에 의해 우리는 다음의 (2a)-(2c)에 열거된 문장들을 분석하거나 생성할 수 있다.

(2) a. 나는 너에게 나를 보낸다.
    b. 나는 너를 믿는다.
    c. 서태지가 떠난다.

이제 예문 (2a)의 구조를 살펴보자. 이를 위해 먼저 이 문장을 구성하는 어휘들의 범주를 확인할 필요가 있다. 문법 KGR1의 경우, '은', '는', '이', '가' 등 한국어의 조사에 CASE라는 독립적인 범주를 인정하고 있기 때문에, 문장 (2a)는 7개의 어휘로 형성된 문장이다. 각 어휘들은 문법 KGR1의 어휘부 (1d)-(1f)에 의해 다음의 (3)에 제시된 바와 같이 범주가 부여된다.

(3)

어 휘	나	는	너	에게	나	를	보낸다
범 주	N	CASE	N	CASE	N	CASE	V

어휘부에 의해 결정되는 개별 어휘들의 범주를 어휘범주(lexical category)라 부르는데, 인접한 어휘범주들은 둘 혹은 셋씩 결합하여 복합적인 구범주(phrasal category)를 형성할 수 있으며, 이때 어휘범주들의 결합가능

성을 규정하는 규칙이 구구조규칙(phrase structure rule)이다. 문법 KGR1
에서 규칙 (1a)-(1c)가 구구조규칙들이다. 구구조규칙들에 의해 어휘범주
들이 결합하여 일차적으로 구범주가 생성된 결과를 제시하면, 아래의 표
(4)와 같다.

(4)

어 휘	나	는	너	에게	나	를	보낸다
어휘범주	N	CASE	N	CASE	N	CASE	보낸다
구범주〔1〕	NP		NP		NP		V

이렇게 어휘범주들의 결합에 의해 생성된 구범주는 다른 구범주와 결합
하여 새로운 구범주를 만들거나, 다시 어휘범주와 결합하여 새로운 구범주
를 만들 수 있다. 표 (4)를 바탕으로 하여 구구조규칙 (1b)를 적용하면,
다음의 표 (5)와 같은 중간결과가 얻어진다.

(5)

어 휘	나	는	너	에게	나	를	보낸다
어휘범주	N	CASE	N	CASE	N	CASE	V
구범주〔1〕	NP		NP		NP		
구범주〔2〕	NP		VP				

이 중간결과에 구구조규칙 (1a)를 적용하면, 우리는 최종결과로서 아래
의 표 (6)을 갖게 된다.

(6)

어 휘	나	는	너	에게	나	를	보낸다
어휘범주	N	CASE	N	CASE	N	CASE	V
구범주〔1〕	NP		NP		NP		
구범주〔2〕	NP		VP				
구범주〔3〕	S						

지금까지, 우리는 구구조문법에 기반하여 한 문장을 구성하는 개별어휘들로부터 출발하여 최상위의 문장범주 S를 얻어내는 과정을 기술했다. 위의 표 (5)에 제시된 범주들의 결합관계를 명시적으로 표현하기 위해 수형도로 나타낼 수 있는데, 구범주 NP와 VP가 결합하여 구범주 S가 되는 관계를 우리는 다음의 (6)과 같이 표상할 수 있다.

(6)

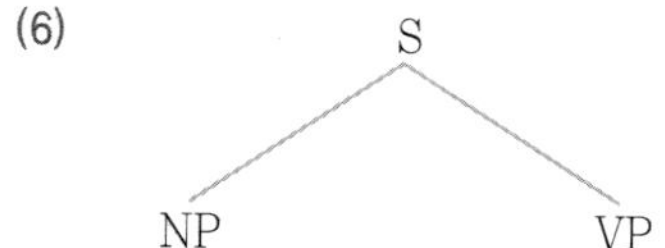

마찬가지로 어휘범주 N과 CASE가 결합하여, 구범주 NP를 형성하는 관계와 구범주 NP, NP와 어휘범주 V가 결합하여 구범주 VP를 형성하는 관계를 각각 (7a), (7b)로 나타낼 수 있다.

(7) a.   b.

또한 개별 어휘들이 어휘범주를 할당받는 관계, 예컨대 '나'에 어휘범주 N이 할당되는 관계를 수형도로 나타내면, 다음의 (8)과 같다.

(8)

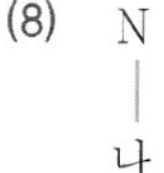

이상에서 기술한 여러 가지 유형의 결합관계를 모두 통합하여 하나의 수형도로 나타내면, 아래의 (9)와 같으며, 이 수형도는 문장 (2a)의 통사 구조를 표상한 것이다.

(9)

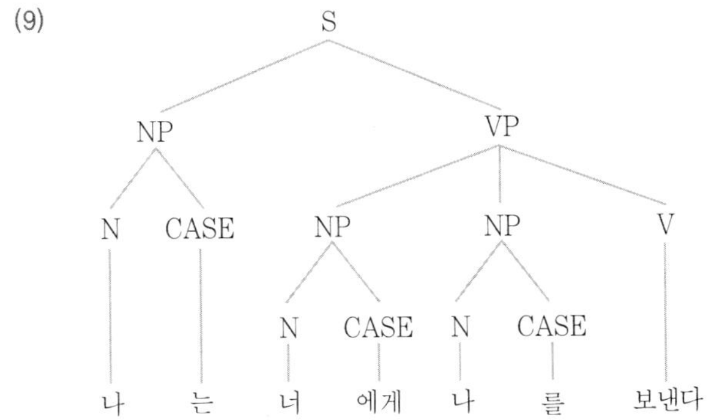

수형도 (9)에서 '나', '는' 등 개별 어휘들이 위치하고 있는 자리를 단말교점(terminal node)라 하고, 구범주 S, NP 등이나 어휘범주 N, CASE 등이 위치하고 있는 곳을 비단말교점(nonterminal node)이라 부르며, 교점과 교점을 연결하는 선을 가지(bridge)라 한다. 또한 단말교점 자리에 위치한 어휘들을 다른 말로는 단말기호(terminal symbol)라 부르며, 비단말교점 자리에 위치한 어휘들을 다른 말로는 비단말기호(nonterminal symbol)라 하기도 한다. 곧 비단말기호는 어휘범주와 구범주를 합하여 부르는 통칭으로 이해할 수 있다. 그리고 수형도의 최상단교점에 위치하는 비단말기호 S는 초기기호(start symbol)라는 특별한 명칭을 갖는다. 문장구조를 분석하는 절차인 문장처리(sentence processing)와 관련하여, 초기기호인 S로부터 출발하여 단말기호인 개별 어휘들에 이르는 분석방법을 수형도의 위쪽에서 아래쪽 방향으로 분석이 진행된다는 의미에서 하향식(top-down)분석방법이라 하며, 단말기호인 개별 어휘들로부터 출발하여 초기기호인 S에 이르는 분석방법을 수형도의 아래에서 위쪽 방향으로 분석이 진행된다는 의미에서 상향식(bottom-up)분석방법이라 하는데, 이러한 파싱기법에 대해서는 제3장에서 자세히 살펴본다.

지금까지의 논의를 종합하자면, 그림 (9)는 구구조문법 내에서 문장의 구조를 나타내는 전형적인 방법으로서 이런 구조를 수형도(tree structure)라 부른다. 이러한 수형도를 통해 우리는 한 문장 내에 나타나는 어휘들의 순서관계뿐만 아니라 결합관계를 파악할 수 있다. 순서관계와 결합관계는 구구조규칙이라 불리는 (1a)-(1c) 등의 규칙을 통해 표현되는 것으로, 하나의 구구조규칙에 의해 표현되는 어순관계를 전문용어로 선형관계(linear precedence)라 하고 결합관계를 구성관계(constituency)라 지칭한다. 정리하자면, 구구조문법에서 구구조규칙은 선형관계와 구성관계를 통시에 명시적으로 표상한다고 할 수 있다. 선형관계는 보통 어순(word order)라 불리며, 결합가(valence), 일치관계(agreement)와 더불어 통사론의 가장 주요한 주제영역 중의 하나이다. 구구조문법은 명시적으로 표상하는 선형관계나 구성관계 외에도 또한 의존관계(dependency)를 수형도를 통해 암묵적으로 나타내기도 하는데, 위의 수형도 (9)에서는 어휘범주 N과 CASE가 결합하여, 구범주 NP를 형성하는 관계나 구범주 NP, NP와 어휘범주 V가 결합하여 구범주 VP를 형성하는 관계를 통해 범주들간의 의존관계를 암묵적으로 확인할 수 있다. 곧 여러 개의 범주가 결합하여 하나의 복합범주를 형성할 때에, 복합범주의 명칭을 결정하는 범주가 다른 범주들을 지배하며, 다른 범주들은 그 범주에 의존한다고 규정할 수 있다. 예를 들어 앞서 수형도 (7b)에서 보듯이, 두 개의 NP와 하나의 V가 결합하여, 복합범주를 구성할 때에 상위교점의 범주는 VP로 표기되는데, 이 사실은 동사 V가 두 개의 명사구 NP를 지배하는 관계에 있으며, 두 개의 NP는 동사 V에 의존되는 관계에 있음을 시사하는 것이다. Lucien Tesniere에 의해 제안된 의존문법(dependency grammar)은 이러한 의존관계를 명시적으로 표상하는 통사이론이다(이민행, 1993). Tesniere(1959)에 따르면, 한 문장 안의 모든 어휘는 그 문장의 구성요소로서 기능하는 한, 사전에서처럼 고립되어 있는 것이 아니다. 각 어휘와 그것에 이웃하는 어휘들간에는 의존관계가 성립한다. 의존문법에서는 특정한 통사범주에 속하는 어휘들이 특정한 다른 통사범주의 어휘들에 의하여 채워져야 하는 빈자리들을 가지는 것으로 여겨진다. 이때 후자는 의존소, 전자는 지배소라 명명된다. 달리 표현하여, 지배소는 그것의 의존소들을 지배하고 의존소는 지배소에 의존한다. Tesniere 자신은 의존관계의 결정을 위한 연산적인 기준의 제시를 포기함으로써

Vennemann(1977 : 270)이 비판하듯이 몇 가지 나쁜 결과를 초래한다. 어떤 구성성분이 지배소이고 어떤 구성성분이 의존소인가의 결정을 위하여 수많은 의존문법관계문헌에서 무수한 방법들을 사용하여 일반적으로 유효한 결정적인 기준을 형식화하려고 시도한다. 그러나 의존관계 개념 내지 결합과 개념의 정의를 위한 다양한 시도들 중 어떠한 입장도 학자들 사이에 오늘날까지 통용되는 견해는 존재하지 않는다. 따라서 여기서는 몇 가지 구체적인 예를 들어서 어떻게 언어적인 표현들간의 관계를 의존이론의 틀안에서 기술할 수 있는지를 보이고자 한다. 여기서의 기술은 Matthews(1981)에 근간을 둔다. 다음의 예들을 보자.

(10) The student loves his girlfriend.

위 문장 (10)에서 동사 loves는 문장을 형성하기 위해서 주어와 직접목적어를 요구한다. 이 예에서 동사 loves가 지배소로 두 명사구가 의존소로 불린다. 문장 내의 의존관계를 표현하기 위하여 의존수형도가 사용되는데, 다음의 (11)에 제시된 수형도는 위의 예문 (10)의 모든 의존관계를 표상하고 있다.

(11)

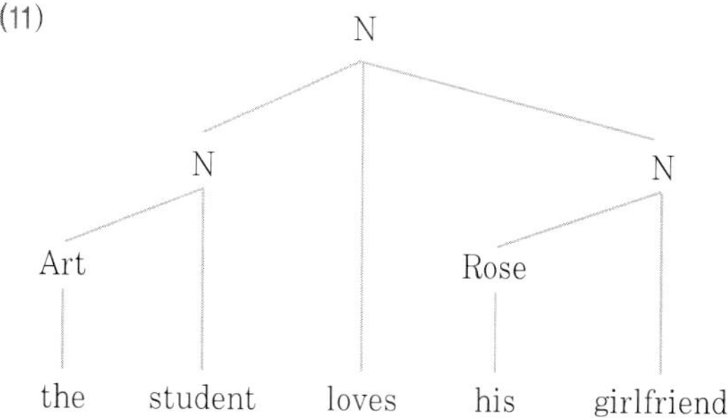

의존수형도 (11)에서 교점들 사이를 연결하는 가지들이 의존관계를 표현하고 있는데, 각 가지의 상위교점이 하위교점과 그 하위교점의 지배를 받고 있는 하위교점을 함께 지배하는 것으로 이해할 수 있다. 곧 (11)에서

동사 loves는 명사 student나 girlfriend만을 지배할 뿐만 아니라, 이들에 의존하는 관사 the나 소유대명사 his도 지배한다. 다시 말하여 동사 loves 는 주어나 목적어로 기능하는 명사구 전체 the student나 his girlfriend 를 지배한다. 이렇게 의존수형도를 해석함으로써 우리는 Vennemann/ Jacobs(1982 : 100)에서 지적된 바, 의존수형도가 구성관계에 대한 명시성 을 결여하고 있다는 비판을 피할 수 있다. 물론 정의에 따라 (11)에서 관 사와 명사간에, 소유대명사와 명사간에도 의존관계가 성립한다는 사실을 부인할 필요는 없다. 이 경우 명사가 관사와 소유대명사에 대한 지배소로 서 간주된다. 이 밖에 부가적인 형용사와 명사간에, 형용사와 부사간에, 그리고 부사들 상호간에도 의존관계가 성립하는데 아래의 예문과 그에 대 한 의존 수형도가 그러한 의존관계들을 잘 보여준다.

(12) Peter speaks very fluent English extremely fast.
(13)

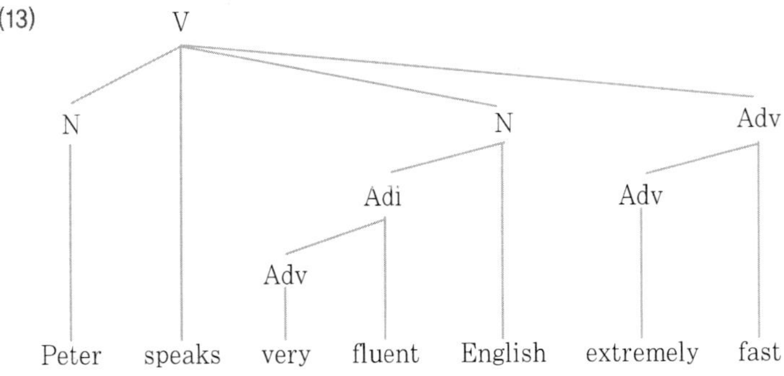

　　여기에서 다시 한번 동사가 문장의 중심적인 위치를 차지한다는 의존문 법이론의 근본가정에 대해 주의를 환기할 필요가 있다. 위의 (13)에서 보 듯이 한편으로 동사와 명사간의 관계와 다른 한편으로 동사와 부사간의 관 계가 아무런 차이를 나타내지 않는 것은 Hays와 Matthews가 제안한 의 존수형도가 갖는 문제점으로 지적될 수 있다. 이제 문장 내에서 상호간에 의존관계가 성립가능한 요소들을 통사적인 범주나 문법적인 기능에 따라 정리하자면, 다음의 (14)와 같다.

(14)   지배소   의존소   지배소-의존소
  a. 동사   주어   runs-Peter
                   목적어   loves-Mary
                   부정사구   tries-[to read a book]
  b. 조동사   동사구   must-[go there]
                                will-[go there]
  c. 형용사   목적어   satisfied-[with the decision]
  d. 명사   목적어   decision-[on the problem]
  e. 전치사   목적어   with-[the decision]
  f. 접속사   문장   that-[Peter loves Mary]

위의 (14a)와 (14b)에서 보듯이, 동사는 부정사구 전체와 그리고 조동사는 동사구 전체와 의존관계에 서게 된다는 점을 다시 한번 상기할 필요가 있다.

Chomsky(1970) 이래 변형생성문법이론에서도 핵계층이론(X-bar Theory)을 통해 의존관계를 보다 명시적으로 표상하고자 시도하는데, Chomsky (1986)에서 제안된 새로운 핵계층도식(X-bar schema)은 의존관계의 표상에 관한 한 결정판으로 평가될 만하다. 다음의 (15)에 제시된 도식을 살펴보자.

(15) a. $X^2 \longrightarrow (Spec, X^1)\ X^1$
      b. $X^1 \longrightarrow \cdots X^0 \cdots$
      c. $X^m \longrightarrow \cdots X^m \cdots$
      이때, $X = N,\ V,\ A,\ P,\ I,\ C$ 이고 $m \in \{\,1,\ 2\,\}$

이 도식에 따라서 문장 내의 단어들과 표현들은 네 가지 종류의 상대적인 범주 곧 핵어(head), 보충어(complement), 지정어(specifier)와 부가어(adjunct)로 구분되어진다. 도식(15a)는 최대투사범주인 X^2-층위의 표현이 X^1-층위의 핵어 표현과 그것의 지정어들로 구성된다는 것을 의미한다. 이러한 구성관계 외에 핵어와 지정어들간에 의존관계도 성립한다. 도식(15b)는 X^1-층위의 표현이 X^0-층위의 어휘적인 핵어와 그것의 보충어들로

구성된다는 것을 보여주는데 여기서도 핵어와 보충어들 간에는 의존관계가 성립한다. 위의 도식에서 주목할 사실은 핵어가 X^0-층위뿐 아니라 X^1-층위에서도 나타난다는 사실인데 X^1-층위의 핵어는 어휘적인 핵어가 투영된 형태로 나타난다. 도식 (15c)는 X^2-층위의 표현이나 X^1-층위의 핵어 표현이 다른 표현들과 결합하여 다시 동일한 층위에 속하는 동일범주를 생성해내는 것을 보여주는데, 이때에 X^2-층위의 표현이나 X^1-층위의 핵어와 결합하는 표현을 부가어라고 부른다. 보통 부가어적 형용사와 명사의 결합이나 부사와 동사의 결합관계 혹은 부사절과 주절의 결합관계를 기술하기 위해 도식 (15c)가 사용된다. 따라서 부가어와 핵어의 결합관계에도 의존관계가 성립한다고 볼 수 있는데, 이때 부가어는 의존소가 되고 핵어는 지배소가 된다. 위의 핵계층 도식에 의해 아래의 (16a)-(16c)에 주어진 여러 유형의 영어 문장이 잘 기술될 수 있다.[1]

> (16)　a. Poirot will abandon the investigation after lunch.
> 　　　 b. Will Poirot abandon the investigation after lunch?
> 　　　 c. When will Poirot abandon the investigation?

위의 문장 (16c)의 구조가 핵계층도식에 의해 다음의 (17)과 같이 수형도로 나타내어진다.

다음 수형도 (17)에서 동사 abandon은 명사구 the investigation을 지배하고, 그 명사구 내에서 관사 the는 명사 investigation에 의존한다, 위 수형도 (17)의 두드러진 특징은 조동사 will이 I 자리에서 C 자리로 옮긴다는 점이다. 이처럼 핵 이동(Head Movement), 곧 하나의 핵어자리에서 다른 핵어자리로의 이동을 허용하는 것이 표층구조중심의 다른 통사이론과 구별짓는, Chomsky(1986)에서 제안된 통사이론의 여러 특징 중 하나이다.

---

1) Haegeman(1991 : 108ff.)에서 얻은 예로 그들의 구조가 구체적으로 그려져 있다.

(17)

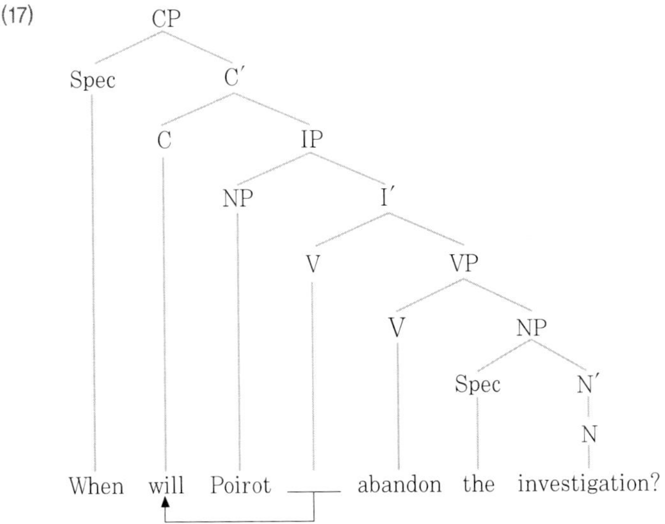

이제 통사론에서 다루어야 할 주제영역이 어떠한 것들이 있는지를 살펴
보자. 일반적으로 통사론은 어순(word order), 결합가(valence), 그리고 일
치관계(agreement)를 다룬다. 다음의 한국어 예를 살펴보자.

(18) a. 화려한 벚꽃
　　　b. * 벚꽃 화려한
(19) a. 벚꽃은 정말 화려해.
　　　b. * 화려해 정말 벚꽃은.
(20) a. 우상은 화려한 벚꽃을 좋아해.
　　　b. * 좋아해 우상은 화려한 벚꽃을.

위의 예들에서 (18b), (19b), (20b)가 비문법적인 것은, 이들이 다음의
(21)과 같은 한국어에 일반적으로 통용되는 어순규칙을 어겼기 때문이다.

(21) a. 주어(절)-목적어(절)-동사
　　　b. 부사(절)-동사
　　　c. 형용사-명사
　　　d. 부사-형용사
　　　e. 명사-조사

결합가는 앞서 논의한 의존문법에서 활발히 논의된 개념인데, 지배소 역할을 하는 어휘가 몇 개의 그리고 어떠한 의존소를 필수적으로 취하는지를 규정한다. 다시 한국어의 예를 들자면,

(22) a. 우상은 음악을 듣는다.
      b. * 음악을 듣는다.
      c. * 우상은 듣는다.
      d. * 우상은 음악을 새소리를 듣는다.
      e. * 우상은 음악에게 듣는다.

위의 예 (22a)에서 보듯이, 동사 '듣는다'는 주어와 직접목적어와 함께 나타날 경우, 문법적인 문장을 만든다. 그러나 (22b), (22c)에서 알 수 있듯이, '듣는다'가 주어나 직접목적어 없이 나타난 경우, 비문법적인 문장을 만들어낸다. 또한 (22d)에서처럼, '듣는다'가 직접목적어를 하나 더 가지고 나타난 경우에도, 비문법적인 문장이 생성된다. 뿐만 아니라, '듣는다'가 직접목적어가 아닌 간접목적어와 함께 나타나도 그 문장은 비문법적이 된다. 다음의 표를 통해 우리는 한국어 동사에 대해 다양한 유형의 결합가를 인정해야 한다는 사실을 확인할 수 있다.

(23)

지배소	의존소 1	의존소 2	의존소 3	예 문
달리다	주어			우상은 달린다.
감상하다	주어	직접목적어		우상은 그림을 감상한다.
감사하다	주어	간접목적어		우상은 친구들에게 감사한다.
선물하다	주어	간접목적어	직접목적어	우상은 친구들에게 그림을 선물한다.
이다	주어	보어		우상의 형은 화가이다.
판명되다	주어	자격격목적어		우상은 영재로 판명되었다.
닦다	주어	직접목적어	도구격목적어	우상은 칠판을 지우개로 닦았다.

이처럼 지배소의 성격에 따라 요구되는 의존소의 숫자와 종류가 정해
져 있다고 보는 것이 옳으며, 바람직한 통사이론은 이러한 결합가 현상
을 기술할 수 있어야 한다. 변형생성문법에서는 결합가를 하위범주화
(subcategorization)라는 개념을 통해 기술하는데, 결합가가 주어를 포함한
개념인 반면, 하위범주화는 주어를 제외하고 직접목적어나 간접목적어 등
보충어(complement)라 불리는 여타 의존소들을 고려한다. 아래의 예는 영
어 동사의 하위범주화 정보를 보여준다.

(24)

동 사	보충어의 유형	예
sleep	None	John slept.
chase	NP	The dog chased the cat.
give	NP + NP	John gave us the information.
give	NP + [PP to······]	John gave the information to us.
say	S′ (Comp → ϕ)	John said (that) birds fly.
seem	AdjP	John seemed very old.
want	to VP	John wanted to leave.

어순과 결합가 외에 일치관계도 통사론의 주요한 과제 중의 하나이다.
다음의 예를 보자.

(25) a. 아버지께서 이제 들어 오신다.
    b. * 아들이 이제 들어오신다.
(26) a. 신문을 아버지께 가져다 드려라.
    b. * 신문을 아들에게 가져다 드려라.

위의 (25b)는 주어인 '아들'과 존칭형 어미가 붙은 동사 '오신다' 사이에
일치관계가 어긋남으로써, (26b)는 간접목적어인 '아들에게'와 존칭동사
'드리다' 사이에 일치관계가 어긋남으로써, 비문법적인 문장이 된 경우들이
다. 한국어의 일치관계는 화용론적인 성격이 강하기 때문에 화용론의 과제
라는 주장도 있을 수 있다. 그러나 필자는 한국어의 일치현상도 일정부분
형태통사적인 속성에 의존하기 때문에 통사론에서 다루어져야 한다고 본

다. 아래의 예에서 보듯이 주어의 인칭과 수에 따라 동사의 굴절형이 다르
게 나타나는, 라틴어나 영어와 같은 굴절어의 경우, 주어와 동사간의 일치
현상이 형태통사적인 성질을 많이 드러내기 때문에 일반적으로 통사론에
서 논의된다.

    (27) a. Peter runs.
           b. * Peter run.
           c. Peter and Mary run.
           d. * Peter and Mary runs.
           e. You are very kind.
           f. * You is very kind.

이상에서 논의한 결합가와 일치현상을 전통적인 구구조문법의 틀안에서
기술하고자 할 경우 무수히 많은 구구조규칙들을 필요로 한다는 문제점이
있다. 때문에 80년대 이래 최근까지의 통사연구는 전통적인 구구조문법을
제약하기 위하여 어휘부나 구구조규칙에 자질구조(feature structure)를 도
입하거나 구구조규칙까지도 자질구조로 표현하는 방향으로 통사이론이 발
전되고 있다. 전자의 입장을 취하는 이론이 Bresnan/Kaplan(1982)에서
제안된 어휘기능문법(Lexical-Functional Grammar, 이하 LFG)이고, Pollard/
Sag(1987)에서 제안되고 발전되어 온 핵심어주도문법(Head-driven Phrase
Structure Grammar, 이하 HPSG)은 후자의 입장을 취한다. 다음 절에서 어
휘기능문법의 특성과 설계구조에 대해 간단히 살펴본다.

2. 어휘기능문법

어휘기능문법(LFG)은 변형생성문법과는 달리 심층구조를 가정하지 않
고 그럼으로써 변형규칙을 필요로 하지 않는 표층중심의 통사이론이다.

LFG는 인지적인 언어처리라는 관점에서도 그럴듯한 문법이론이라는 점이 강조된다.[2] 한 문장 내에서 통사적으로 중요한 여러 관계들이 LFG에서는 형식상으로 상이한 두 가지 층위를 통해 표상된다. 그 중 하나는 구성성분구조(constituent structure, 이하 C-구조) 층위인데, 이 층위에서는 문장 내의 선형관계와 구성관계가 기술된다. 다른 하나는 소위 기능구조(functional structure, 이하 F-구조) 층위인데, 이 층위는 주어, 목적어, 수식어, 의미상의 주어 등 C-구조에 대응되는 문법적인 기능에 대한 정보를 지닌다. 이러한 정보는 속성-값(attribute-value) 쌍의 형식으로 표현된다. 외에도 F-구조에서는 문장의 의미해석을 위한 술어-논항 구조가 명시적으로 표상된다. 정리하자면, 의미론적인 중요성을 지니는 술어-논항 구조에 대한 정보를 포함하고 있는 F-구조와 표층에서의 C-구조간의 대응관계가 기술될 수 있다는 점이 LFG의 이론적인 특징이다. 이러한 두 구조간의 대응관계는 어휘부와 구구조규칙부에서 동시에 기술되어진다.

LFG에서 C-구조는 전통적인 구구조문법에서와 마찬가지로 구구조규칙들이 반복적으로 적용됨으로써 생성된다. 그런데 LFG에서 허용되는 구구조규칙은 규칙의 오른편에 나타나는 비단말기호들이 선택적으로 문법기능과 관련되는 부가적인 정보를 지닐 수 있다는 점이 특이사항이다. 아래의 예를 살펴보자.

$$(28)\ \text{a. } S \rightarrow NP \qquad\qquad VP$$
$$(\char`^\ SUBJ) = v \qquad \char`^ = v$$

$$\text{b. } VP \rightarrow V \qquad\qquad NP \qquad\qquad NP$$
$$\char`^ = v \qquad (\char`^\ OBJ) = v \qquad (\char`^\ OBJ2) = v$$

위 구구조규칙 (28a)의 오른편에 나타난 비단말기호 NP 아래에는 문법적인 기능 주어(SUBJ)와 관련된 정보가 부가되어 있는데, 이러한 부가적인 정보를 담고 있는 등식을 기능도식(functional schema)이라 한다. 기능도

---

2) Bresnan(1982)와 신수송(1991)은 어휘기능문법에 관해 상세히 기술하고 있다.

식에서 일종의 메타변수로 사용되는 하향화살표 'v'는 해당교점의 기능구조를 가리키고, 상향화살표 'ʌ'는 그 교점을 직접 관할(direct dominance)하는 상위교점의 기능구조를 지시한다. 따라서 (28a)의 NP 아래에 부가된 기능도식은 하향화살표 'v'로 지칭된 NP 자체가 상향화살표 'ʌ'로 지칭된 상위교점 기호 S의 주어(SUBJ) 기능을 한다는 것을 의미한다. 마찬가지로 (28b)의 V 바로 뒤의 NP 아래에 부가된 기능도식은 NP 자체가 상위교점에 나타나는 기호 VP의 직접목적어(OBJ) 기능을 한다는 의미이다. 외에도 LFG에서는 두 가지 메타변수가 더 설정되어 있는데, 상향변수 ⇑은 통제자(controller) 역할을 하는 성분의 기능구조를 가리키고 하향변수 ⇓은 피통제자(controllee) 역할을 하는 성분의 기능구조를 가리킨다. 이러한 메타변수는 아래의 구구조규칙에서 발견된다.

(29) SBAR → NP   S
         (ʌ FOCUS) = v   ʌ = v
             v = ⇓

위 규칙은 주제화 구문에서 문장의 가장 앞자리에 위치하는 명사구(NP)와 이 명사구가 빠져나온 문장(S)의 결합을 허용하는 구구조규칙이다. 이 규칙에서 구성성분 NP 아래에 부착된 기능도식 v = ⇓은 이 명사구가 피통제자 역할을 하는 성분이라는 의미를 표현한다. 그리고 이 피통제자에 대한 통제자는 뒤따르는 구성성분 S 안에서 찾아져야 한다. 보통 기능도식은 어휘부의 개별 어휘기재항에도 나타나는데, 다음의 예에서 보듯이 기능도식을 통해 개별 어휘들의 형태통사적인 정보가 표현되어진다.

(30) reads : verb, (ʌ PRED) = 'read⟨(ʌ SUBJ)(ʌ OBJ)⟩'
              (ʌ TENSE) = present
              (ʌ SUBJ PERS) = 3
              (ʌ SUBJ NUM) = sg

위 어휘기재항 (30)은 영어의 어휘 'reads'에 대한 여러 가지 형태통사

적인 정보를 담고 있는데, 그 중 하나는 'reads'가 동사범주에 속한다는 것
이며, 외에도 주어(SUBJ)와 직접목적어(OBJ)를 요구한다는 정보와 시제
(TENSE)가 현재라는 정보, 주어의 인칭(PERS)이 3인칭이고 주어의 수
(NUM)가 단수(sg)여야 한다는 정보들이 포함되어 있다. 기능도식의 유형
으로는 다음의 (31a)-(31d)와 같이 네 가지가 더 허용된다.

 (31) a. promises : V, ($\hat{}$ TENSE) = PRESENT ($\hat{}$ SUBJ NUM) = SG

                % line 1

      ($\hat{}$ PRED) = ″PROMISE ⟨ ($\hat{}$ SUBJ) ($\hat{}$ OBJ) ($\hat{}$ VCOMP) ⟩″

                % line 2

      ($\hat{}$ VCOMP SUBJ) = ($\hat{}$ SUBJ)

                % line 3

      ($\hat{}$ VCOMP INFTO) =c +

                % line 4

  b. VP →   V NP   PP
      ($\hat{}$ OBJ) = v v ∈ ($\hat{}$ ADJUNCTS)

  c. S →   NP   VP   % Bresnan/Kaplan(1982 ; 63)
     ($\hat{}$ SUBJ) = v $\hat{}$ = v
     (v CASE) = NOM ($\hat{}$ TENSE)

  d. VP′ → to   VP   % Bresnan/Kaplan(1982 ; 64)
     ¬ ($\hat{}$ TENSE) $\hat{}$ = v

위 (31a)의 line 4에 있는 '=c'로 표현되는 기능도식은 특정한 속성-값
쌍이 관련 기능구조 안에 포함되어 있는지를 점검하는 기능을 가진다. 이
예의 경우 동사 'promises'가 나타나는 문장에서 이 동사의 보충어 동사구
(VP)가 to-부정사구문인지의 여부를 점검하는 기능을 가지며, 동등제약
(equational constraint)라 불린다. (31a)의 기능도식 'v ∈ ($\hat{}$ ADJUNCTS)'
은 PP 성분에 대한 기능구조 FS(PP)가 상위 동사구의 부가어(ADJUNCT)
들 중의 하나여야 한다는 제약을 부가하는 것으로, 집합원소관계(set
inclusion)라 명명된다. (31c)의 VP에 부착된 기능도식 ($\hat{}$ TENSE)은 VP

의 기능구조 FS(VP) 안에 속성 'TENSE'가 존재하고 있는지를 점검하는
기능을 가지기 때문에 존재제약(existential constraint)이라 불린다. 반면
(31d)의 to에 부착된 기능도식 ¬(^ TENSE)은 하위성분 to를 관할하는
VP′의 기능구조 FS(VP′) 안에 속성 'TENSE'가 존재해서는 안 된다는 제
약으로서 비존재제약(inexistential constraint)이라 명명된다. 분석의 대상
이 된 문장에 속한 어휘들의 어휘기재항에 나타난 기능도식과 분석에 관련
된 구구조규칙들의 기능도식의 형태통사적 정보들이 통합되면 최종적으로
문장의 F-구조가 생성된다. 간단한 영어 LFG문법을 살펴보자.

(32) **영어문법 (E-LFG 1)**

    a. S →   NP   VP
                (^ SUBJ) = v   ^ = v

    b. NP → PN
              ^ = v

    c. VP → V NP
             ^ = v   (^ OBJ) = v

    d. Peter : PN, (^ PRED) = 'Peter'
                  (^ PERS) = 3
                  (^ NUM) = sg

    e. Mary : PN, (^ PRED) = 'Mary'
                  (^ PERS) = 3
                  (^ NUM) = sg

    f. loves : verb, (^ PRED) = 'love⟨(^ SUBJ)(^ OBJ)⟩'
                  (^ TENSE) = present
                  (^ SUBJ PERS) = 3
                  (^ SUBJ NUM) = sg

위 (32)의 영어문법(E-LFG 1)에 의해 영어 문장 'Peter loves Mary'를
분석하면 아래의 (31a)와 같은 C-구조와 (33b)와 같은 F-구조를 얻는다.

(33) a.

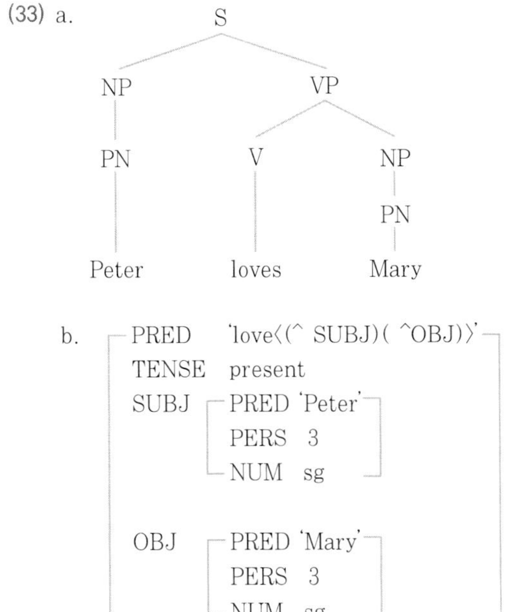

b.
$$
\begin{bmatrix}
\text{PRED} & \text{'love}\langle(\hat{}\ \text{SUBJ})(\ \hat{}\text{OBJ})\rangle\text{'} \\
\text{TENSE} & \text{present} \\
\text{SUBJ} & \begin{bmatrix} \text{PRED 'Peter'} \\ \text{PERS}\ \ 3 \\ \text{NUM}\ \ \text{sg} \end{bmatrix} \\
\\
\text{OBJ} & \begin{bmatrix} \text{PRED 'Mary'} \\ \text{PERS}\ \ 3 \\ \text{NUM}\ \ \text{sg} \end{bmatrix}
\end{bmatrix}
$$

위의 (33b)에서 보듯이, LFG의 F-구조는 속성-값 쌍의 집합으로 표현되며 어떤 속성은 다시 속성-값 쌍의 집합으로 표현되는 값을 가질 수 있다. 한 문장의 F-구조는 앞서 언급한 바와 같이 어휘기재항들과 관련되는 구구조규칙 속의 기능도식들 안에 포함된 정보들을 모두 합한 것이다. 이처럼 흩어져 있는 정보들을 합하여 문장의 F-구조를 생성해내는 과정에는 자질구조의 통합에 관여하는 통합알고리즘(unification algorithm)이 작용하며, 통합알고리즘은 다음과 같이 정의된다.

(34)

$$
f1\ \cup\ f2 = \begin{cases}
\text{f1 (혹은 f2), 만약 f1과 f2가 원자적이고 f1 = f2이면} \\
\text{f3, 만약 f1과 f2가 F-구조이고 두 구조에 대해} \\
\quad\text{아래와 같이 정의되는 f3(m)이 타당하면} \\
\qquad f3(m) = \begin{cases} \text{w1 } \cup \text{ w2, 만약 f1(m)=w1이고 f2(m)=w2이면} \\ \text{w, f1(m)은 존재하지 않고, f2(m)=w이면} \\ \text{w, f1(m)=w이고, f2(m)이 존재하지 않으면} \end{cases} \\
\perp,\ \text{그 밖의 모든 경우}
\end{cases}
$$

위의 정의에서 기호 'U'는 통합을 의미하고, 기호 '⊥'는 (통합의) 실패를 의미한다. 아래에 서로 통합이 성공한 두 F-구조와 통합에 실패한 F-구조들을 각각 보여준다.

$$(35)\ a.\quad \begin{bmatrix} \text{PERS} & 3 \\ \text{NUM} & \text{sg} \end{bmatrix} \cup \begin{bmatrix} \text{NUM} & \text{sg} \\ \text{CASE} & \text{nom} \end{bmatrix} = \begin{bmatrix} \text{PERS} & 3 \\ \text{NUM} & \text{sg} \\ \text{CASE} & \text{nom} \end{bmatrix}$$

$$b.\quad \begin{bmatrix} \text{PERS} & 3 \\ \text{NUM} & \text{sg} \end{bmatrix} \cup \begin{bmatrix} \text{NUM} & \text{pl} \end{bmatrix} = \bot$$

위의 (35b)에서 두 F-구조가 통합이 실패한 이유는 NUM이라는 속성에 대한 값이 서로 다르기 때문이다. 이상에서 살펴본 바와 같이 LFG에서는 어휘기재항과 구구조규칙에 기능도식을 부가하여 문장 구성요소들의 결합관계를 제약하는데, 이러한 제약을 통해 앞서 논의한 바 주어와 동사간의 인칭과 수에 관한 일치관계(agreement)와 동사마다 달리 규정되어야 하는 결합가(valency)에 대한 기술이 이루어진다. 동사의 결합가를 제약하기 위해 LFG는 긴밀성조건(coherence condition)과 완전성조건(completeness condition)을 별도로 설정하고 있는데, 긴밀성조건이란 F-구조상에 나타난 모든 문법기능이 술어-논항구조에도 언급되어야 한다는 조건이고, 완전성조건이란 반대로 한 F-구조의 술어-논항구조에 언급된 모든 문법기능이 그 F-구조상에 표상되어야 한다는 조건이다. 예를 들어 보자.

$$(36)\ a.\quad \begin{bmatrix} \text{PRED} & \text{'love}\langle(\text{SUBJ})(\text{OBJ})\rangle\text{'} \\ \text{TENSE} & \text{present} \\ \text{SUBJ} & [\cdots] \\ \text{OBJ} & [\cdots] \\ \text{OBJ2} & [\cdots] \end{bmatrix}$$

$$b.\quad \begin{bmatrix} \text{PRED} & \text{'love}\langle(\text{SUBJ})(\text{OBJ})\rangle\text{'} \\ \text{TENSE} & \text{present} \\ \text{SUBJ} & [\cdots] \end{bmatrix}$$

위의 (36a)는 술어-논항 구조에 들어 있지 않은 문법기능 OBJ2가 F-구조에 표상되어 있어 긴밀성조건을 위반한 F-구조이고, (36b)는 술어-논항 구조에 들어 있는 문법기능 OBJ가 F-구조에 표상되어 있지 않아서 완전성조건을 위반한 F-구조가 된다. 이제 C-구조 (33a)로부터 F-구조 (33b)가 얻어지는 과정에 대해 자세히 살펴보자. C-구조 (33a)의 관련 구구조규칙과 어휘기재항에 부착되어 있는 기능도식을 모두 C-구조상에 표현하면, 아래의 (37)과 같은 기능도식이 부착된 C-구조를 얻는다.

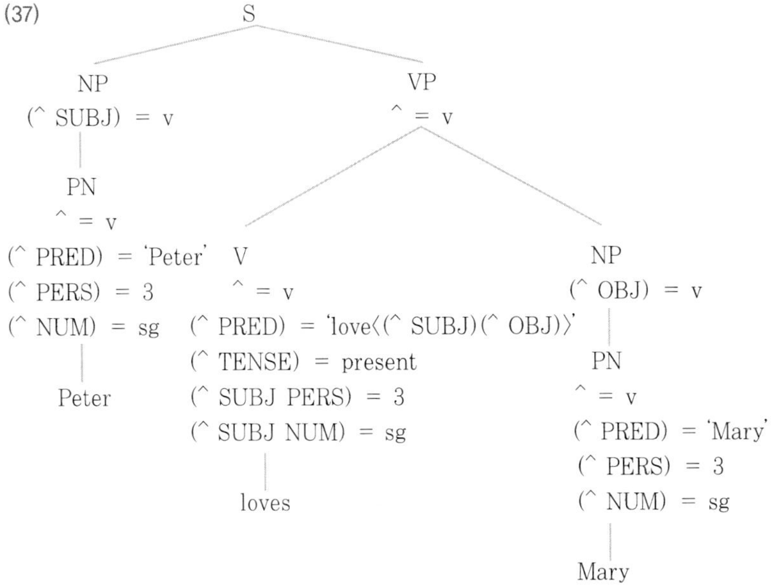

기능도식이 부착된 C-구조는 통사적인 순수한 C-구조와 의미적인 F-구조의 중간에 위치한 구조로 이해할 수 있는데, 위의 구조 (35)에서 볼 수 있듯이 구구조규칙에 부착된 기능도식들은 모두 해당 비단말교점 아래에 다시 기록되고, 각 어휘에 부가된 기능도식들은 어휘가 속하는 범주가 위치한 교점(선단말교점, preterminal node) 아래에 다시 기록된다. 이렇게 규칙과 어휘기재항으로부터 기능도식들이 옮겨져 정리가 된 모두 C-구조의

각 비단말교점에 f1부터 fn−비단말교점이 n개인 경우−까지 함수지표가 위에서 아래 방향으로, 왼쪽에서 오른쪽 방향으로 부여한다. 따라서 비단 말교점이 7개인 위의 수형도 (37)에 함수지표가 부여된 C-구조는 다음의 (38)과 같다.

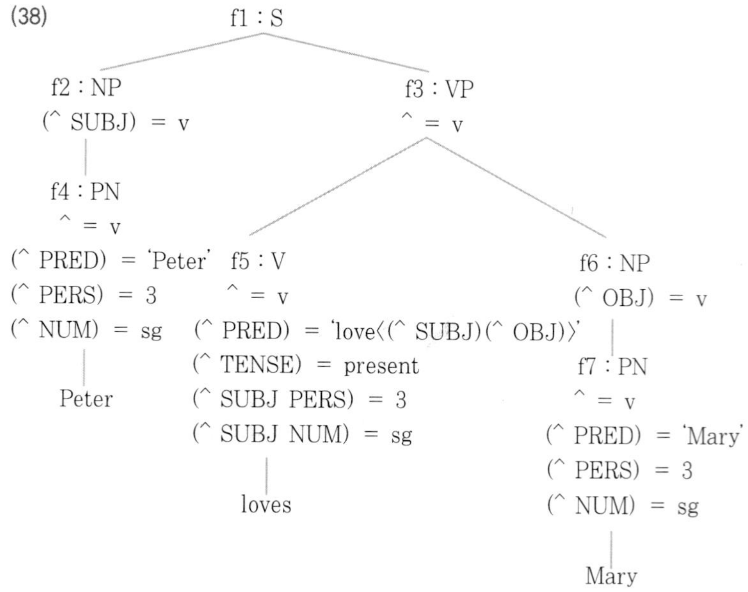

이제 함수지표가 부착된 수형도 (38)의 각 메타변수 '^'나 'v'를 해당 함수지표로 대치하면, 아래의 (39)와 같은 수형도가 생성된다.

(39)

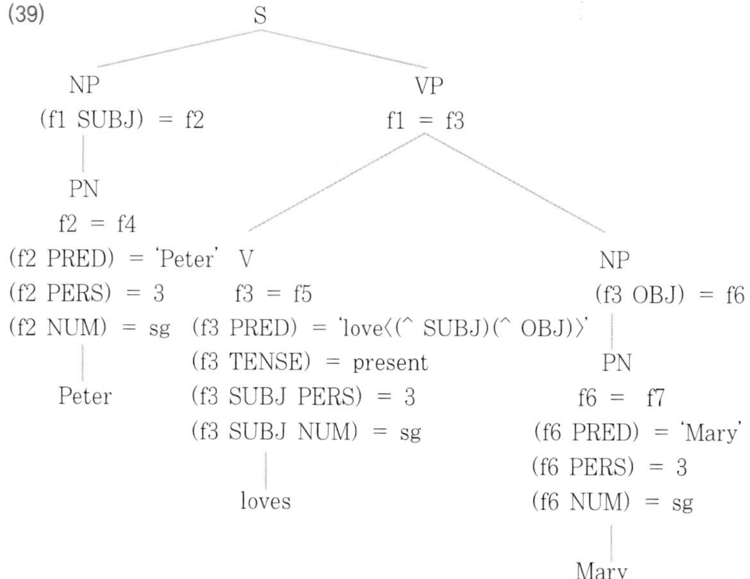

위의 수형도상에 나타난 바와 같이 화살표로 표현된 메타변수자리에 해당 함수지표가 대치된 형태를 가진 기능도식을 기능등식(functional equation)이라 하는데, 이러한 기능등식들을 수형도 (39)로부터 위에서 아래 방향으로, 왼쪽에서 오른쪽 방향으로 추출하여 열거하면 다음의 (40)과 같다.

(40) a. (f1 SUBJ) = f2
      b. f1 = f3
      c. f2 = f4
      d. (f2 PRED) = 'Peter'
      e. (f2 PERS) = 3
      f. (f2 NUM) = sg
      g. f3 = f5
      h. (f3 PRED) = 'love⟨(^ SUBJ)(^ OBJ)⟩'
      i. (f3 TENSE) = present
      j. (f3 SUBJ PERS) = 3

k. (f3 SUBJ NUM) = sg
l. (f3 OBJ) = f6
m. f6 = f7
n. (f6 PRED) = 'Mary'
o. (f6 PERS) = 3
p. (f6 NUM) = sg

다음 단계로 위의 (40)에 제시된 기능등식들로부터 문장의 F-구조를 얻어내는 절차에 대해서 살펴본다. 이 절차는 기본적으로 앞서 논의한 자질구조의 통합기제를 반복적으로 적용함으로써 진행된다. 먼저 등식 (40a)로부터 시작해 보자. 이 등식은 F-구조 f1의 속성 중 하나인 SUBJ의 값이 f2임을 의미한다. 그런데 f2가 구체적으로 어떠한 기능구조인지가 아직 밝혀져 있지 않기 때문에 편의상 그 값을 비어 있는 F-구조, 〔 〕로 가정한다. 따라서 우리는 이 등식으로부터 다음의 (41)과 같은 자질구조를 생성할 수 있다.

(41) f1 : 〔SUBJ f2 : 〔 〕〕

등식 (40b)는 f1이 f3과 동일함을 나타내고 있기 때문에, 이 사실을 위의 (41)에 반영하면, 다음의 (42)가 얻어진다.

(42) f1,f3 : 〔SUBJ f2 : 〔 〕〕

기능등식 (40c)는 f2와 f4가 동일함을 나타내고 있기 때문에, 이 사실을 위의 (41)에 반영하면, 다음의 (43)이 얻어진다.

(43) f1,f3 : 〔SUBJ f2,f4 : 〔 〕〕

등식 (40d)은 F-구조 f2의 속성 중 하나인 PRED의 값이 'Peter'임을 의미하므로 이 사실을 (43)에 반영하여, 우리는 아래의 (44)를 얻는다.

(44) f1,f3 : 〔SUBJ f2,f3 : 〔PRED 'Peter'〕〕

마찬가지로 (40e)는 f2의 속성 중 하나인 PERS의 값이 3임을 의미하고, (40f)는 f2의 속성 중 하나인 NUM의 값이 sg임을 의미하므로, 이를 지금까지의 중간결과에 반영하면 (45)가 얻어진다.

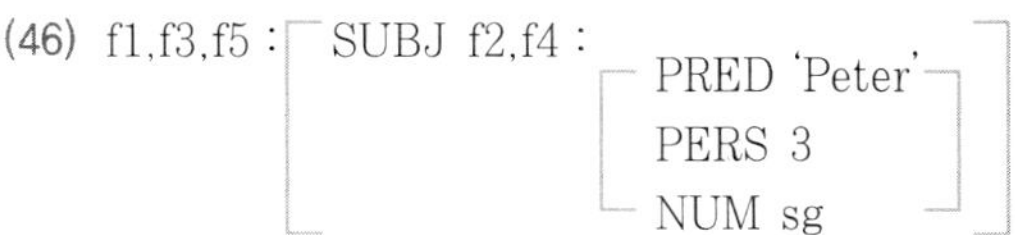

등식 (40g)는 f3이 f5와 동일함을 나타내고 있기 때문에, 이 사실을 위의 (43)에 반영하면, (46)을 얻는다.

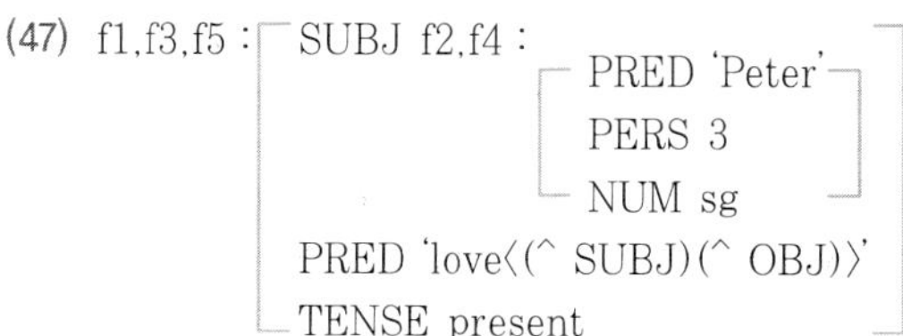

또한 (40h)는 f3의 속성 중 하나인 PRED의 값이 'love⟨(^ SUBJ)(^ OBJ)⟩'임을 의미하고, (40i)는 f3의 속성 중 하나인 TENSE의 값이 present임을 의미하므로, 이를 지금까지의 중간결과에 반영하면 (47)이 얻어진다.

```
(47)  f1,f3,f5 :  ┌ SUBJ f2,f4 :                        ┐
                  │                ┌ PRED 'Peter' ┐     │
                  │                │ PERS 3        │     │
                  │                └ NUM sg        ┘     │
                  │  PRED 'love⟨(^ SUBJ)(^ OBJ)⟩'        │
                  └  TENSE present                       ┘
```

기능등식 (40j)과 (40k)는 각각 f3의 속성 중 하나인 SUBJ의 값이 되는 F-구조, 여기서는 f2,f3,f5의 속성 PERS의 값이 3이고 속성 NUM의 값이 sg임을 의미하는데, 이 사실은 이미 구성된 F-구조 (47)에 반영되어 있다. 그리고 등식 (40l)은 f3의 속성 중 하나인 OBJ의 값이 f6임을 의미하는데, f6이 구체적으로 어떠한 기능구조인지가 아직 밝혀져 있지 않기 때문에 편의상 그 값을 비어 있는 구조 〔 〕로 가정하여 이를 위 (47)의 구조에 반영하면 아래의 (48)과 같은 기능구조가 생성된다.

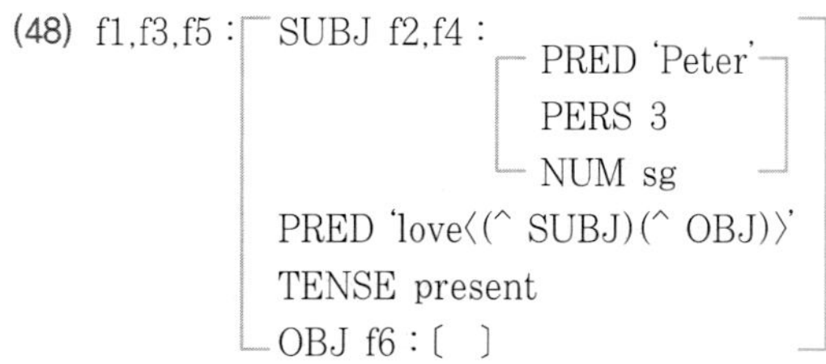

등식 (40m)은 f6이 f7과 동일함을 의미하므로, 이를 위 (48)에 반영하여 우리는 다음의 구조를 얻는다.

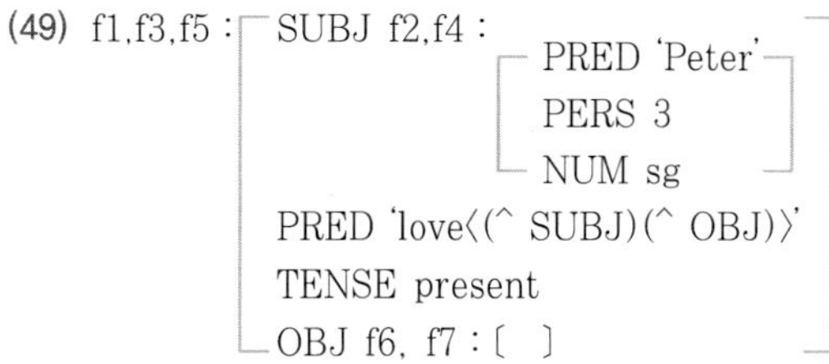

마지막으로 기능등식 (40n)과 (40o), (40p)는 f6의 속성 중 하나인 PRED와 PERS와 NUM의 값이 각각 'Mary', 3, 그리고 sg임을 의미하기 때문에, 이 사실을 이제까지 구성된 F-구조 (49)에 반영하면 아래의 (50)과 같은 기능구조가 생성된다.

(50) 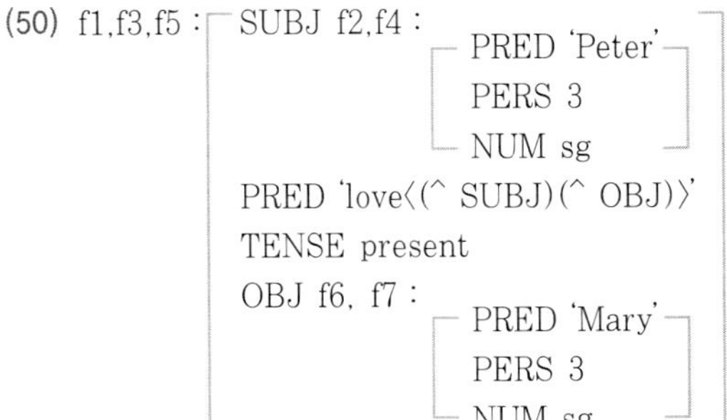

　위의 기능구조 (50)에서 f1,f2,… 등 함수지표들을 제거하면, 우리는 최종적으로 아래의 (51)과 같은 영어 문장 'Peter loves Mary'에 대한 F-구조를 얻게 된다.

(51) 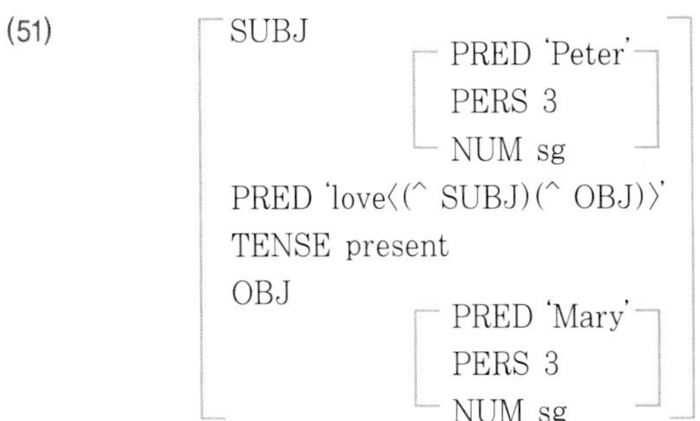

　이 기능구조는 앞서 (33b)에 제시된 F-구조와 동일한 것으로 간주된다. 왜냐하면, 두 개의 기능구조에 속하는 속성-값 쌍들의 순서에서 두 F-구조가 차이를 보이지만, 일반적으로 자질구조 내에서 순서는 중요하지 않기 때문이다.

　지금까지 상세히 논의한 C-구조로부터 F-구조를 산출해내는 절차를 정리하자면 다음과 같다.

(52) 1단계 : C-구조의 각 비단말교점에 기능도식을 부착한다.
　　 2단계 : C-구조의 각 비단말교점에 함수지표를 할당한다.

3단계 : 각 비단말교점에 나타난 메타변수들을 모두 함수지표로 대치하여
       기능등식들을 생성한다.
4단계 : C-구조상의 기능등식들을 모두 추출한다.
5단계 : 자질구조의 통합(unification)기제를 반복적으로 적용하여, 최상
       위교점에 할당된 함수지표의 기능구조를 산출한다.

문장의 구조를 LFG와 같이 자질구조를 이용하여 Prolog로 표상하는 방
법에 대해서는 제4장에서 논의한다.

이 장에서는 한정절 문법을 이용하여 문장을 분석하고 생성하는 방법을 논의한다. 한정절 문법은 Pereira/Warren(1980)에 의해 제안된 문법형식으로, 문맥자유문법(Context-Free Grammar)이 PROLOG에 의해 해석됨으로써 언어분석이 이루어지도록 고안되었다. 따라서 여기서는 먼저 하나의 문맥자유문법의 형식적인 특성을 논의한 다음, 이 문법에 의해 어떻게 언어가, 구체적으로 영어의 문장구조가 어떻게 분석되어지는지를 살펴보고, 마지막으로 이 문맥자유문법을 프롤로그의 한정절 문법으로 어떻게 변환하는지를 기술하겠다.

문맥자유문법은 보다 일반적으로 다음의 (1)과 같이 정의되는 형식문법 G의 한 유형이다.

(1) G = ⟨ N, T, P, S⟩
　　ⅰ. N은 비단말어휘의 유한한 집합이고,
　　ⅱ. T는 단말어휘의 유한한 집합이며,
　　ⅲ. P는 p → q의 형태를 가진 생성규칙들의 유한한 집합이며,
　　ⅳ. S는 N의 한 원소로서 초기기호이다.

위의 형식문법의 정의 중 세 번째 (1ⅲ)에 제시된 생성규칙의 형태가 어떠냐에 따라, 문맥의존문법, 순환문법, 문맥자유문법, 정규문법 등 여러 유형의 문법들이 정의되는데, 문맥자유문법의 생성규칙은 화살표 다음의 q가 빈 기호연쇄가 아니라는 제약을 가진다(이민행, 1995 : 139).

다음의 (2)에 제시된 영어를 위한 구구조문법은 앞서의 정의에 따라 문맥자유문법으로 분류될 수 있다.

    (2) **영어구구조문법(E-PSG 1)**
$$N = \{S,\ NP,\ VP,\ DET,\ N,\ PN,\ V\}$$
$$T = \{a, boy, mimi, wusang, sleeps, likes\}$$
$$P = \{p1 : S \to NP\ VP,$$
$$p2 : NP \to PN,$$
$$p3 : NP \to DET\ N,$$
$$p4 : VP \to V\ NP,$$
$$p5 : VP \to V,$$
$$p6 : DET \to a,$$
$$p7 : N \to boy,$$
$$p8 : N \to book,$$
$$p9 : PN \to mimi,$$
$$p10 : PN \to wusang,$$
$$p11 : V \to sleeps,$$
$$p12 : V \to likes$$
$$\cdots\ \ \}$$
$$S : S$$

위 문법에서 N은 비단말기호의 집합이고, T는 단말기호의 집합이며, P는 생성규칙들의 집합이고, S는 초기기호이다. 이 영어문법 E-PSG 1에 의해 다음의 영어 문장 (3a), (3b)가 문법적인 것으로 인식된다(recognition).

    (3) a. Mimi likes a boy.
       b. Mimi likes wusang.

곧 어떤 하나의 문장이 주어진 문법에 의해 생성가능한 문장이면, 그 문장은 그 문법에 의해 인식된다고 할 수 있다. 위의 예 (3a)가 생성되는 과정은 다음의 (4)와 같이 기술될 수 있다.

```
(4)  i . S                              (초기기호)
     ii. NP   VP                        (규칙 p1)
     iii. PN   VP                       (규칙 p2)
     iv. PN    V     NP                 (규칙 p4)
     v . PN    V     DET   N            (규칙 p3)
     vi. mimi  V     DET   N            (규칙 p9)
     vii. mimi  likes  DET   N          (규칙 p12)
     viii. mimi  likes  a     N         (규칙 p6)
     ix. mimi  likes  a     boy         (규칙 p7)
```

위의 문장생성과정은 생성규칙의 화살표 왼편의 비단말기호가 오른편의 기호들로 대치되는 과정이 반복됨으로써 하나의 영어 문장이 생성되는 것을 보여준다. 이러한 기호들의 대치과정을 다시쓰기(rewriting)라 부르며, 다시쓰기에 이용되는 생성규칙을 다시쓰기규칙(rewriting rule)이라 부르기도 한다. 곧 문장 'mimi likes a boy'는 위의 문법 E-PSG 1에 의해 생성이 되는 문장이기 때문에 문법적인 문장으로 인식된다고 할 수 있다. 마찬가지로 위 문장 (3b)도 이 문법에 의해 생성되는 문장이고 문법적으로 인식된다. 반면 'mimi a boy likes'는 문법 ENG-E 1에 의해 생성되지 않으며, 문장 'mimi sleeps a book'는 이 문법에 의해서는 생성되어 문법적인 것으로 인식이 되지만, 실제적으로 영어의 모국어 화자에게는 비문법적이다. 이런 맥락에서 우리는 두 가지 종류의 문법을 구분해 볼 수 있는데, 그것은 언어학자에 의해 인공적으로 만들어져서 어떤 언어표현의 분석, 생성과 문법성의 판정에 이용될 수 있는 인공문법(Artificial Grammar)과 천부적으로 언어표현을 분석하고, 생성하며 그 문법성 여부를 판정할 언어능력을 갖춘 모국어 화자를 지칭하는 자연문법(Natural Grammar)이다. 이는 우리가 언어를 자연언어와 인공언어로 구분하듯이 문법도 자연문법과 인공문법으로 구분 지을 수 있다는 의미이다. 이론언어학자나 전산언어학자의 기능 중의 하나는 바로 자연문법에 가까운 인공문법을 설계하는 일일 것이다.

이와 같이 영어 문장의 생성과 분석에 사용되는 문맥자유문법 E-PSG 1

을 프롤로그가 이해할 수 있는 형식으로 바꾸어 표현할 수 있다면, 곧 바로 프롤로그의 해석기나 컴파일러의 도움으로 주어진 문장들을 인식하거나 분석할 수 있을 것이다. 한정절 문법의 제안자들인 Pereira/Warren은 문맥자유규칙 혹은 생성규칙을 프롤로그의 한정절로 바꾸어 표현함으로써 이러한 방향의 시도를 한 것이다. 예컨대 다음 (5a)에 제시된 문맥자유규칙이, 곧 문법 E-PSG 1의 생성규칙 p1이 한정절 문법에서는 (5b)와 같이 표현된다. (5b)는 프롤로그에서 내부적으로 (5c)로 이해된다.

> (5) a. S → NP VP
> b. s ─→ np, vp.
> c. s(X,Z) : - np(X,Y), vp(Y,Z).

한편, 생성규칙의 화살표 오른쪽에 종단어휘가 나타나는 규칙의 경우에는 DCG에서 다음의 (6b)에서와 같이 표현된다. 또한 (6b)는 프롤로그에서 내부적으로 (6c)로 이해된다.

> (6) a. DET → a
> b. det ─→ [a].
> c. det([a|R],R).

하나의 문맥자유규칙이 한정절 문법의 규칙으로 변환되는 관계는 일반화시켜 다음과 같이 얘기할 수 있다. 화살표의 오른쪽에 비단말어휘가 나타나는 문맥자유규칙의 경우에는 DCG에서 다음의 (7b)의 형태로 바뀌고, 이 DCG의 규칙은 프롤로그에서 내부적으로 (7c)로 이해된다. 화살표의 오른쪽에 단말어휘가 나타나는 문맥자유규칙의 경우에는 DCG에서 다음의 (8b)의 형태로 바뀌고, 이 DCG의 규칙은 프롤로그에서 내부적으로 (8c)로 이해된다.

> (7) a. NT → A_1, A_2, ⋯, A_n
> b. nt ─→ a_1, a_2, ⋯, a_n.
> c. nt(L,Ln) : - a_1(L,L1), a_2(L1,L2), ⋯, a_n(Ln_1,Ln).

(8) a. NT → T
    b. nt ──→ [t].
    c. nt([t|R],R).

위에 제시된 일반화된 변환규칙에 의해 앞서의 문맥자유문법 E-PSG 1
의 생성규칙들을 한정절 문법의 규칙들로 바꾸면 다음의 (9a)-(9l)과 같다.

(9) (가) /* E-DCG 1 */
    a. s ──→ np, vp.   /* S → NP VP */
    b. np ──→ pn.   /* NP → PN */
    c. np ──→ det, n.   /* NP → DET N */
    d. vp ──→ v, np.   /* VP → V NP */
    e. vp ──→ v.   /* VP → V */
    f. det ──→ [a].   /* DET → a */
    g. n ──→ [boy].   /* N → boy */
    h. n ──→ [book].   /* N → book */
    i. pn ──→ [mimi].   /* PN → mimi */
    j. pn ──→ [wusang].   /* PN → wusang */
    k. v ──→ [sleeps].   /* V → sleeps */
    l. v ──→ [likes].   /* V → likes */

    (나)
    a′. s(L,L2) :- np(L,L1), vp(L1,L2). /* S → NP VP */
    b′. np(L,L1) :- pn(L,L1).   /* NP → PN */
    c′. np(L,L2) :- det(L,L1), n(L1,L2). /* NP → DET N */
    d′. vp(L,L2) :- v(L,L1), np(L1,L2). /* VP → V NP */
    e′. vp(L,L1) :- v(L,L1).   /* VP → V */
    f′. det([a|R],R).   /* DET → a */
    g′. n([boy|R],R).   /* N → boy */
    h′. n([book|R],R).   /* N → book */
    i′. pn([mimi|R],R).   /* PN → mimi */
    j′. pn([wusang|R],R).   /* PN → wusang */
    k′. v([sleeps|R],R).   /* V → sleeps */
    l′. v([likes|R],R).   /* V → likes */

위의 규칙들 중 (a)에서 (e)까지는 (5b)의 패턴을 따라서 변환된 것이

고, (f)에서 (l)까지는 (6b)의 패턴을 따라 변환된 것이다. 이 DCG-규칙
들이 프롤로그에서 내부적으로는 각각 위의 (9a′)-(9l′)으로 이해된다. 한
정절 문법 E-DCG 1을 하나의 지식베이스 (10a)로 간주하여 다음의 (10b)
와 같이 컴파일한 다음, (100c)와 같이 ?- s([mimi,likes,a,boy], []).라
는 질의를 하면 프롤로그의 해석기는 yes라는 답을 화면에 출력한다.

```
(10)  a.  /* edcg1.pl (E-DCG 1) */
          s ─→ np, vp.
          np ─→ pn.
          np ─→ det, n.
          vp ─→ v, np.
          vp ─→ v.
          det ─→ [a].
          n ─→ [boy].
          n ─→ [book].
          pn ─→ [mimi].
          pn ─→ [wusang].
          v ─→ [sleeps].
          v ─→ [likes].

      b.  ?- consult(edcg1).
          yes

      c.  ?- s([mimi,likes,a,boy], [ ]).
          yes.
```

위의 질의 ?- s([mimi,likes,a,boy],[]). 의 의미는 리스트 [mimi,
likes,a,boy]에서 빈 리스트 [ ]를 제하고 남은 리스트가, 곧 [mimi,likes,
a,boy] 이 s라는 범주에 속하는 표현인가를 묻는 것이다. 곧 주어진 한정
절 문법 E-DCG 1에 의해 [mimi,likes,a,boy] 이 문장으로 인식되는지를
묻는 것이다. 이제 yes라는 답이 유도되는 과정을 살펴보자. 이 과정을 일
괄적으로 기술하면 다음의 (11)과 같다.

(11) 1. ?- s([mimi,likes,a,boy], [ ]).
    2. ?- s([mimi,likes,a,boy], [ ]) = s(L,L2).
              L = [mimi,likes,a,boy], L2 = [ ].
      2.1 ?- np([mimi,likes,a,boy],L1).
        2.1.1 ?- np([mimi,likes,a,boy],L1) = np(L,L1).
              L = [mimi,likes,a,boy], L1 = L1.
          2.1.1.1 ?- pn([mimi,likes,a,boy],L1)
            2.1.1.1.1 ?- pn([mimi,likes,a,boy],L1) = pn([mimi|R],R).
              R = [likes,a,boy], L1 = R, L1 = [likes,a,boy].
          2.1.1.1 ?- pn([mimi,likes,a,boy],[likes,a,boy]).
                yes.
        2.1.1 ?- np([mimi,likes,a,boy],[likes,a,boy]) =
        np([mimi,likes,a,boy],[likes,a,boy]).
                yes.
      2.1 ?- np([mimi,likes,a,boy],[likes,a,boy]).
                yes.
      2.2 ?- vp([likes,a,boy], [ ]).
        2.2.1 ?- v([likes,a,boy], L1).
          2.2.1.1 ?- v([likes,a,boy], L1) = v([likes|R],R).
            R = [a,boy], L1 = R, L1 = [a,boy]
        2.2.1 ?- v([likes,a,boy], [a,boy]).
                yes
        2.2.2 ?- np([a,boy],L2).
          2.2.2.1 ?- det([a,boy],L1).
            2.2.2.1.1 ?- det([a,boy],L1) = det([a|R],R).
              R = [boy], L1=R, L1= [boy]
          2.2.2.1 ?- det([a,boy],[boy]).
                yes
          2.2.2.2 ?- n(L1,L2).
            2.2.2.2.1 ?- n([boy],L2).
              2.2.2.2.1.1 ?- n([boy],L2) = n([boy|R],R).
                R = [ ], L2 = R, L2 = [ ].
          2.2.2.2 ?- n([boy],[ ]).
                yes
        2.2.2 ?- np([a,boy],[ ]).
                yes
      2.2 yes

위의 과정은 프롤로그의 통합(Unification)기제에 의해 영어 문장 'Mimi likes a boy.'에 대응되는 [mimi,likes,a,boy]가 영어 한정절 문법 E-DCG 1에 의해서 s 범주의 문법적인 표현으로 인식되는 절차를 보여준다. 그러나 이 한정절 문법 E-DCG 1은 하나의 표현체가 어떤 범주에 속하는 언어 표현인지 아닌지의 여부만을 판정해줄 뿐, 그 표현체의 통사구조에 대한 정보를 제공하지는 않는다. 그런 의미에서 이 문법은 인식기(Recognizer)의 기능만 가질 뿐 분석기(Parser)로서 기능하지 못한다고 얘기할 수 있다. 그런데 이 한정절 문법을 다음의 E-DCG 2와 같이 확대할 경우에 분석기의 기능도 갖게 된다.

```
(12)  /* edcg2.pl (E-DCG 2) */
      s(s(NP,VP)) → np(NP), vp(VP).
      np(np(PN)) → pn(PN).
      np(np(DET,N)) → det(DET), n(N).
      vp(vp(V,NP)) → v(V), np(NP).
      vp(vp(V)) → v(V).
      det(det(a)) → [a].
      n(n(boy)) → [boy].
      n(n(book)) → [book].
      pn(pn(mimi)) → [mimi].
      pn(pn(wusang)) → [wusang].
      v(v(sleeps)) → [sleeps].
      v(v(like)) → [likes].
```

이제 이 한정절 문법을 기반으로 하여, 다음의 (13a)와 같은 질의를 하면 (13b)와 같은 답을 얻게 된다.

```
(13)  a. ?- s(STRUCTURE, [mimi,likes,a,boy], [ ]).
      b. STRUCTURE = s(np(pn(mimi)),vp(v(like),np(det(a),n(boy)))).
```

우리는 유틸리티 프로그램을 사용하여 위의 (13b)의 술어-논항구조를, 문장구조를 나타내기 위해 언어학에서 많이 이용되는 수형도로 어렵지 않게 표현할 수 있다(Lehner, 1990).

(14)
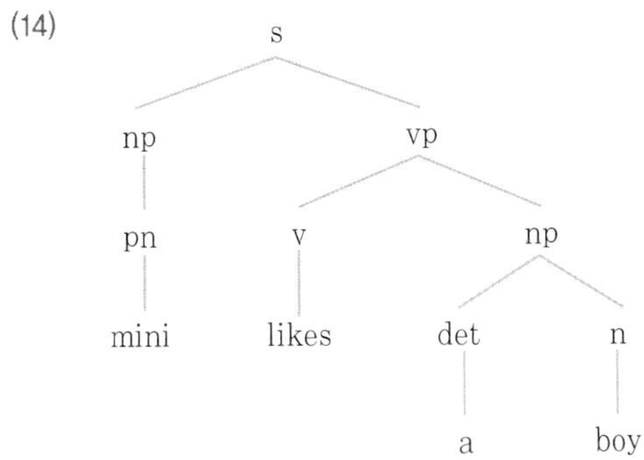

　　이러한 분석을 위한 한정절 문법은 언어표현의 생성에도 이용될 수 있
다. 예컨대, 구조를 제시하고 그 구조에 상응하는 언어표현체를 찾아내라
는 주문을 할 수도 있다. 이 경우에 프롤로그 해석기는 통합기제에 의해서
적당한 표현체를 찾아낸다. 다음의 예를 보자.

(15)　a. ?- s(s(np(pn(mimi)),vp(v(like),np(det(a),n(boy)))), Eng_Sentence, [ ]).
　　　b. Eng_Sentence = [mimi,likes,a,boy].

　　위 (15a)의 질의는 구조 s(np(pn(mimi))),vp(v(like),np(det(a),n(boy))))
를 갖는 영어 문장 Eng_Sentence는 무엇인지를 묻는다. 이에 대한 답으
로 [mim,likes,a,boy]가 제시된다. 이처럼 한정절 문법은 문장의 인식과,
분석에 사용될 수 있을 뿐만 아니라 문장의 생성에도 쓰일 수 있다.
　　마지막으로 DCG에서 허용되는 규칙이나 어휘기재항의 표기유형에 대
해 살펴보기로 하는데, 이러한 다양한 표기형식을 이해함으로써 한정절 문
법을 광범위한 언어현상의 분석(parsing)을 위해 활용할 수 있다.

(16)　a. vp(vp(TV,NP)) —→ tv(TV), np(NP).
　　　b. vp(vp(TV,NP), X0, X2) —→ tv(TV, X0, X1), np(NP, X1, X2).

　　위의 (16a)는 앞서 논의한 바와 같이 구구조규칙을 기술하기 위한 표준

적인 표기형식으로 프롤로그 내부에서는 (16b)와 같이 이해된다.

다음의 표기형식 (17a)도 어휘기재항을 나타내기 위한 표준적인 형식으로 내부적으로는 (17b)와 같이 이해된다.

(17) a. det(det(the)) —→ [the].
      b. det(det(the), [the|X], X).

어휘기재항의 정보를 표현하기 위해서는 다음의 (18a)와 같은 표기형식도 DCG에서 허용되며, 물론 (18a)는 내부적으로 (18b)와 같이 이해된다. 이러한 표기방식은 위의 (17a)와 같은 표기방법을 일반화한 형태로 볼 수 있는 것으로 관사들마다 위의 (17a)와 같은 복잡한 형식으로 표기하는 대신에 개별 관사들에 대해서는 (18c)-(18e)와 같은 형식으로 어휘정보를 따로 제시하면 되기 때문에 프로그램의 이해가 쉽다는 이점이 있다.

(18) a. det(det(Det)) —→ [Det], {det(Det)}.
      b. det(det(Det), [Det|X], X), det(Det).
      c. det(the).
      d. det(a).
      e. det(an).

아래의 표기 (19a)의 경우, 구구조규칙의 오른쪽 성분이 하나만 나타나는 경우를 표현하기 위한 형식으로 내부적으로는 (19b)와 같이 이해된다.

(19) a. np(np(PN)) —→ pn(PN).
      b. np(np(PN), X0, X1) : - pn(PN, X0, X1).

다음 표기 (20a)는 특정한 단말기호—여기서는 영어의 관계대명사 'that'—가 구구조규칙의 구성성분으로 정해져 있는 경우에 이용될 수 있는 형식으로 내부적으로는 (20b)와 같이 이해된다.

(20) a. optrel(rel(that, VP)) —→ [that], vp(VP).
      b. optrel(rel(that, VP), [that|X0], X1) : - vp(VP, X0, X1).

제 3 장 파싱기법

파싱(parsing, 이하 문장분석)이란 문법적인 문장의 구조를 분석하는 과정을 의미하는데, 문장분석기법은 기본적으로 하향식(top-down) 방식과 상향식(bottom-up) 방식으로 구분된다. 제1장에서 살펴본 바와 같이 수형도의 최상위교점에는 문장전체의 범주를 나타내는 초기기호가 나타나고 수형도의 최하위교점들, 곧 단말교점들에는 개별어휘항목들이 나타난다. 하향식이라는 개념은 수형도를 바탕으로 하여 초기기호 S가 위치한 위쪽으로부터 단말기호들이 위치한 아래쪽으로 분석이 진행되어가는 방향(top-down)을 가리키고 상향식이라는 개념은 그 반대 방향(bottom-up)을 가리키는 표현이다. 문장분석기법에는 순수한 하향식 기법이나 순수한 상향식 기법 외에도 문장분석을 수행하는 과정에서 얻은 중간 분석결과를 차트형식으로 저장해 나가면서 그 결과들을 활용하는 차트파싱 기법과 하향식기법과 상향식기법을 혼합한 좌측코너(Left-corner) 문장분석 기법이 문장분석에 사용되기도 한다. 1절에서는 하향식 문장분석 기법을 소개하고, 2절에서는 상향식 문장분석 기법을 살펴본다. 3절에서는 차트파싱 기법을 소개하며, 4절에서는 좌측코너 문장분석기법에 대해서 논의한다.

1. 하향식 문장분석 기법

하향식 문장분석의 기법은 문장분석이 초기기호인 S로부터 출발하여 단

말기호들까지 도달하는 방법으로 분석이 진행된다. 이해의 편의를 위해 2
장에서 논의한 영어구구조문법(E-PSG 1)을 설명에 이용한다.

(1) **영어구구조문법(E-PSG 1)**
　　　N = {S, NP, VP, DET, N, PN, V}
　　　T = {a,boy,mimi,wusang,sleeps,likes}
　　　P = {p1 : S → NP VP,
　　　　　　p2 : NP → PN,
　　　　　　p3 : NP → DET N,
　　　　　　p4 : VP → V NP,
　　　　　　p5 : VP → V,
　　　　　　p6 : DET → a,
　　　　　　p7 : N → boy,
　　　　　　p8 : N → book,
　　　　　　p9 : PN → mimi,
　　　　　　p10 : PN → wusang,
　　　　　　p11 : V → sleeps,
　　　　　　p12 : V → likes
　　　　　　…　　}
　　　S : S

문법 E-PSG 1에 의해서 영어 문장 'Wusang likes a book.'은 문법적
인 것으로 인식되고, 이 문장의 구조는 아래의 (2)와 같다.

(2)

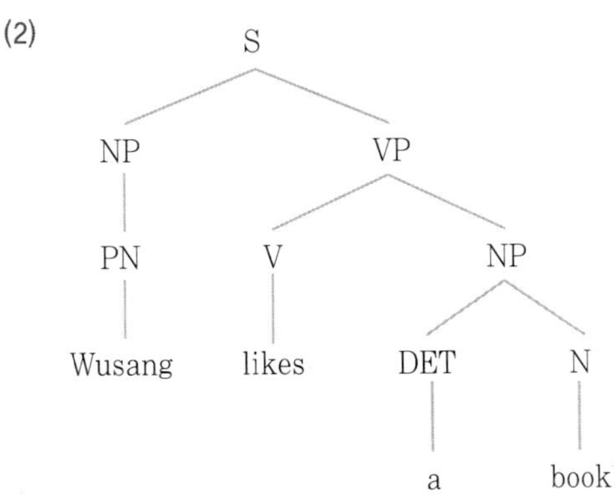

이제 어떠한 단계들을 거쳐 위의 (2)와 같은 최종 수형도가 생성되는지를 살펴보자. 아래의 수형도 (3a)-(3h)를 통해 수형도가 한 단계씩 완성되어 가는 과정을 알 수 있다.

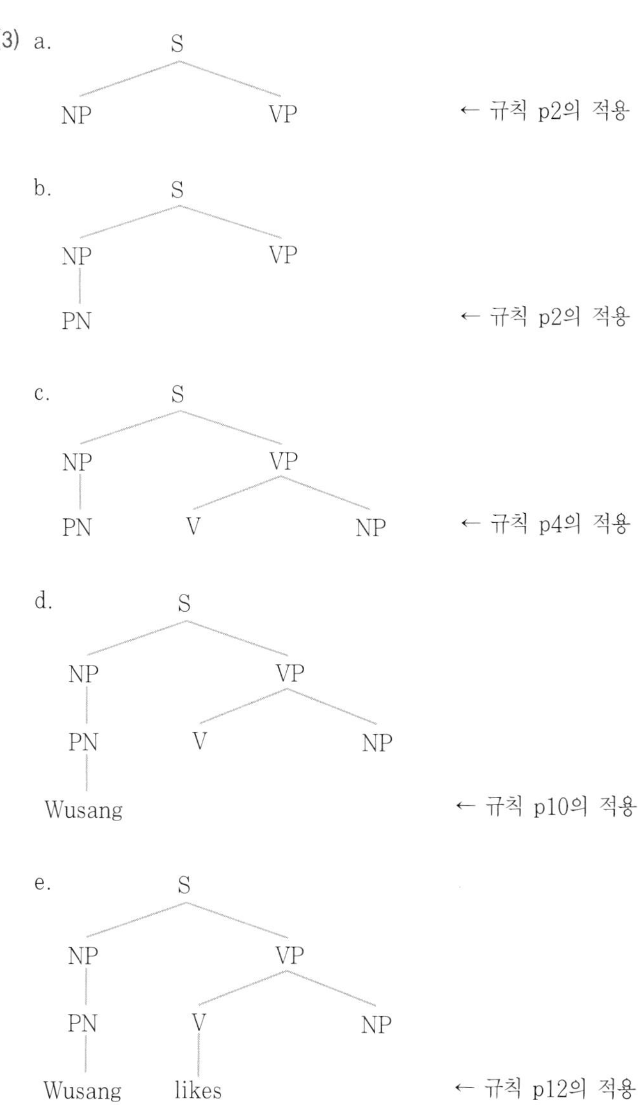

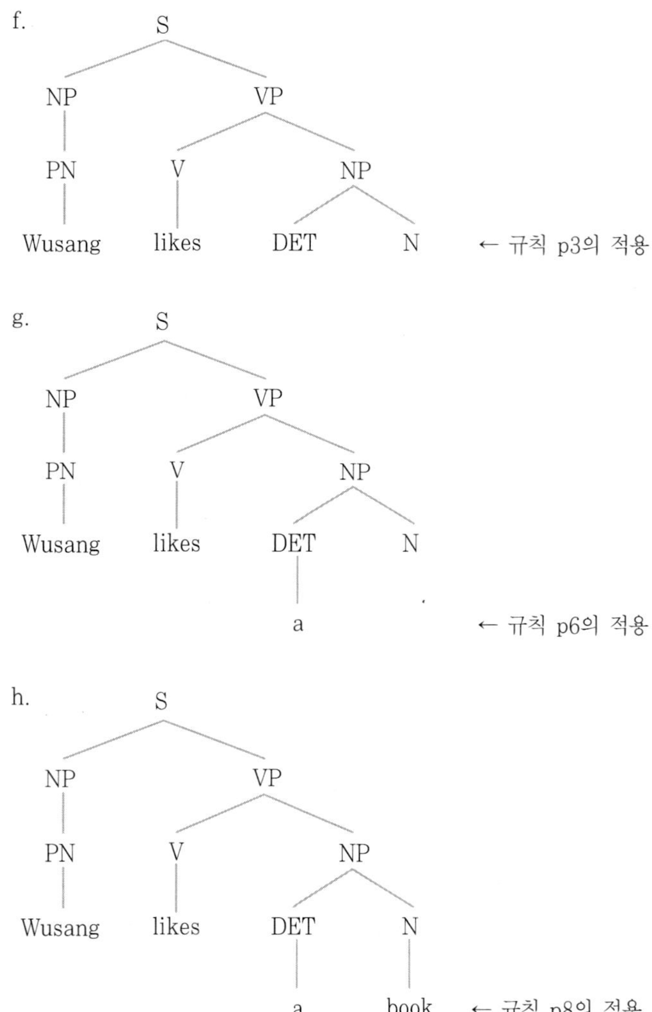

위의 수형도 (3a)로부터 출발하여 여러 단계를 거쳐 수형도 (3h)가 생성되는 과정을 자세히 검토해 보면, 분석이 위에서 아래(top-down) 방향으로 진행되면서, 또한 왼쪽에서 오른쪽(left-right)으로도 진행됨을 알 수 있다. 우리가 앞서 2장에서 논의한 바 있는 한정절 문법도 하향식 파서의 기

능을 수행하는 프롤로그 해석기의 지원을 받아 위에서 아래 방향으로 그리고 왼쪽에서 오른쪽 방향으로 해석된다. 하향식 파싱을 통해 한 문장이 가질 수 있는 둘 이상의 구조를 얻어내기 위해 채택하는 방법은 역추적(backtracking)이다. 역추적 기제를 이용하여, 한 문장의 분석과 관련된 모든 가능한 규칙의 조합을 시도할 수 있다. 이렇게 함으로써 주어진 문법에 의해 허용되는 타당한 문장구조가 하나라도 존재할 경우에는 반드시 적절한 구조가 얻어질 수 있다. 우리가 프롤로그의 작동방식을 통해 이미 익숙해 있듯이, 성공적인 문장분석을 하나 얻어내 그 결과를 저장한 뒤에도 역추적 기제가 작동하도록 하여 가능한 다른 해답을 계속 찾아나갈 수 있다. 그러나 이러한 하향 문장분석은 두 가지 장점들과 난점들을 동시에 가진다. 한 가지 장점은 분석방법의 단순성에서 찾을 수 있고, 다른 한 가지 장점은 이 분석방법이 문장 전체에서 의미 있는 요소들만을 고려한다는 점이다. 반면, 하향식 파싱의 단점은 역추적 기제가 경우에 따라서 매우 낭비적일 수 있다는 점이다. 또한 'NP → NP S'나 'NP → NP coord NP'와 같은 좌측순환(left-recursive) 규칙을 적용할 때 무한 루프 상태로 빠져버린다는 것도 하향식 분석방법의 단점이다. 이제 절을 달리하여 상향식 파싱 방법에 대해서 살펴보자.

2. 상향식 문장분석 기법

상향식 문장분석의 기법은 단말기호를 기점으로 하여 초기기호인 S에 도달하는 방법으로 문장분석이 진행되는 방식을 일컫는다. 이해의 편의를 위해 다시 영어구구조문법(E-PSG 1)을 설명에 이용하고자 한다. 앞 절에서 언급한 대로 이 문법 E-PSG 1에 의해서 영어 문장 'Wusang likes a book.'은 문법적인 것으로 인식되고, 이 문장의 구조는 위의 (22)와 같다.

그런데 이러한 최종 수형도를 생성해내는 과정에서 하향식 파싱방법과 상향식 파싱방법이 차이를 보인다. 이제 상향식 방법에 의해 수형도 (2)가 생성되는 과정을 살펴보자. 그 과정을 순차적으로 나타내면 아래의 (4a)-(4l)와 같다.

(4) a. Wusang

b.
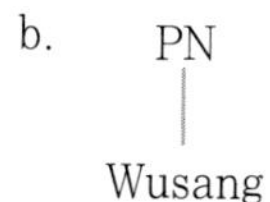

c.
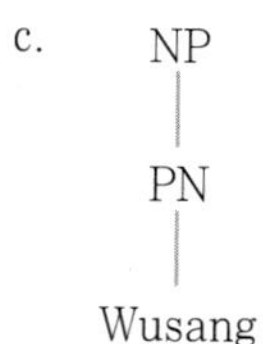

d.
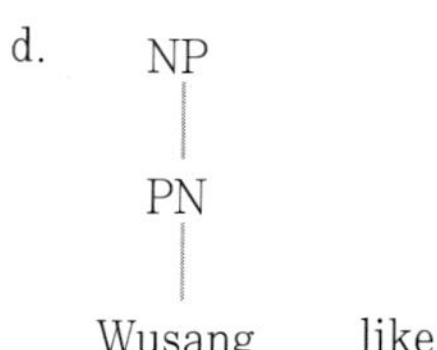

e.
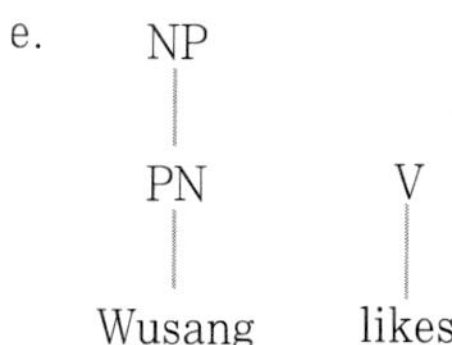

f.
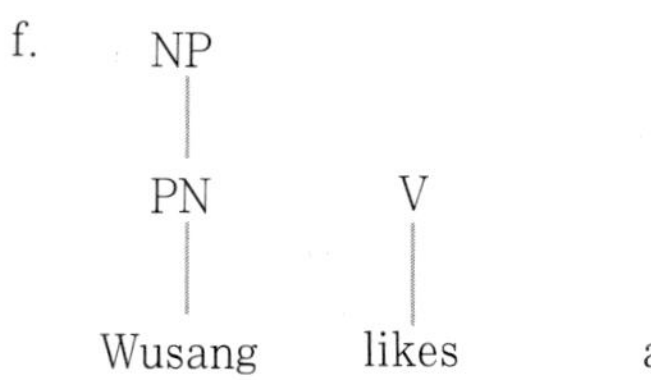

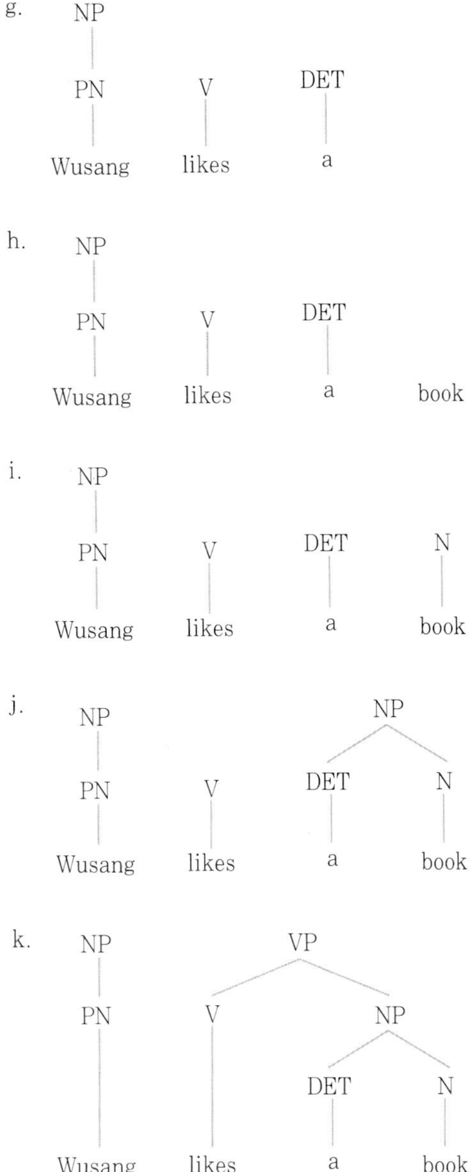

1.

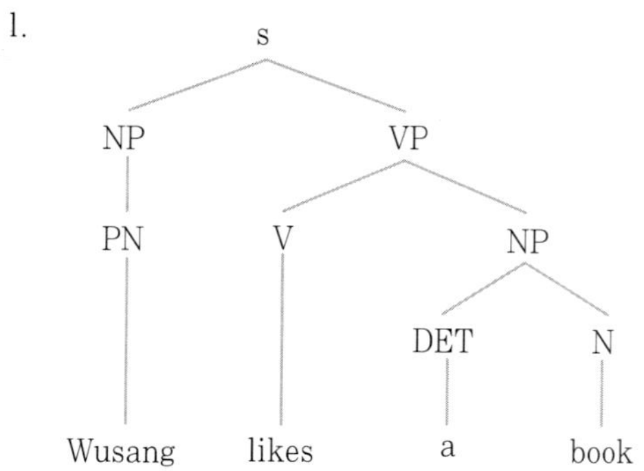

총 12단계로 구성된 위의 수형도들에서 확인할 수 있듯이, 상향식 파싱 방법은 문장의 가장 왼쪽에 위치한 단말기호 'Wusang'을 출발점으로 삼아 상위의 비단말기호들로 점진적으로 확대해 가면서 최종적으로 최상위의 S 에 이르게 된다. 각 단계별 작업내용을 다음의 (5)와 같이 정리할 수 있다.

(5) • 1단계 : 어휘 'Wusang'을 받아들인다.
  • 2단계 : 이 어휘는 범주가 PN이다.
  • 3단계 : 범주 PN은 그 자체가 비단말기호 NP가 된다.
  • 4단계 : 새로운 어휘 'likes'를 받아들인다.
  • 5단계 : 이 어휘는 범주가 V이다.
  • 6단계 : 새로운 어휘 'a'를 받아들인다.
  • 7단계 : 이 어휘는 범주가 DET이다.
  • 8단계 : 새로운 어휘 'book'을 받아들인다.
  • 9단계 : 이 어휘는 범주가 N이다.
  • 10단계 : 범주 DET와 N이 합하여 비단말기호 NP가 된다.
  • 11단계 : 범주 V와 NP가 합하여 비단말기호 VP가 된다.
  • 12단계 : 범주 NP와 VP가 합하여 비단말기호 S가 된다.

이처럼 여러 단계를 거쳐 상향식으로 문장분석하는 상향식 파서로 가장 잘 알려져 있는 것이 Stabler(1983)에 의해 제안된 이동(shift)-대치(reduce) 파서이다. 이 파서는 이동(shift)과 대치(reduce)라는 두 가지 연산을 근간 으로 하고 있다. 이동이란 어휘들을 스택(stack)에 넣는 동작을 말하고, 대 치란 스택 안의 어휘나 비단말기호들을 상위의 기호들로 대치하는 동작

을 뜻한다. 예를 들어 위 (5)에 제시된 12단계 각각에 어떤 연산이 관여
하고 스택에는 어떤 변화가 일어나는지를 정리하면 아래의 (6)과 같다
(Covington, 1994 : 155).

(6)

단계	동작	스택	입력 문자열
	(시작)		wusang likes a book
1	이동	wusang	likes a book
2	대치	PN	likes a book
3	대치	NP	likes a book
4	이동	NP likes	a book
5	대치	NP V	a book
6	이동	NP V a	book
7	대치	NP V DET	book
8	이동	NP V DET book	
9	대치	NP V DET N	
10	대치	NP V NP	
11	대치	NP VP	
12	대치	S	

　이제 상향식 이동–대치 파서가 어떻게 프롤로그로 구현가능한지에 대해
서 Covington(1994 : 159)에 기대어 간단히 논의한다. 먼저, 스택과 입력문
자열은 리스트의 형식으로 정의된다. 따라서 위의 표에서 단계 6은 다음의
(7)과 같이 표현된다.

　　(7) 스택 : 〔np, v, a〕
　　　　입력문자열 : 〔book〕

　대치 연산시에 참조가 되는 구구조규칙은 2항 술어 brule/2에 의해 정
의되는데, 예를 들어 규칙 VP ──→ V NP는 (8)과 같이 표현된다.

　　(8) brule(〔np,v | X〕, 〔vp | X〕).

　여기에서 brule은 'backward rule'의 약자인데, 전통적인 규칙을 완전

히 뒤집어서 표현함으로써 '대치' 연산이 보다 효율적으로 수행될 수 있다. 그리고 대치연산은 아래의 (9)와 같이 정의된다.

```
(9)  reduce(Stack,ReducedStack) : -           % line 1
            brule(Stack,Stack2),               % line 2
            reduce(Stack2,ReducedStack).       % line 3
```

위의 정의에서 line 2는 구구조규칙에 의해 대치가 가능한 범주들이 있는지를 검토하는 과정을 기술한 것이고, 이어 line 3에서는 대치가 가능한 범주들을 상위범주로 대치하는 연산을 순환적으로 적용해야 한다는 것을 규정하고 있다. 이외의 이동-대치 파서의 작동방식에 대해서 Covington (1994 : 159)의 자세한 설명을 참조할 수 있을 것이다. 따라서 이에 대한 더 이상의 논의는 여기에서 진전시키지 않기로 한다.

이제 정리하자면, 상향식 문장방법의 장점은 하향식 파싱에서 채택된 역추적 기제가 사용되지 않음으로써 문장을 구성하는 구성요소들을 한번만 생성하게 된다는 것이다. 그리고 한 번 생성된 구성요소는 버려지지 않고 저장되기 때문에 후에 다시 사용될 수 있다. 반면 하향식 파싱의 단점은 현재의 분석과 관련성이 없는 많은 구성요소들을 자주 만들어낸다는 점에서 찾을 수 있다.

3. 차트파싱 기법

한 문장에 속하는 적형식의 부분 연결들에 대하여, 경제적이며 효율적인 방법으로 모든 가능한 통사적 표상을 표현하는 문장분석방법을 차트파싱(chart parsing)이라 한다. 자연언어 문장에서 분명히 결정될 수 있는 성분도 있지만, 구조적으로 중의적인 어휘연결들도 자주 나타나기 때문에, 한 문자열의 모든 가능한 구조들 중 어떤 것이 적합할지는 분석단계 중 비교적 나중에서야 결정될 수 있다. 역추적(Backtracking)과 같은 다중적 분석과정을 거칠 때에는 이미 분석이 이루어진 부분도 다시 분석됨으로써 효율성을 저하시킨다. 예를 들어 보자.

(10)   A boy watches the girl with a telescope.
(11)   a. vp ─→ v, np
       b. vp ─→ v, np, pp

위의 문장 (10)을 하향식 방법으로 분석해나가는 과정에서 'A boy watches the girl'까지를 분석할 경우에, 규칙 (11a)를 적용하여, 단어연속체 'watches the girl'이 v인 'watches'와 np인 'the girl'로 이루어진 vp라는 중간결과를 얻는다. 그런데 이런 단계에 이르렀을 때 아직 분석이 안 된 단어연속체인 'with a telescope'가 분석을 기다리기 때문에, 역추적 방법을 사용하여 (11b)와 같은 다른 규칙을 써서 분석을 시도하게 되는데, 이 경우에 단어연속체 'watches the girl'이 다시 분석되어야 한다. 곧 이미 얻어진 분석결과인 'watches'가 v 범주에 속하고 'the girl'이 vp 범주에 속한다는 사실을 활용하지 못하는 결과를 낳는다. 이러한 점이 역추적 방법의 비효율성으로 지적되어 왔다. 반면에, 차트파싱 기법을 사용할 경우에 이미 분석된 부분은 새로이 분석되지 않게 함으로써, 인식에 성공한 모든 부분들은 차트에 저장되며, 이렇게 저장된 중간분석결과들은 문장분석과정상에서 언제든지 참조될 수 있도록 설계된다. 차트를 단순히 한 문장의 모든 가능한 구조수형도들의 집합으로서도 상정할 수 있는데, 이때에 여러 상이한 수형도들 중에서 동일한 부분수형도들은 단 한번만 그려지는 것이라고 생각하면 된다. 정리하자면, 차트파싱 기법은 분석의 대상이 되는 문장을 왼쪽에서 오른쪽으로 개별 어휘별로 단계적으로 분석해 나가면서, 중간분석결과를 차트형식으로 저장하여 다음 단계의 분석에 활용하는 파싱방법이다. 차트파싱 방법을 구체화한 것으로는 Earley(1970)에 의해 제안된 알고리즘(algorithm)이 가장 기본이 되기 때문에 여기서도 Earley의 차트파싱 알고리즘을 소개하기로 한다.

(12)　Earley **차트파싱 알고리즘**

　　　입력 : 문맥자유문법(CFG) $G = \langle N, \Sigma, P, S \rangle$
　　　　　　입력기호연쇄 Σ^* 안에 들어 있는 $w = a_1 \, a_2 \cdots a_n$
　　　출력 : 항목-리스트 $I_0, I_1, \cdots, I_n$
　　　방법 : 먼저 I_0가 다음과 같이 구성되어진다 :

　　　　　단계1 : $S \rightarrow \alpha$가 집합 P 안에 있는 하나의 규칙이면, $[S \rightarrow .\,\alpha \,,$ $0]$를 I_0에 첨가하라. 다음에는 새로운 항목(item)들이 더 이상 I_0에 첨가되지 않을 때까지 단계 2와 3을 수행한다.

　　　　　단계2 : $[B \rightarrow \gamma . \,, 0]$ 이 I_0 안의 하나의 항목이면 모든 $[A \rightarrow \alpha .B\beta \,, 0]$에 대해서 $[A \rightarrow \alpha B.\beta \,, 0]$을 I_0에 첨가하라.

　　　　　단계3 : $[A \rightarrow \alpha .B\beta \,, 0]$이 I_0 안의 한 항목이라고 가정하자. 집합 P 안의 모든, $B \rightarrow \gamma$ 형태의 규칙에 대해서 $[B \rightarrow .\,\gamma \,, 0]$를 (만약 이 항목이 이미 I_0 안에 들어 있지 않을 경우에) I_0에 첨가하라.

　　　　　　$I_0, I_1, \cdots, I_{j-1}$을 구성한 다음에는 I_j를 구성한다.

　　　　　단계4 : $a = a_j$ 인 각각의 항목 $[B \rightarrow \alpha .a\beta \,, i]$가 I_{j-1} 안에 들어 있는 경우에 $[B \rightarrow \alpha a.\beta \,, i]$를 I_j에 첨가하라. 새로운 항목들이 더이상 I_j에 첨가되지 않을 때까지 단계 5와 6을 수행한다.

　　　　　단계5 : $[A \rightarrow \gamma . \,, i]$가 I_j 안의 한 항목이라고 하자. $[B \rightarrow \alpha .A\beta \,, k]$ 형태의 항목들에 대해서 I_i를 검사하라. 각각에 대해서 어떤 것이 발견되면, $[B \rightarrow \alpha A.\beta \,, k]$를 I_j에 첨가하라.

　　　　　단계6 : $[A \rightarrow \alpha .B\beta \,, i]$이 I_j 안의 한 항목이라고 하자. 집합 P 안의 모든 $B \rightarrow \gamma$ 형태의 규칙에 대해서 $[B \rightarrow .\,\gamma \,, j]$를 I_j에 첨가하라.

　이 알고리즘에서, 적어도 하나의 항목 $[S \rightarrow \alpha . \,, 0]$이 I_n 안에 존재하면, 바로 그러한 경우에만 입력기호연쇄가 주어진 문맥자유문법 G에 의해서 인식된 것으로 간주된다.

　위의 Earley 알고리즘에서 사용된 구구조규칙의 특징은 분석진행 상황을 점검하기 위하여 전통적인 규칙에 상황점(.)을 첨가한 데 있다. 예를 들어 상황점이 부착된 규칙 NP → DET. N의 의미는 현재의 분석진행 상황은 관사 DET까지 분석이 완료된 상태이고 앞으로 명사 N을 더 분석해야 한다는 것이다. 보다 구체적으로 항목 〔NP → DET. N, 0〕이 I₁에 속한다고 할 경우에, 이는 시작교점 0에서부터 현재교점 1까지는 규칙 NP → DET. N과 관련하여 관사 DET까지만 분석이 완료된 상태라는 의미이다. Earley 알고리즘은 다음의 (13a)-(13d)에 기술된 네 가지 절차를 근간으로 한다(Dörre, 1987 : 19).

> (13) a. 초기화(Initialization) :
>   규칙부 P에 속하는 모든 규칙 S → α에 대해서 S → . α ∈ Chart〔0,0〕로 하라.
>   b. 예측(Prediction) :
>   0≤i≤j≤n에 대해서
>   A → α.Bβ ∈ Chart〔i,j〕이면,
>   규칙부 P에 속한 모든 규칙 B → γ에 대해서 B → . γ ∈ Chart〔i,j〕가 되도록 하라.
>   c. 어휘인식(Scanning) :
>   0≤i≤j≤n에 대해서
>   A → α.ajβ ∈ Chart〔i,j-1〕이면,
>   A → αaj.β ∈ Chart〔i,j〕가 되도록 하라.
>   d. 완료(Completion) :
>   0≤i≤k≤j≤n에 대해서
>   A → α.Bβ ∈ Chart〔i,k〕이고 B → γ. ∈ Chart〔k,j〕이면,
>   A → αB.β ∈ Chart〔i,j〕가 되도록 하라.

이러한 네 가지 절차를 알고리즘 (12)의 각 단계에 대응시켜 보면, 다음의 표와 같은 결과를 얻는다.

(14)

Earley 알고리즘	절 차
단계 1	초기화
단계 2	완 료
단계 3	예 측
단계 4	어휘인식 및 완료
단계 5	완 료
단계 6	예 측

이제 이해를 쉽게 하기 위해 차트파싱에 관여되는 네 가지 절차를 Dörre(1987 : 20)를 따라 그래프형식으로 나타내자면 다음과 같다.

(15) a. 초기화

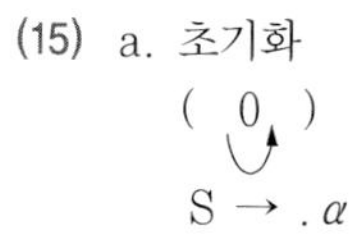

$$S \to .\alpha$$

b. 예측

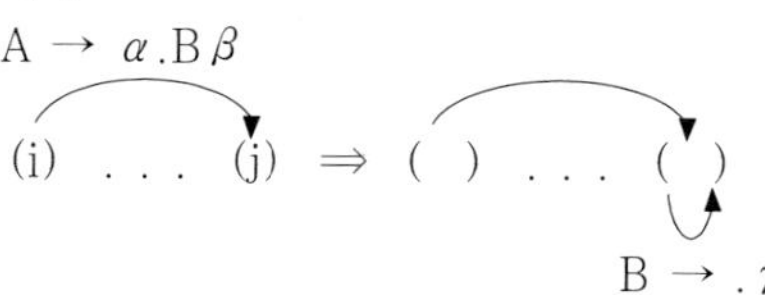

c. 어휘인식

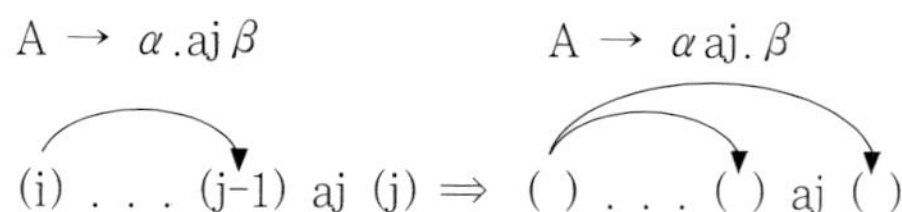

d. 완료

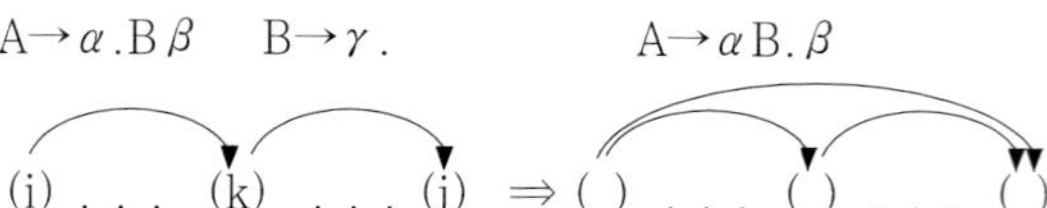

이 네 가지 절차를 설명하기 위해 앞 장에서 논의한 바 있는 영어구구조문법(E-PSG 1)을 여기에 옮겨오자.

(16) 영어구구조문법(E-PSG 1)

$N = \{S, NP, VP, DET, N, PN, V\}$

$T = \{a, boy, mimi, wusang, sleeps, likes\}$

$P = \{p1 : S \to NP\ VP,$

  $p2 : NP \to PN,$

  $p3 : NP \to DET\ N,$

  $p4 : VP \to V\ NP,$

  $p5 : VP \to V,$

  $p6 : DET \to a,$

$$p7 : N \rightarrow boy,$$
$$p8 : N \rightarrow book,$$
$$p9 : PN \rightarrow Mimi,$$
$$p10 : PN \rightarrow Wusang,$$
$$p11 : V \rightarrow sleeps,$$
$$p12 : V \rightarrow likes$$
$$\cdots \quad \}$$
$$S : S$$

이 영어문법을 토대로 영어 문장 'Mimi sleeps'가 Earley 알고리즘에 의해 어떠한 절차를 거쳐 문법적인 문장으로 인식되는지를 살펴보자.

먼저 (13)의 단계 1에서 작동하는 초기화절차를 통해 초기기호 S가 규칙의 왼쪽편에 나타나는 구구조규칙 S → NP VP의 오른쪽 첫 구성성분 앞에 상황점(.)이 표기된 구구조규칙, 곧 S → . NP VP이 Chart[0,0]에 기록된다. 이를 도식으로 표현하면 아래의 (17)과 같다.

(17)

Chart					
교점번호	0				
	S → . NP VP				

규칙 S → NP VP 외에는 초기기호 S가 규칙의 왼쪽편에 나타나는 구구조규칙이 더 없으므로, 단계 2로 넘어가는데, 이 단계에서는 완료절차가 작용하는데, 이 절차를 적용할 조건이 마련되어 있지 않으므로 바로 단계 3으로 이동한다. 예측절차가 단계 3에서 적용될 수 있는데, 우리 예의 경우에 Chart[0,0]에 올라와 있는 규칙의 오른편 상황점 바로 다음 기호가 NP이다. 예측절차의 정의에 따라서 NP가 규칙의 왼쪽편에 나타나는 구구조규칙 NP → PN의 오른쪽 첫 구성성분 앞에 상황점(.)이 표기된 구구조규칙, 곧 NP → .PN이 Chart[0,0]에 기록된다. 이를 도식으로 표현하면 아래의 (18)과 같다.

(18)

Chart					
교점번호	0				
	S → . NP VP				
	NP → . PN				

이 상태에서 다시 단계 3의 예측절차가 적용될 수 있는지를 보기 위해, NP가 규칙의 왼쪽편에 나타나는 구구조규칙이 더 있는지를 검토하는데, 규칙 NP → DET N이 있으므로 이 규칙의 오른쪽 첫 구성성분 앞에 상황점(.)이 표기된 구구조규칙, 곧 NP → .DET N을 또 Chart〔0,0〕에 등재한다. 이를 도식으로 표현하면 아래의 (19)와 같다.

(19)

Chart					
교점번호	0				
	S → . NP VP				
	NP → . PN				
	NP → . DET N				

여기에서 다시 단계 3의 예측절차가 적용될 수 있는지를 보기 위해, NP가 규칙의 왼쪽편에 나타나는 구구조규칙이 더 있는지를 검토하는데, 그러한 규칙이 더 이상 없으므로 다음 단계로 넘어간다. 단계 4에서 적용되는 절차는 어휘인식 및 완결인데, 현재상태에서 어휘 'Mimi'가 인식되므로 이 어휘를 규칙의 오른편에 가지고 있는 규칙 PN → Mimi를 찾는다. 어휘인식절차에 의해 이 규칙의 오른쪽 구성성분 뒤에 상황점(.)을 표기한 규칙, 곧 PN → Mimi.를 Chart〔0,1〕에 먼저 기록한다. 이를 도식으로 표현하면 아래의 (20)과 같다.

(20)

Chart				
교점번호	0		1	
	S → . NP VP			
	NP → . PN			
	NP → . DET N			
	PN → Mimi .			

　　이제 규칙 PN → Mimi .가 Chart〔0,1〕에 올라와 있다는 사실을 단계 4에서 곧바로 반영하여, Chart〔0,0〕에 기재되어 있는 규칙 NP → . PN과 규칙 Chart〔0,1〕의 PN → Mimi.를 결합하여 완료절차에 따라 Chart〔0,1〕에 규칙 NP → PN.을 올린다. 이를 도식으로 표현하면 아래의 (21)과 같다.

(21)

Chart				
교점번호	0		1	
	S → . NP VP			
	NP → . PN			
	NP → . DET N			
	PN → Mimi .			
	NP → PN .			

　　이 상태에서 다시 단계 4를 적용할 만한 조건이 더 이상 마련되어 있지 않으므로, 단계 5로 넘어가는데 단계 5에서는 완료절차가 작동한다. 이제 완료절차가 적용될 수 있는 조건이 충족되는지를 검토하기 위해 규칙의 오른편 상황점(.) 바로 다음에 NP가 나타나는 규칙이 Chart〔0,0〕에 기록되어 있는지를 검토한다. 그런데 규칙 S → . NP VP가 Chart〔0,0〕에 있으므로 완료절차에 따라 이 규칙의 오른쪽 첫 구성성분 NP 다음에 상황점(.)이 표기된 구구조규칙, 곧 S → NP . VP를 Chart〔0,1〕에 올린다. 이를 도식으로 표현하면 아래의 (22)와 같다.

(22)

Chart				
교점번호	0		1	
	S → . NP VP			
	NP → . PN			
	NP → . DET N			
	PN → Mimi .			
	NP → PN .			
	S → NP . VP			

이 상태에서 다시 단계 5를 적용할 만한 조건이 마련되어 있는지를 검토하는데, 더 이상 해당 규칙이 존재하지 않으므로 단계 6으로 넘어간다. 단계 6에서는 다시 예측절차가 작동한다. 이 상태에서 예측절차가 적용될 수 있는지를 보기 위해, VP가 규칙의 왼쪽편에 나타나는 구구조규칙이 규칙부 내에 하나라도 존재하는지를 검토하는데, 규칙 VP → V NP가 있으므로 이 규칙의 오른쪽 첫 구성성분 앞에 상황점(.)이 표기된 구구조규칙, 곧 VP → . V NP를 이제 Chart[1,1]에 등재한다. 이를 도식으로 표현하면 아래의 (23)과 같다.

(23)

Chart				
교점번호	0		1	
	S → . NP VP		VP → . V NP	
	NP → . PN			
	NP → . DET N			
	PN → Mimi .			
	NP → PN .			
	S → NP . VP			

현재 상태에서 다시 단계 6을 적용할만한 조건이 충족되는지를 검토하기 위해 VP가 규칙의 왼쪽편에 나타나는 구구조규칙이 규칙부 내에 하나라도 존재하는지를 살펴본다. 그런데 규칙 VP → V가 있으므로 이 규칙의

오른쪽 첫 구성성분 앞에 상황점(.)이 표기된 구구조규칙, 곧 VP → . V를
또 Chart[1,1]에 등재한다. 이를 도식으로 표현하면 아래의 (24)와 같다.

(24)

	Chart			
교점번호	0		1	
	S → . NP VP		VP → . V NP	
	NP → . PN		VP → . V	
	NP → . DET N			
	PN → Mimi .			
	NP → PN .			
	S → NP . VP			

이 상태에서 다시 단계 6을 적용할 만한 조건이 더 이상 마련되어 있지 않
으므로, 단계 4로 되돌아간다. 단계 4에서 적용되는 절차는 어휘인식 및 완
결인데, 현재상태에서 어휘 'sleeps'가 인식되므로 이 어휘를 규칙의 오른편
에 가지고 있는 규칙 V → sleeps를 찾는다. 어휘인식절차에 의해 이 규칙
의 오른쪽 구성성분 뒤에 상황점(.)을 표기한 규칙, 곧 V → sleeps .를
Chart[1,2]에 먼저 기록한다. 이를 도식으로 표현하면 아래의 (25)와 같다.

(25)

	Chart			
교점번호	0		1	2
	S → . NP VP		VP → . V NP	
	NP → . PN		VP → . V	
	NP → . DET N			
	PN → Mimi .			
	NP → PN .			
	S → NP . VP			
				V → sleeps .

여기에서 규칙 V → sleeps .가 Chart[1,2]에 올라와 있다는 사실을 단계
4에서 곧바로 반영하여, Chart[1,1]에 기재되어 있는 규칙 VP → . V NP와

규칙 Chart〔1,2〕의 V → sleeps .를 결합하여 완료절차에 따라 Chart〔1,2〕에 규칙 VP → V . NP를 올린다. 이를 도식으로 표현하면 아래의 (26)과 같다.

(26)

Chart				
교점번호	0		1	2
	S → . NP VP		VP → . V NP	
	NP → . PN		VP → . V	
	NP → . DET N			
	PN → Mimi .			
	NP → PN .			
	S → NP . VP			
			V → sleeps .	
			VP → V . NP	

이 상태에서 다시 단계 4의 예측절차가 적용될 수 있는지를 보기 위해, V가 규칙의 왼쪽편에 나타나는 구구조규칙이 Chart〔1,1〕에 더 존재하는지를 검토하는데, 규칙 VP → . V가 있으므로 이 규칙과 Chart〔1,2〕의 V → sleeps .를 결합하여 완료절차에 따라 Chart〔1,2〕에 규칙 VP → V .를 올린다. 이를 도식으로 표현하면 아래의 (27)과 같다.

(27)

Chart				
교점번호	0		1	2
	S → . NP VP		VP → . V NP	
	NP → . PN		VP → . V	
	NP → . DET N			
	PN → Mimi .			
	NP → PN .			
	S → NP . VP			
			V → sleeps .	
			VP → V . NP	
			VP → V .	

이제는 다시 단계 4를 적용할 만한 조건이 더 이상 마련되어 있지 않으
므로 단계 5로 넘어가는데 단계 5에서는 완료절차가 작동한다. 이제 완료
절차가 적용될 수 있는 조건이 충족되는지를 검토하기 위해 규칙의 오른편
상황점(.) 바로 다음에 VP가 나타나는 규칙이 Chart〔0,1〕에 등재되어
있는지를 검토한다. 그런데 규칙 S → NP . VP가 Chart〔0,1〕에 있으므로
완료절차에 따라 이 규칙의 오른쪽 첫 구성성분 NP 다음에 상황점(.)이
표기된 구구조규칙, 곧 S → NP VP.를 Chart〔0,2〕에 올린다. 이를 도식
으로 표현하면 아래의 (28)과 같다.

(28)

Chart					
교점번호	0		1		2
	S → . NP VP		VP → . V NP		
	NP → . PN		VP → . V		
	NP → . DET N				
	PN → Mimi .				
	NP → PN .				
	S → NP . VP				
			V → sleeps .		
			VP → V . NP		
			VP → V .		
	S → NP VP .				

이 상태가 되면, 초기기호 S가 규칙의 왼편에 위치하는 규칙 S → NP
VP .가 Chart〔0.2〕 사이에 등재된 것이므로 Earley 알고리즘에 비추어
문장 'Mimi sleeps'는 영어 구구조문법(E-PSG 1)에 의해 문법적인 문장으
로 인식된 것이다.

(29) **수정된 Earley 차트파싱 알고리즘**
    입력 : 문맥자유문법(CFG) $G = \langle N, \Sigma, P, S \rangle$
        입력기호연쇄 Σ^* 안에 들어 있는 $w = a_1\ a_2\ \cdots\ a_n$
    출력 : 항목−리스트 $I_0, I_1, \cdots, I_n$
    방법 : 먼저 I_0가 다음과 같이 구성되어진다 :

단계1 : S → α가 집합 P 안에 있는 하나의 규칙이면, 〔S → . α , 0〕를 I_0에 첨가하라. 다음에는 새로운 항목(item)들이 더 이상 I_0에 첨가되지 않을 때까지 단계 2와 3을 수행한다.

단계2 : 〔B → γ . , 0〕이 I_0 안의 하나의 항목이면 모든 〔A → α.Bβ , 0〕에 대해서 〔A → αB.β , 0〕을 I_0에 첨가하라.

단계3 : 〔A → α.Bβ , 0〕이 I_0 안의 한 항목이라고 가정하자. 집합 P 안의 모든, B → γ 형태의 규칙에 대해서 〔B → . γ , 0〕를 (만약 이 항목이 이미 I_0 안에 들어 있지 않을 경우에) I_0에 첨가하라.

I_0, I_1, … , I_{j-1}을 구성한 다음에는 I_j를 구성한다.

단계4 : a = a_j 경우에 모든 〔B → a. , j-1〕를 I_j에 첨가하라. 새로운 항목들이 더이상 I_j에 첨가되지 않을 때까지 단계 5와 6을 수행한다.

단계5 : 〔A → γ . , i〕가 I_j 안의 한 항목이라고 하자. 〔B → α.Aβ , k〕 형태의 항목들에 대해서 I_i를 검사하라. 각각에 대해서 어떤 것이 발견되면, 〔B → αA.β , k〕를 I_j에 첨가하라.

단계6 : 〔A → α.Bβ , i〕이 I_j 안의 한 항목이라고 하자. 집합 P 안의 모든 B → γ 형태의 규칙에 대해서 〔B → . γ , j〕를 I_j에 첨가하라.

이 알고리즘에서, 적어도 하나의 항목 〔S → α. , 0〕이 I_n 안에 존재하면, 바로 그러한 경우에만 입력기호연쇄가 주어진 문맥자유문법 G에 의해서 인식된 것으로 간주된다.

위의 (29)에 제시된 수정된 Earley 알고리즘은 (12)에 제시된 알고리즘과 어휘인식 절차가 수행되는 단계 4에서 차이를 보인다. 수정된 알고리즘에서는 범주 B를 가진 어떤 어휘가 j번째의 어휘일 경우에 Chart〔j-1,j〕에 규칙 〔B → a. , j-1〕을 첨가하라는 지침을 준다. 그렇게 함으로써 단계 4에서 완료절차를 분리해내고, 어휘의 인식절차만을 인정하게 되며 그 결과 단계 4도 하나의 절차만이 작동하는 다른 단계와 동등한 지위를 갖게 된다. 이러한 수정된 알고리즘을 기초로 하여 차트파싱절차를 프롤로그로 구현한 Earley-파서에 의해 영어 문장 'Mimi sleeps'를 분석한 결과가 아래의 (30)에 제시되어 있다.

(30) Earley-파서에 의한 문장분석결과

```
% ?- chart([mimi,sleeps]).
item(i, j, dom, proof, activ) % line 1
item(0, 0, s, [], [np, vp])   % line 2, 단계 1, 초기화
item(0, 0, np, [], [pn])      % line 3, 단계 3, 예측
item(0, 0, np, [], [det, n])  % line 4, 단계 3, 예측
item(0, 0, pn, [], [mimi])    % line 5, 단계 3, 예측
item(0, 0, pn, [], [wusang])  % line 6, 단계 3, 예측
item(0, 0, det, [], [a])      % line 7, 단계 3, 예측
item(0, 1, pn, [mimi], [])    % line 8, 단계 4, 어휘인식
item(0, 1, np, [pn], [])      % line 9, 단계 5, 완료 ← line 3 & line 8
item(0, 1, s, [np], [vp])     % line 10, 단계 5, 완료 ← line 3 & line 8
item(1, 1, vp, [], [v, np])   % line 11, 단계 6, 예측
item(1, 1, vp, [], [v])       % line 12, 단계 6, 예측
item(1, 1, v, [], [sleeps])   % line 13, 단계 6, 예측
item(1, 1, v, [], [likes])    % line 14, 단계 6, 예측
item(1, 2, v, [sleeps], [])   % line 15, 단계 4, 어휘인식
item(1, 2, vp, [v], [np])     % line 16, 단계 5, 완료 ← line 11 & line 15
item(1, 2, vp, [v], [])       % line 17, 단계 5, 완료 ← line 12 & line 15
item(2, 2, np, [], [pn])      % line 18, 단계 6, 예측
item(2, 2, np, [], [det, n])  % line 19, 단계 6, 예측
item(2, 2, pn, [], [mimi])    % line 20, 단계 6, 예측
item(2, 2, pn, [], [wusang])  % line 21, 단계 6, 예측
item(2, 2, det, [], [a])      % line 22, 단계 6, 예측
item(0, 2, s, [np, vp], [])   % line 23, 단계 5, 완료 ← line 10 & line 17
```

위의 분석결과에서 사용된 5항 술어 item/5의 첫 번째 논항은 시작교점을 가리키고, 두 번째 논항은 끝교점을 가리킨다. 그리고 세 번째 논항은 구구조규칙의 왼쪽편에 위치한 범주를 가리키고, 네 번째 논항은 해당 규칙의 오른편에 위치한 범주들이나 어휘 중 이미 분석이 끝난 것들을, 그리고 다섯 번째 논항은 해당 규칙의 오른편에 위치한 범주들이나 어휘 중 앞으로 분석되어야 할 것들을 가리킨다. 예를 들어 line 10의 항목 item(0, 1, s, [np], [vp])은 시작교점 0과 끝교점 1 사이에서 구구조규칙 s → np vp과 관련하여 np까지는 이미 분석이 끝났고 앞으로 vp가 분석되어

야 한다는 의미를 담고 있다. 이 사실을 차트로 표현하자면, 다음의 (31)
과 같다.

(31)

Chart				
교점번호	0		1	
	s → np . vp			

위에 제시된 분석결과를 생성한 Earley-차트파서는 다음의 (32)와 같이
정의되었다.

(32)

```
/* echart.pl - Early algorithm */          % line 1

:-consult('epsg.pl').                       % line 2
:-op(1200,xfx,- - →).                        % line 3

chart(W):-clearmem,                          % line 4
          initialization,                    % line 5
          loop(0,0),                         % line 6
          construct(0,W),                    % line 7
          output_m.                          % line 8
initialization :- foreach(production(s,Alpha),assertz(item(0,0,s,[],Alpha))).
                                             % line 9
construct(_,[]).                             % line 10
construct(I,[H|T]):- J is I+1,               % line 11
                     scanning(I,J,H),        % line 12
                     loop(J,0),              % line 13
                     construct(J,T).         % line 14
scanning(I,J,H) :- foreach(item(N,I,B,Alpha,[H|Beta]),   % line 15
             doassert(N,J,B,Alpha+H,Beta)).  % line 16
loop(J,Old) :- completion(J),                % line 17
               prediction(J),                % line 18
               stillmore(New,Old),           % line 19
               loop(J,New).                  % line 20
```

```prolog
loop(_,_).                                                          % line 21
completion(J) :- foreach(item(I,J,A,_,[]),                          % line 22
                 foreach(item(K,I,B,Omega,[A|Beta]),               % line 23
                 doassert(K,J,B,Omega+A,Beta))).                   % line 24
prediction(J) :- foreach(item(_,J,_,_,[B|_]),                      % line 25
                 foreach(production(B,Omega),                      % line 26
                 doassert(J,J,B,[],Omega))).                       % line 27
clearmem :- retract(item(_,_,_,_,_)), fail.                        % line 28
clearmem :- assertz(item(i,j,dom,proof,activ)).                    % line 29
production(Left,Right) :- (Left  →  Right).                        % line 30
foreach(X,Y) :- X, do(Y), fail.                                   % line 31
foreach(_,_).                                                      % line 32
do(Y) :- Y, !.                                                     % line 33
output_m :- foreach(item(A,B,C,D,E), writeln(item(A,B,C,D,E))).   % line 34
writeln(X) :- write(X), nl.                                        % line 35
doassert(N,J,B,[],Beta) :- item(N,J,B,[],Beta).                   % line 36
doassert(N,J,B,[],Beta) :- assertz(item(N,J,B,[],Beta)).          % line 37
doassert(N,J,B,Alpha+H,Beta) :- append(Alpha,[H],Proofed),        % line 38
                                item(N,J,B,Proofed,Beta).          % line 39
doassert(N,J,B,Alpha+H,Beta) :- append(Alpha,[H],Proofed),        % line 40
                                assertz(item(N,J,B,Proofed,Beta)). % line 41
stillmore(New,Old) :- findall(Dummy,item(Dummy,_,_,_,_),Tmpl),     % line 42
                      lenacc(Tmpl,0,New),                         % line 43
                      New > Old.                                  % line 44
lenacc([],N,N).                                                    % line 45
lenacc([_|T],Acc,N) :- NewAcc is Acc+1, lenacc(T,NewAcc,N).       % line 46
```

위의 (32)에 제시된 차트파서의 프롤로그 코드 내용을 구체적으로 살펴보면, line 2를 통해 영어문법(“epsg.pl”)을 불러들이도록 되어 있으며, line 3은 새로운 연산자(operator) ‘−−→’를 정의하기 위한 것이다. 차트파싱을 위한 핵심 절차들은 line 9에 정의된 초기화(initialization), line 15와 line 16에 정의된 어휘인식(scanning), line 22-line 24에 정의된 완료(completion), line 25-line 27에 정의된 예측(prediction)이다. Earley-차트파서의 주요 구성요소인 네 가지 절차가 어떻게 프롤로그의 한정절로 표현되는지를 차례로 살펴보자. 먼저 초기화에 대한 정의는 아래의 (33a)와 같고, 그 의미를 풀어서 정리한 것은 (33b)이다.

(33) 초기화
    a. initialization : - foreach(production(s,Alpha),assertz(item(0,0,s, [ ],Alpha))).   % line 9
    b. 규칙부에 속한 모든 s → Alpha에 대해서
       항목 item(0, 0, s, [ ], Alpha)를 차트에 등록하라.
                      % assert(item(0,0,s,[ ],Alpha))

다음으로 어휘인식에 대한 정의는 아래의 (34a)와 같고, (34b)는 그 의미를 풀어서 정리한 것이다.

(34) 어휘인식
    a. scanning(I,J,H) : - foreach(item(N,I,B,Alpha,[H|Beta]),% line 15
              doassert(N,J,B,Alpha+H,Beta)).   % line 16
    b. 시작교점 i와 j 사이에서 어휘 H 가 인식되면,
       차트에 등록되어 있는 모든 항목 item(n, i, B, Alpha, [H | Beta])에 대해
       항목 item(n, j, B, Alpha+H, Beta)을 차트에 등록하라.

어휘인식 절차의 코드화에 있어 line 16에서 쓰인 1항 술어 doassert/1는 line 40에서 3항 술어 append/3을 이용하여 다시 정의된다. 이 정의를 통해 line 16에 들어 있는 표현 Alpha+H이 하나의 리스트의 형태로 변형된다. 예를 들어 표현 [a,b]+c가 [a,b,c]로 변형되거나 [a,b]+[c,d]가 [a,b,c,d]로 변형된다는 의미이다. 세 번째로 완료절차에 대해 살펴보자. 완료에 대한 정의는 아래의 (35a)와 같고, 그 의미를 풀어서 정리한 것은 (35b)이다.

(35) 완료
    a. completion(J) : - foreach(item(I,J,A,_,[ ]),   % line 22
              foreach(item(K,I,B,Omega,[A|Beta]),   % line 23
              doassert(K,J,B,Omega+A,Beta))).   % line 24

    b. 항목 item(i, j, B, _ , 〔 〕)와 항목 item(k, i, B, Omega, 〔A|Beta〕)
       가 차트에 등록되어 있으면 항목 item(k, j, B, Omega+A, Beta)를 차
       트에 등록하라.

마지막으로 예측에 대한 정의는 아래의 (36a)와 같고, (36b)는 그 의미
를 풀어서 정리한 것이다.

(36) 예측
    a. prediction(J) :‐ foreach(item(_,J,_,_,〔B|_〕),   % line 25
                foreach(production(B,Omega),   % line 26
                doassert(J,J,B,[],Omega))).   % line 27
    b. 항목 item(_, j,_, _, 〔B|_ 〕)가 차트에 등록되어 있으면
       규칙부에 속한 모든 B → Omega에 대해서
       항목 item(j, j, B, 〔 〕, Omega)를 차트에 등록하라.

위의 차트파서는 다음의 (37)과 같은 영어문법("epsg1.pl")을 운용하여
문장을 분석한다.

(37) % epsg.pl (차트파서를 위한 영어문법)
    :‐ op(1200,xfx,−−→). % line 1

    s −−→ 〔np, vp〕.   % line 2
    np −−→ 〔pn〕.   % line 3
    np −−→ 〔det,n〕.   % line 4
    vp −−→ 〔v, np〕.   % line 5
    vp −−→ 〔v〕.   % line 6
    det −−→ 〔a〕.   % line 7
    n −−→ 〔boy〕.   % line 8
    n −−→ 〔book〕.   % line 9
    pn −−→ 〔mimi〕.   % line 10
    pn −−→ 〔wusang〕. % line 11
    v −−→ 〔sleeps〕.   % line 12
    v −−→ 〔likes〕.   % line 13

위의 프롤로그 코드상에서 line 1은 새로운 연산자(operator) '−−→'를

정의하기 위한 것이고 line 2부터 line 6까지가 규칙을 정의한 것이며, line 7부터 line 13까지는 어휘기재항에 대한 정보를 담고 있다.

지금까지 논의한 Earley 알고리즘에 기반한 파서는 문장의 구조를 보여주기보다는 어떤 단어연속체가 토대가 되는 문법에 의해 허용되는 표현체인가의 여부만을 판별해주므로 문장분석기(parsr)가 아니라 단순히 문장인식기(recognizer)라고 해야 보다 옳다. 이제 차트파싱 알고리즘을 사용하여 문장을 분석해 그 구조를 보여주는 상향식 차트파서 하나를 살펴보고자 한다. 이 파서는 Gazdar/Mellish(1989)에서 제안되고 논의가 이루어진 것으로 프롤로그로 구현되었다. 먼저 이 차트파서에 의한 영어 문장 'Peter saw the girl with telescope.'의 분석결과를 보면 아래의 (39)-(40)과 같다.

(39) a. [s, [np, peter], [vp, [tv, saw], [np, [det, the], [n, girl]], [pp, [p, with], [np, [det, a], [n, telescope]]]]]

b.

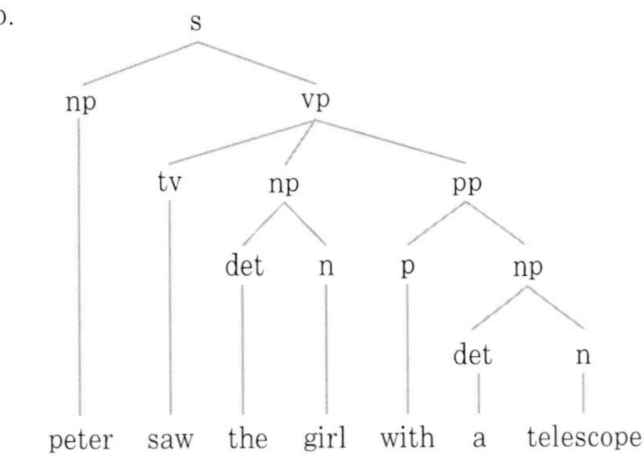

(40) a. [s, [np, peter], [vp, [tv, saw], [np, [det, the], [n, girl], [pp, [p, with], [np, [det, a], [n, telescope]]]]]]

b.

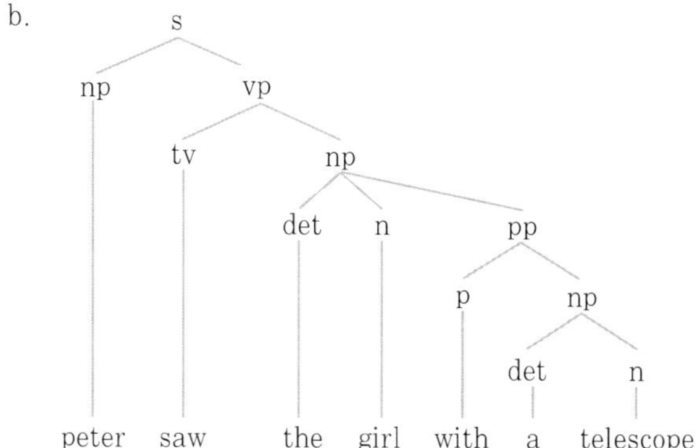

　분석이 대상이 된 영어 문장 'Peter saw the girl with a telescope.'은 아래의 (41)에 제시된 문법에 따라 두 가지 구조적인 중의성을 갖는데, 위의 차트파서에 의한 분석결과도 그러한 사실을 잘 반영하고 있다. 이러한 구조적인 중의성은 전치사구(pp)인 'with a telescope'가 동사를 수식할 수도 있고, 명사를 수식할 수 있기 때문에 생기는 것이다.

(41) /* epsg_ch.pl */
initial(s).

rule(s,[np,vp]).
rule(vp,[iv]).
rule(vp,[iv,pp]).
rule(vp,[tv,np]).
rule(vp,[tv,np,pp]).
rule(vp,[tv,np,vp]).
rule(np,[det,n]).
rule(np,[det,n,pp]).
rule(pp,[p,np]).
word(det,a).
word(det,the).
word(det,her).
word(np,peter).
word(np,her).

```
word(np,they).
word(np,nurses).
word(n,nurses).
word(n,girl).
word(n,report).
word(n,telescope).
word(iv,report).
word(tv,hear).
word(tv,see).
word(tv,saw).
word(p,on).
word(p,with).
```

이 상향식 차트파서에 의한 문장 'peter saw the girl with a telescope'의 분석과정의 일부가 아래의 (42)에 정리되어 있다. 이 분석의 전 과정을 참조할 수 있도록 부록에 수록했다.

```
(42)  edge(0, 1, np, [], [peter, np]).                  % line 1, 어휘인식
      edge(0, 0, s, [np, vp], [s]).                      % line 2, 예측
      edge(0, 1, s, [vp], [[peter, np], s]).             % line 3, 완료
      edge(1, 2, tv, [], [saw, tv]).                     % line 4, 어휘인식
      edge(1, 1, vp, [tv, np], [vp]).                    % line 5, 예측
      edge(1, 2, vp, [np], [[saw, tv], vp]).             % line 6, 완료
      edge(1, 1, vp, [tv, np, pp], [vp]).                % line 7, 예측
      edge(1, 2, vp, [np, pp], [[saw, tv], vp]).         % line 8, 완료
      edge(1, 1, vp, [tv, np, vp], [vp]).                % line 9, 예측
      edge(1, 2, vp, [np, vp], [[saw, tv], vp]).         % line 10, 완료
      edge(2, 3, det, [], [the, det]).                   % line 11, 어휘인식
      edge(2, 2, np, [det, n], [np]).                    % line 12, 예측
      edge(2, 3, np, [n], [[the, det], np]).             % line 13, 완료
      edge(2, 2, np, [det, n, pp], [np]).                % line 14, 예측
      edge(2, 3, np, [n, pp], [[the, det], np]).         % line 15, 완료
      edge(3, 4, n, [], [girl, n]).                      % line 16, 어휘인식
      ......
      edge(1, 7, vp, [], [[[[[telescope, n], [a, det], np], [with, p], pp],
```

〔girl, n〕, 〔the, det〕, np〕, 〔saw, tv〕, vp〕).
%　line 17, 완료
edge(0, 7, s, 〔〕, 〔〔〔〔〔〔telescope, n〕, 〔a, det〕, np〕, 〔with, p〕, pp〕,
〔girl, n〕, 〔the, det〕, np〕, 〔saw, tv〕, vp〕, 〔peter, np〕, s〕).
%　line 18, 완료
......

위의 분석결과를 자세히 살펴보면, line 1을 통해 어휘 'peter'가 인식된 단계가 가장 먼저 수행되고, line 2를 통해 '상향식' 예측절차가 바로 뒤따르는 것을 알 수 있으며, line 3에서는 예측 절차 뒤에 완료절차가 수행됨을 알 수 있다. 이처럼 어휘인식-예측-완료가 상향식 차트파싱의 경우 반복적으로 수행되는 절차들이다. 어휘층위로부터 분석이 시작하는 상향식 차트파싱에서, 하향식 차트파싱과 달리 초기화 절차가 생략된다는 점을 상기할 필요가 있겠다. 이 파서에서 채택하고 있는 자료구조를 이해하기 위해 line 1 - line 3을 다시 들여다보자.

(43)　edge(0, 1, np, 〔〕, 〔peter, np〕).　　　　%　line 1, 어휘인식
　　　edge(0, 0, s, 〔np, vp〕, 〔s〕).　　　　　%　line 2, 예측
　　　edge(0, 1, s, 〔vp〕, 〔〔peter, np〕, s〕).　　%　line 3, 완료

여기에서 먼저 확인되는 사실은 edge/5라는 5항 술어가 앞서 살펴본 Earley 차트파서의 5항 술어 item/5에 대응된다는 것이다. edge/5의 첫 번째 논항과 두 번째 논항은 item/5과 마찬가지로 각각 시작교점과 끝교점을 가리킨다. 그리고 세 번째 논항도 마찬가지로 구구조규칙의 왼쪽편에 위치한 범주를 가리킨다. 그리고 edge/5의 네 번째 논항은 item/5의 다섯 번째 논항과 동일한 정보를 담는 장소로서 해당 규칙의 오른편에 위치한 범주들이나 어휘 중 앞으로 분석되어야 할 것들을 가리킨다. edge/5의 다섯 번째 논항은 중간분석 결과를 구조화된 형태로 저장해 두기 위한 장소로 삼으면서 동시에 해당 규칙의 오른편에 위치한 범주들이나 어휘 중 이미 분석이 끝난 것들에 대한 정보도 보관해 두는 곳이다. 예를 들어 line 3

의 항목 edge(0, 1, s, [vp], [[peter, np], s])는 시작교점 0과 끝교점 1 사이에서 구구조규칙 s → np vp과 관련하여 np까지는 이미 분석이 끝났고 앞으로 vp가 분석되어야 한다는 사실과 함께, [[peter, np], s]라는 리스트를 통해 s와 np 그리고 peter 사이에 아래의 수형도와 같은 구조적인 관할관계가 성립한다는 사실을 명시적으로 보여준다.

(44)

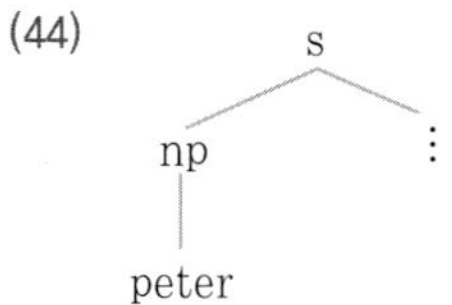

  한편, 위 (42)의 line 18은 문장의 분석이 완결된 상태를 나타내는데, 그 결과의 다섯 번째 논항 자리의 리스트, (45a)가 바로 문장의 구조에 대한 정보를 담고 있다. 이 리스트를 별도로 정의된 2항 술어 mirror/2를 사용하여,3) 리스트 안의 요소들 순서를 뒤집으면 (45b)와 같은 결과를 얻는다.

(45) a. [[[[[[telescope, n], [a, det], np], [with, p], pp], [girl, n],
         [the, det], np], [saw, tv], vp], [peter, np], s]
      b. [s, [np, peter], [vp, [tv, saw], [np, [det, the], [n, girl], [pp,
         [p, with], [np, [det, a], [n, telescope]]]]]]

  이렇게 리스트 형식으로 정리된 문장구조를 보다 명시적인 수형도로 나타내기 위해서 2항 술어 trans/2를 이용하여 리스트 형식 (45b)를 (46)과

---

3) 2항 술어 mirror/2의 정의 (Gazdar/Mellish 1989 : 418)
    mirror([],[]) : - !.
    mirror(Atom,Atom) : -
        atomic(Atom).
    mirror([X1|X2],Image) : -
        mirror(X1,Y2),
        mirror(X2,Y1),
        append(Y1,[Y2],Image).

같은 술어-논항 구조로 바꾼다.[4] Lehner(1990)에 의해 정의된 1항 술어 tree/1은 술어-논항 구조를 수형도로 바꾸어주기 때문이다.

(46) s(np(peter), vp(tv(saw), np(det(the), n(girl), pp(p(with),
   np(det(a), n(telescope))))))

위의 (46)에 제시된 술어-논항 구조를 수형도로 나타낸 것이 앞서 보았던 (40b)이다.

이제, Gazdar/Mellish(1989 : 200 · 201)에 의해 기술된 상향식 차트파서의 프롤로그 코드에 대해 상세히 살펴보자.

```
(47) a. parse(V0,Vn,String) :- start_chart(V0,Vn,String).
     b. start_chart(V0,V0,[]).
     c. start_chart(V0,Vn,[Word|Words]) :-                          % line 1
          V1 is V0+1,                                               % line 2
          foreach(word(Category,Word),                              % line 3
          add_edge(V0,V1,Category,[],[Word,Category])),             % line 4
          start_chart(V1,Vn,Words).                                 % line 5
     d. add_edge(V1,V2,Category1,[],Parse) :-                       % line 1
          assert_edge(V1,V2,Category1,[],Parse),                    % line 2
          foreach(rule(Category2,[Category1|Categories]),           % line 3
          add_edge(V1,V1,Category2,[Category1|Categories],[Category2])),
                                                                    % line 4
          foreach(edge(V0,V1,Category2,[Category1|Categories],Parses),
                                                                    % line 5
          add_edge(V0,V2,Category2,Categories,[Parse|Parses])).     % line 6
     e. add_edge(V0,V1,Category,Categories,Parse) :-               % line 1
          edge(V0,V1,Category,Categories,Parse),!.                  % line 2
```

---

4) 2항 술어 trans/2의 정의

```
trans(X,X) :- atomic(X),!.
trans([H|T],PAS) :- trans2(T,T2), PAS =.. [H|T2].
trans2([],[]).
trans2([H|T],[H|T2]) :- atomic(H),!,trans2(T,T2).
trans2([H|T],[H2|T2]) :- not atomic(H),!,trans(H,H2),trans2(T,T2).
```

```
f. add_edge(V0,V1,Category1,[Category2|Categories],Parses) :- % line 1
   assert_edge(V0,V1,Category1,[Category2|Categories],Parses), % line 2
   foreach(edge(V1,V2,Category2,[],Parse),                     % line 3
   add_edge(V0,V2,Category1,Categories,[Parse|Parses])). % line 4
```

앞서 논의한 바와 같이 edge는 5항 술어로 정의되고, 술어의 다섯 번째 논항자리에는 분석결과가 저장된다. 파서를 구현함에 있어 가장 먼저 해야 할 일은 초기화작업인데, 상향식 차트파서의 경우에 초기화는 분석문장에 나타난 첫 어휘에 대한 비활성적인 edge를 차트에 추가함으로써 이루어진다. 파싱과정을 기술한 (42)의 line 1에 있는 edge(0, 1, np, [], [peter, np]).를 통해 이러한 초기화작업을 확인할 수 있다. 1항 술어 start_chart/1의 기능을 일반적으로 기술하자면, 세 번째 논항자리에 놓인 어휘들의 문자열과 첫 번째 논항자리에 놓인 시작교점의 번호를 입력상태로 하여, 어휘들을 인식하여 차트에 등록한 다음에 두 번째 논항자리를 끝교점 번호로 채워넣는 과정을 떠맡는다. 위 (47b)에 정의된 바와 같이 입력문이 빈 리스트로 표현된 경우 이 술어가 특별히 수행할 일은 없고, 끝교점을 시작교점과 동일하게 되도록 변수를 구현하면 된다. 다른 경우에는 문자열로부터 첫 어휘를 끄집어내어 그 어휘와 관련한 비활성 edge를 차트에 등록하고 [(47c)의 line 3과 line 4], 문자열의 남은 어휘들을 처리한다 [(47c)의 line 5]. line 3과 line 4에 쓰인 2항 술어 forecah/2는 프롤로그의 작업절차를 제어하기 위한 술어로서 첫 번째 논항에 위치한 목표문을 만족시키는 가능한 모든 방법을 찾아내기 위해 역추적과정을 수행한 다음, 각 단계에서 두 번째 논항의 목표문(goal)을 수행하게 한다. 5항 술어 add_edge/5는 먼저 특정한 edge가 이미 차트에 등록되어 있는지를 점검하여, (47e)에 정의된 바와 같이 이미 등록되어 있는 경우에는 아무 작업도 하지 않는다. 그렇지 않은 경우에는 해당 edge를 차트에 올리고, 이 edge에 연관되는 다른 edge들을 차트에 등록한다. 예를 들어 Category 1 이라는 비활성 egde가 시작교점 V1과 끝교점 V2에 위치하는 것으로 차트에 등록되었으면, 일반적인 상향식 파싱방법의 예측절차에 따라 Category

1을 가장 왼쪽의 하위성분으로 하는 규칙의 상위범주 Category 2라는 활성 edge를 교점 V1상태에서 비워둔다[(47d)의 line 2-line4]. 분석의 예로는 (42)의 line 2에 기재된 edge(0, 0, s, [np, vp], [s]).를 들 수 있다. 후속 조치로써 교점 V1과 V2 사이에 비활성 edge가 생성된 사실을 반영하여, 교점 V1에서 Category 1이 처리되기만을 기다리는 V0에서 출발한 모든 edge에 대해서 시작교점 V0과 끝교점 V2 사이에서 Category 1이 추가로 분석된 정보를 추가로 담은 edge를 차트에 등록한다. 이 단계에서 완료절차가 수행되는 것으로 이해할 수 있다. (42)의 line 3에 등록된 edge(0, 1, s, [vp], [[peter, np], s]). 이러한 완료절차가 수행된 예이다. 위 (47f)에 정의된 5항 술어 add_edge/5는 활성 edge가 확장되는 것을 허용하는 모든 비활성 edge에 대해 적절히 확장한 다음 그 확장 edge를 차트에 등록한다. 이 단계에서도 일종의 완료절차가 수행되는 것으로 볼 수 있다. 외에 파싱결과를 용이하게 확인할 뿐만 아니라, 수형도를 통해 보다 명시적으로 나타내기 위해서 다음의 (48)과 같이 정의한다.

```
(48)  test(String) : - V0 is 0,                   % line 1
      initial(Symbol),                            % line 2
      parse(V0,Vn,String),                        % line 3
      foreach(edge(V0,Vn,Symbol,[],Parse),        % line 4
          mwrite(Parse)),                         % line 5
      listing(edge),                              % line 6
      retractall(edge(_,_,_,_,_)).                % line 7
```

앞서 논의한 바와 같이 위의 line 5에 쓰인 1항 술어 mwrite/1가 리스트 형식의 분석결과를 수형도로 변환하는 데 사용되는 1항 술어 tree/1를 포함하고 있다.

4. 좌측코너 문장분석 기법

앞 절에서 우리는 순수한 하향식 파싱방법과 상향식 파싱방법에 대해서 논의했다. 그런데 하향식 파싱방법의 경우 좌순환규칙이 관여된 문장의 분석에 있어 문제점이 있음을 보았고, 상향식 파싱방법의 경우, 문장분석과 직접 관련이 없는 불필요한 구구조의 분석을 자주 수행하는 문제점을 노출한다. 그럼으로써 이 순수한 하향식이나 상향식 파싱방법의 경우 분석의 효율성을 저하시키기 때문에, 대안적인 방법이 강구되어야 하는데 좌측코너 파싱이 하나의 적절한 대안으로 간주된다. 좌측코너 파싱이란 하향식 파싱 방법과 상향식 파싱 방법을 혼합한 파싱 방법으로써, 이 파싱 알고리즘의 핵심은 좌측코너 개념의 사용에 있다. 좌측코너는 구구조규칙의 오른편 단말기호나 비단말기호 중 가장 좌측에 위치한 기호를 지칭한다. 예를 들어 'VP → V NP PP'라는 구구조규칙이 있을 때, 규칙의 오른쪽에 위치한 세 가지 기호 중 가장 좌측의 'V'가 좌측코너가 된다. 곧 좌측코너란 어떤 통사범주의 하위구성성분들 중에서 가장 왼편에 자리잡고 있는 범주라고 이해하면 된다. 그리고 좌측코너 관계는 전이성(transitivity)과 재귀성(reflexivity)을 갖는 것으로 어떤 문법에서 범주 A가 범주 B의 좌측코너이고, 다시 범주 B가 범주 C의 좌측코너이면, 범주 A가 범주 C의 좌측코너이기도 하다는 의미에서 좌측코너 개념이 전이성을 갖는다고 말하고, 모든 범주는 그 자신의 좌측코너일 수 있다는 점에서 좌측코너 개념이 재귀성을 갖는다고 얘기한다. 코너 파싱의 첫 단계는 먼저 초기기호를 설정하는 과정이다. 이런 맥락에서 좌측 코너 파싱시 먼저 하향식 파싱방법이 적용된다고 볼 수 있다. 두 번째 단계는 분석대상이 되는 문장의 첫 어휘를 좌측코너로 하는 구구조규칙을 찾아 그 규칙의 왼편에 위치한 범주, 곧 상위성분이 무엇인지를 밝혀내는 단계이다. 상위성분의 범주가 밝혀지면, 그 범주의 하위성분들 중 좌측코너를 제외한 나머지 성분들을 이제 하향식방법으로 분석해 나간다. 이때 나머지 성분이 존재하지 않는 경우나 하향식방

법의 적용과정이 마무리되면, 다시 최초의 상위성분을 좌측코너로 하는 구
구조규칙을 찾아 그 규칙의 왼편에 위치한 범주, 곧 다음 상위성분이 무엇
인지를 탐색한다. 이 두 번째 단계의 상위성분이 어떤 범주를 갖는지가 밝
혀지면, 그 범주의 하위성분들 중 좌측코너를 제외한 나머지 성분들을 분
석해 나가는데, 이 과정이 하향식방법으로 이해된다. 그러나 나머지 성분
자체의 분석은 순환적으로 좌측코너파싱방법이 적용된다. 나머지 성분이
존재하지 않는 경우나 남은 하위성분에 대한 좌측코너 파싱방법의 적용과
정이 마무리되면, 또 다시 두 번째 단계의 상위성분을 좌측코너로 하는 구
구조규칙을 찾아내는 과정을 반복적으로 수행해 그 규칙의 왼편에 위치한
범주, 곧 세 번째 단계의 상위성분이 무엇인지를 탐색한다. 이렇게 찾아낸
상위범주가 초기기호가 될 때까지 상향식 파싱과정을 반복한다. 곧 최초의
좌측코너인 첫 어휘로부터 출발하여 초기기호에 이르는 각 단계과정에는
상향식 파싱방법이 관여하고 어떤 상위범주의 좌측코너 하위성분의 분석
이 끝나서 남은 하위성분이 분석대상으로 지정되는 과정에 하향식 파싱방
법이 적용되고, 다시 좌측코너를 제외한 남은 범주들을 분석할 때에는 하
향식 파싱방법이 개입한다고 볼 수 있다. 이렇게 해서 분석대상이 되는 문
장의 모든 어휘들이 처리가 되면 파싱과정이 종결된다. 앞서 다른 파싱방
법을 설명할 때 예로 삼았던 영어구구조문법(E-PSG 1)을 토태로 하여 좌측
코너 파싱이 어떤 절차를 거쳐 진행되는지 살펴보자.

(49) **영어구구조문법**(E-PSG 1)

$N = \{S, NP, VP, DET, N, PN, V\}$

$T = \{a, boy, mimi, wusang, sleeps, likes\}$

$P = \{p1 : S \rightarrow NP\ VP,$

$\qquad p2 : NP \rightarrow PN,$

$\qquad p3 : NP \rightarrow DET\ N,$

$\qquad p4 : VP \rightarrow V\ NP,$

$\qquad p5 : VP \rightarrow V,$

$\qquad p6 : DET \rightarrow a,$

$\qquad p7 : N \rightarrow boy,$

$\qquad p8 : N \rightarrow book,$

                    p9 : PN → mimi,
                    p10 : PN → wusang,
                    p11 : V → sleeps,
                    p12 : V → likes
                    ⋯   }
            S : S

이 구구조문법을 문장 'Mimi likes a boy'를 좌측코너 파싱방법으로 분석해 나가는 과정을 수형도를 통해 명시적으로 기술하면, 다음의 (50)과 같다.

(50)

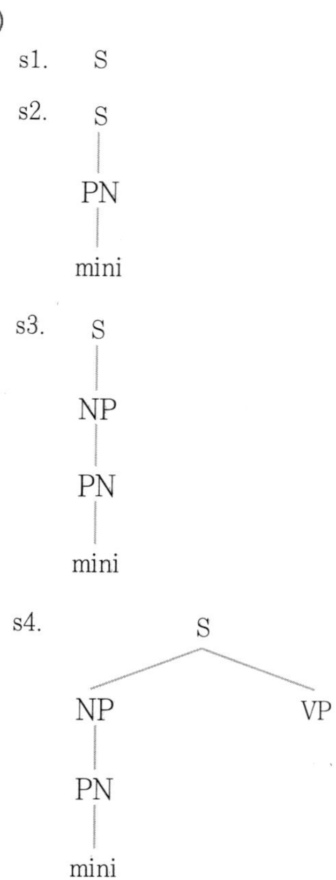

s5.

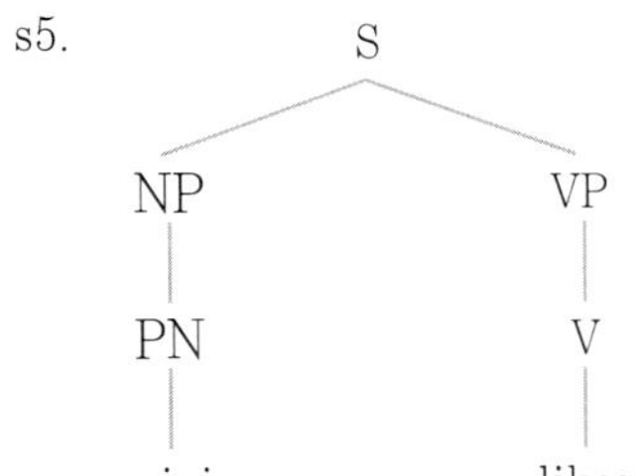

s6.

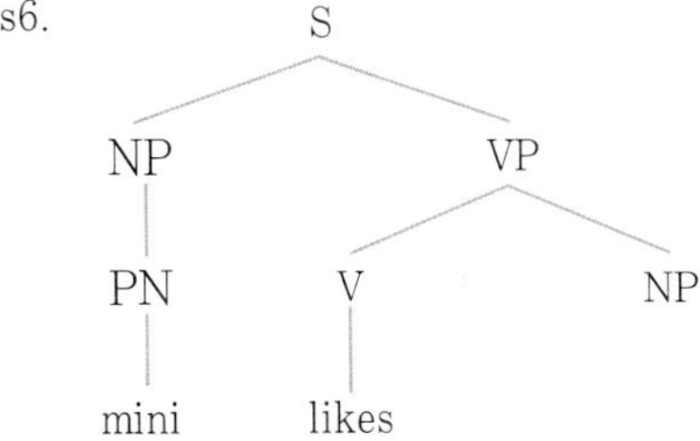

s7.

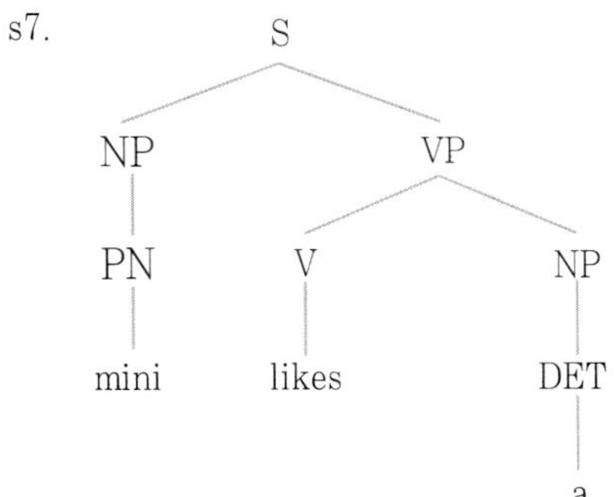

s8.

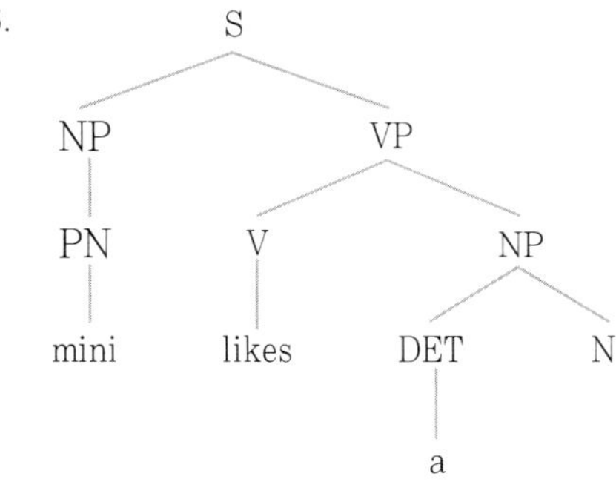

s9.

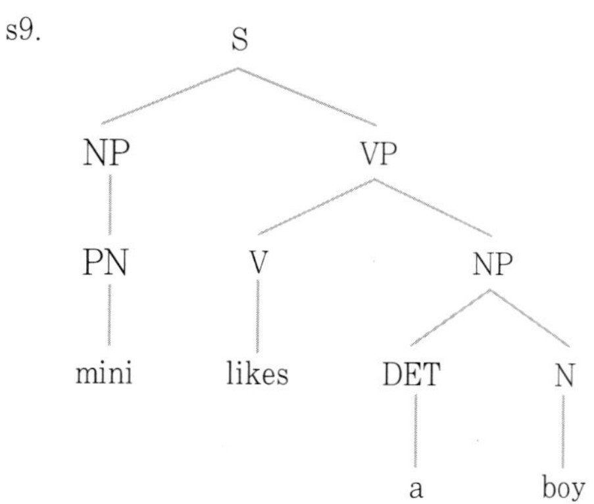

위의 1단계(s1)에서는 초기기호 S가 탐색된다. 2단계에서는 분석문장의 첫 어휘 'mimi'와 그 범주 PN이 기록된다. 곧 규칙 p9 PN → mini에 의해 PN의 좌측코너가 mini이기 때문이다. 이 규칙에서 PN은 mini 외에 다른 하위성분을 가지고 있지 않기 때문에, 다시 상향식 파싱이 작동하여, PN이 좌측코너가 되는 규칙을 탐색해내는데, 규칙 p2에 따라 상위범주 NP도 PN 외에 다른 하위성분을 갖지 않으므로, 상향식 파싱을 통해 NP를 좌측코너로 삼고 있는 규칙을 찾아낸다. 이 규칙 S → NP VP 규칙인데, 상위범주 S가 좌측코너 NP 외에 VP를 하위범주로 하므로, 이제 VP을 분석대상으로 삼는다. 이렇게 남은 하위성분 VP가 분석의 대상으로 지정되는 과정에 하향식 방법이 적용된다고 볼 수 있으며, VP 성분 자체는 다시 좌측코너 파싱방법에 의해 분석된다. 이러한 분석과정이 순환적으로 적용되어 9단계(s9)에서 마지막 어휘 'boy'가 분석될 때까지 분석이 진행된다. 이러한 좌측코너 파싱방법에 의한 문장분석절차를 전체적으로 조망할 수 있도록 수형도로 나타내면 아래의 (51)과 같다(Covington, 1994 : 160).

(51) 좌측코너 파싱의 실행절차

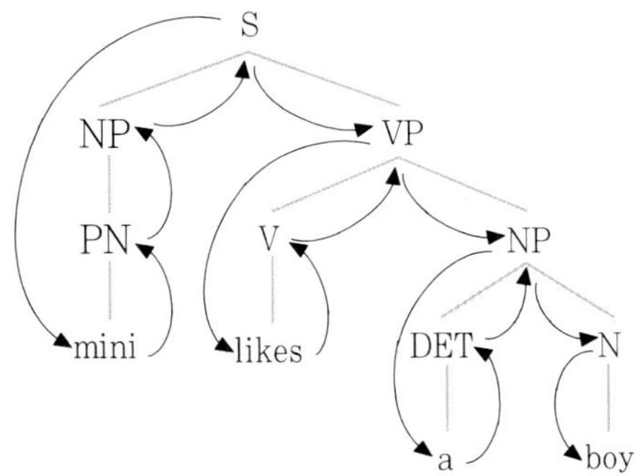

이제 좌측코너 파서를 프롤로그로 구현하는 방법에 대해 살펴본다
(Pereira/Shieber, 1987). 이 파서를 위한 입력 문법의 형태는 구구조문법을
약간 수정해서 사용한다. 곧 구구조규칙의 오른편의 하위성분 범주들이 표
준적인 구구조규칙(52a)에서 그러한 것처럼 개별적인 문자열이 아니라
(52b)와 같이 리스트의 형태로 주어진다.

(52) a. s $\longrightarrow$ np vp.
     b. s $\longrightarrow$ [np, vp].

또한 단말기호들은 다음과 같이 2항 술어 word/2를 사용하여 표기한다.

(53) word(W,CAT).

여기서 CAT은 선단말(preterminal) 기호로서 어휘 W의 범주에 대한 정
보를 나타낸다. 이제 좌측코너파서를 위한 입력 영어문법은 다음과 같다
(Pereira/Shieber, 1987).

```
(54)  s(s(NP,VP)) --→ [np(NP), vp(VP)].                  % line 1
      np(np(Det,N,Rel)) --→ [det(Det), n(N), optrel(Rel)].  % line 2
      np(np(PN)) --→ [pn(PN)].                             % line 3
      vp(vp(TV,NP)) --→ [tv(TV), np(NP)].                  % line 4
      vp(vp(IV)) --→ [iv(IV)].                             % line 5
      optrel(rel(epsilon)) --→ [].                         % line 6
```

```
optrel(rel(that,vp))  ---→ [relpro, vp(VP)].          % line 7

word(that, relpro).                                    % line 8
word(terry, pn(pn(terry))).                            % line 9
word(halts, iv(iv(halts))).                            % line 10
word(a, det(det(a))).                                  % line 11
word(program, n(n(program))).                          % line 12
word(writes, tv(tv(writes))).                          % line 13
```

위 프롤로그 코드의 line 1에 있는 구구조규칙은 각 성분마다 분석결과
가 저장될 논항자리를 추가로 가진다는 점에서 (52b)에 제시된 규칙과 구
분되지만, 기본적으로는 (52b)와 같은 표준적인 형태를 근간으로 한다고
볼 수 있다. 또한 line 10의 동사 'halts'에 대한 어휘기재항도 범주정보를
위한 논항이 분석결과를 저장하기 위한 논항자리를 자체적으로 가지는 복
합표현으로 되어 있다는 점에서 (53)의 형태와 구분되지만, 기본형태는 서
로 동일하다고 볼 수 있다.

앞서 논의한 바와 같이 좌측코너 파싱의 핵심 아이디어는 각 규칙으로
부터 좌측코너 성분을 선별해내는 것이다. 전체 과정은 전체 표현의 좌측
코너 즉, 분석수형도(parse tree)의 가장 왼쪽의 잎(leaf), 곧 단말어휘인 하
위구로부터 시작한다. 아래의 한정절 (55)에 표현된 바와 같이, 'Phrase'
유형과 같은 표현 하나를 파싱하기 위해 그 표현에서의 그 다음으로 가능
한 잎을 취하여 그것이 그 구의 좌측코너가 되는지를 검토한다.

```
(55) parse(Phrase) --→                                 % line 1
         leaf(SubPhrase),                               % line 2
         lc(SubPhrase, Phrase).                         % line 3
```

보통은 단말기호가 분석수형도상의 잎(leaf)이다. 어휘에 대한 정보를 입
력하기 위해 2항 술어 word(Word, Cat)를 사용한다는 사실에 대해 앞에서
언급한 바 있다.

```
(56) leaf(Cat)  --→ [Word], {word(Word, Cat)}.
```

외에 규칙의 오른편에 빈 리스트를 허용하는 규칙이 존재할 경우에 왼편의 범주, 곧 상위성분의 범주도 잎이 될 수 있다.

    (57) leaf(Phrase) −−→ {Phrase −−−→ [ ]}.

위 (55)의 line 3에는 Subphrase(하위성분)가 Superphrase(상위성분)의 좌측코너(lc)라는 일종의 가설이 기술되어 있다. SubPhrase 타입의 몇몇 하위성분들이 SuperPhrase의 좌측코너임을 증명하는 것은 후에 Super-Phrase의 일부분을 좌측코너의 오른쪽 방향으로 파싱하는 작업의 수행과 관련된다. 따라서 lc(SubPhrase, SuperPhrase)는 Superphrase의 좌측코너인 SubPhrase를 제외한 모든 SuperPhrase를 포괄한다. 좌측코너관계를 증명하는 기본유형은 다음의 (58)과 같이 어떤 구든지 그 자신의 좌측코너가 된다는 사실이다.

    (58) lc(Phrase,Phrase) −−→ [ ].

보통의 경우에는, SubPhrase가 좌측코너인 규칙을 찾고 그 규칙의 나머지를 파싱해서, 마침내 그 규칙의 왼쪽편이 그 자체가 SuperPhrase의 좌측코너라는 것을 발견할 수 있다면, SubPhrase는 SuperPhrase의 좌측코너라는 것을 추론해 낼 수 있다.

```
(59)  lc(SubPhrase, SuperPhrase)  −−→                    % line 1
           {Phrase −−−→ [SubPhrase|Rest]},               % line 2
           parse_rest(Rest),                             % line 3
           lc(Phrase, SuperPhrase).                       % line 4
```

위 코드 line 3에 1항 술어 parse_rest/1을 통해 기술된 바, 규칙의 오른쪽 편의 나머지 부분을 파싱할 때, 이 술어가 순환적으로 적용된다는 사실을 표현하기 위해 자료구조로서 리스트를 사용한다. 이러한 순환 적용은 아래 (61)의 line 3에 기술되어 있고 (60)에는 빈 리스트는 그 자체로서 파싱이 성공한 것으로 간주되어야 한다는 사실이 표현되어 있다.

(60) parse_rest([]) ─→ [].
(61) parse_rest([Phrase|phrases]) ─→   % line 1
          parse(Phrase),   % line 2
          parse_rest(Phrases).   % line 3

이제 좌측코너파서가 어떻게 작동하는지를 보기 위해, 앞서 제시되었던 영어문법에 의해 문장 'a program halts'가 파싱 가능한지를 검토해보자. 이를 위한 최초 질의는 어휘연쇄를 리스트형태로 표현하여 아래의 (62)와 같이 주어진다.

(62) ?- parse(s(Tree), [a, program, halts],[]).

문장 'a program halts'가 문법적인 문장(s)임을 증명하기 위해, 잎 하나를 찾아 그것이 범주 s의 좌측코너라는 것을 증명해야 한다. 문자열의 시작 부분에서 두 가지의 가능한 잎이 있는데, 바로 leaf(det(det(a)))로서 단어 'a'의 어휘목록에서 나온 것과, leaf(optrel(rel(epsilon)))로서 빈 관계절 규칙에서 나온 것이 있다. 전자를 선택했다면, lc(det(det(a)), s(Tree))를 증명해야 한다. 두 논항이 통합가능하지 않으므로, 첫 번째 lc 규칙은 적합지 않다. 대신, 두 번째 규칙을 불러본다. 우리는 한정사를 좌측코너로 갖는 규칙을 찾아야 하는데, 다음과 같은 것이다.

(63) np(np(Det,N,Rel)) ─-─→
          [det(Det), n(N), optrel(Rel)].

이 규칙을 사용하여, 규칙의 오른편의 나머지 부분을 파싱해서 Det가 바로 NP의 좌측코너가 된다는 것을 증명해야 한다. 여기서 세세한 증명과정은 생략할 것인데, 그 과정이 좌측코너 파싱 그 자체에 의해 진행되기 때문이다. 증명과정은 문자열 'program'을 처리하면서 성공하게 되고, N을 n(program)으로 Rel을 rel(epsilon)으로 실현시킨다. 마지막으로, np(np(det(a), n(program), rel(epsilon)))이 전체 s의 좌측코너가 됨을 증명해야 한다. 여기서 지금까지 몇 가지 진전이 있었다는 사실에 주목해야 한다. 처음에 det가 s의 좌측코너임을 증명하는 것에서 시작하여 np가 좌측코너가 되는 것으로 작업을 축소하였다. np는 다음과 같은 규칙에 의해 s의 좌측코너가 된다.

(64) s(s(NP,VP)) ---→ 〔np(NP), vp(VP)〕.

여기서 두 개의 하위 목표문(goal)이 증명되어야 한다. 우선, 규칙 오른편의 나머지 부분, 즉 vp를 파싱해야 한다. 자세한 과정은 다시 생략하겠으나, 변항 VP에 vp(iv(halts))가 구현됨으로써 그 목표문이 성공한다는 사실을 주목해야 한다. 그리고 나서, s(…)가 s(s(Tree))의 좌측코너가 됨을 증명해야 한다. 이 과정은 바로 첫 번째 lc절에 의해서 변항 Tree를 아래 (65)에 제시된 전체 문장에 대한 분석결과로 구현함으로써 성공하게 된다.

(65) s(np(det(a),
        n(program),
        rel(epsilon))
        vp(iv(halts)))

위의 (65)의 술어-논항 구조를 Lehner의 1항 술어 tree/1을 써서 수형도로 그리면, 아래의 (66)과 같다.

(66)

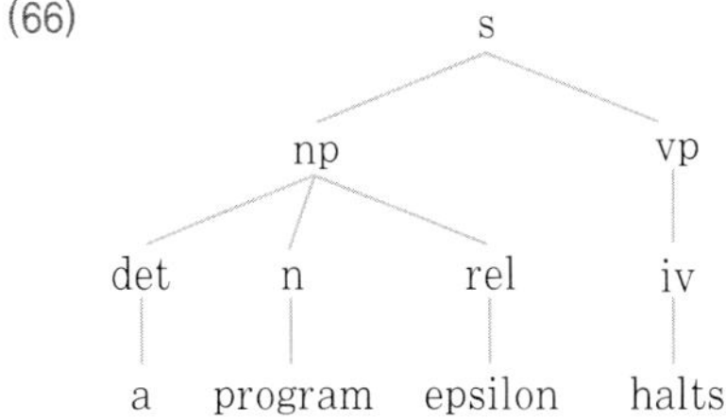

지금까지, 우리는 중간에 몇몇 세부 파싱과정을 생략하긴 했지만, 좌측코너 관계를 증명하기 위한 2항 술어 lc와 관련된 여러 단계의 목표문

(goal)들과 최초의 질의에 대한 증명과정이 자세히 기술하였다. 〔부록 A7〕
에 좌측코너 파싱의 일련의 진행과정을 단계별로 기술해 놓았으니 파싱과
정에 대해 관심 있는 독자는 참고할 수 있을 것이다.

  마지막으로, 한국어의 문장구조를 앞서 논의한 좌측코너 파서로 분석하
기 위한 한국어 문법과 분석결과를 소개하고자 한다.

(67) 좌측코너 파싱을 위한 한국어 문법("KPSG_LC")

```prolog
%% "kpsg_lc.pl"

%% Rules %%
sc(sc(S,C)) ---→ [smax(S), conj(C)].               % line 1
smax(smax(S,mood(M))) ---→ [s(S), mood(M)].        % line 2
s(s(KP,T)) ---→ [kp(KP),tp(T)].                    % line 3
s(s(S1,C,S2)) ---→ [s(S1),coord(C), s(S2)].        % line 4
relcl(relcl(KP,T)) ---→ [kp(KP),tp_eps(T)].        % line 5
relcl(relcl(T)) ---→ [tp(T)].
relcl(relcl(RelCL1,C,RelCL2))---→[relcl(RelCL1),coord(C),relcl (RelCL2)].
tp_eps(tp(V)) ---→ [vp_eps(V)].
tp_eps(tp(VP,T)) ---→ [vp_eps(VP),t(T)].
tp_eps(tp(TP,C,TP1)) ---→ [tp_eps(TP),coord(C),tp_eps(TP1)].
vp_eps(vp_eps(kp(eps),V)) ---→ [v2(V)].
vp_eps(vp_eps(kp(eps),KP,V)) ---→ [kp(KP),v3(V)].
kp(kp(DP,P)) ---→ [dp(DP),k(P)].
pp(pp(DP,P)) ---→ [dp(DP),p(P)].
dp(dp(D)) ---→ [npr(D)].
npr(npr(RelCL,NPR)) ---→ [relcl(RelCL),npr(NPR)].
dp(dp(D1,C,D2)) ---→ [dp(D1),coord(C),dp(D2)].
npr(npr(D1,C,D2)) ---→ [npr(D1),coord(C),npr(D2)].
dp(dp(N)) ---→ [n_bar(N)].
dp(dp(Det,N1)) ---→ [det(Det), n_bar(N1)].
n_bar(nbar(N1)) ---→ [cn(N1)].
n_bar(nbar(PP,N1)) ---→ [pp(PP),cn(N1)].
n_bar(nbar(DP,N1)) ---→ [dp(DP),cn(N1)].
n_bar(nbar(RelCL,N1)) ---→ [relcl(RelCL),cn(N1)].
tp(tp(V)) ---→ [vp(V)].
tp(tp(VP,T)) ---→ [vp(VP),t(T)].
```

```
tp(tp(TP,C,TP1)) --→ [tp(TP),coord(C),tp(TP1)].
vp(vp(V1)) --→ [v1(V1)].
vp(vp(KP,V2)) --→ [kp(KP),v2(V2)].
vp(vp(KP1,KP2,V3)) --→ [kp(KP1),kp(KP2),v3(V3)].
vp(vp(KP,ADV,V)) --→ [kp(KP),adv(ADV),v2(V)].
vp(vp(S,V)) --→ [sc(S),vc(V)].
vp(vp(VP,C,VP1)) --→ [vp(VP),coord(C),vp(VP1)].

%% Lexicon %%

word('토니오',npr(pn('토니오'))).
word('한스',npr(pn('한스'))).
word('잉에',npr(pn('잉에'))).
word('태지',npr(pn('태지'))).
word('미미',npr(pn('미미'))).
word('수한',npr(pn('수한'))).
word('민수',npr(pn('민수'))).
word('영미',npr(pn('영미'))).
word('자',v1(v('자'))).
word('읽',v2(v('읽'))).
word('좋아하',v2(v('좋아하'))).
word('결혼하',v2(v('결혼하'))).
word('사랑하',v2(v('사랑하'))).
word('흠모하',v2(v('흠모하'))).
word('듣',v2(v('듣'))).
word('보',v2(v('보'))).
word('만나',v2(v('만나'))).
word('하',v2(v('하'))).
word('주',v3(v('주'))).
word('선물하',v3(v('선물하'))).
word('믿',vc(v('믿'))).
word('약속하',vc(v('약속하'))).
word('설득하',vc(v('설득하'))).
word('진정',adv(adv('진정'))).
word('어제',adv(adv('어제'))).
word('같이',adv(adv('같이'))).
word('한',det(det('한'))).
```

```
word('그',det(det('그'))).
word('이',det(det('이'))).
word('편',dn(dn('편'))).
word('책',cn(cn('책'))).
word('꽃',cn(cn('꽃'))).
word('음악',cn(cn('음악'))).
word('연극',cn(cn('연극'))).
word('영화',cn(cn('영화'))).
word('여동생',cn(cn('여동생'))).
word('극장',cn(cn('극장'))).
word('가',k(case('가'))).
word('이',k(case('이'))).
word('는',k(case('는'))).
word('은',k(case('은'))).
word('을',k(case('을'))).
word('를',k(case('를'))).
word('와',k(case('와'))).
word('에',k(case('에'))).
word('의',k(case('의'))).
word('에게',k(case('에게'))).
word('와',p(p('와'))).
word('에서',p(p('에서'))).
word('고',coord(coord('고'))).
word('와',coord(coord('와'))).
word('고',conj(conj('고'))).
word('ㄴ',t(pres('ㄴ'))).
word('는',t(pres('는'))).
word('ㅆ',t(past('ㅆ'))).
word('었',t(past('었'))).
word('였',t(past('였'))).
word('았',t(past('았'))).
word('ㄹ',t(future('ㄹ'))).
word('기',e(nsuff('기'))).
word('게',t(nsuff('게'))).
word('다',mood('다')).
word('자',mood('자')).
```

한국어문법(KPSG_LC)를 좌측코너 파서에 입력하여 다음의 (68a)와 같은 질의를 던지면 문장의 분석결과로 (68b)와 같은 술어-논항구조와 (68c)와 같은 수형도를 얻게 된다.

(68) a. ?- kparse(['토니오','가','좋아하','고','한스','가','결혼하','ㄴ','잉에','는','태지','를','흠모하','였','다']).

b. ⟹ Syntactic Structure in PRED-ARG-STRUCture
smax(s(kp(dp(npr(relcl(relcl(kp(dp(pn(토니오)), case(가)), tp(vp_eps(kp(eps), v(좋아하)))), coord(고), relcl(kp(dp(pn(한스)), case(가)), tp(vp_eps(kp(eps), v(결혼하)), pres(ㄴ)))), pn(잉에))), case(는)), tp(vp(kp(dp(pn(태지)), case(를)), v(흠모하)), past(였))), mood(다))

c.

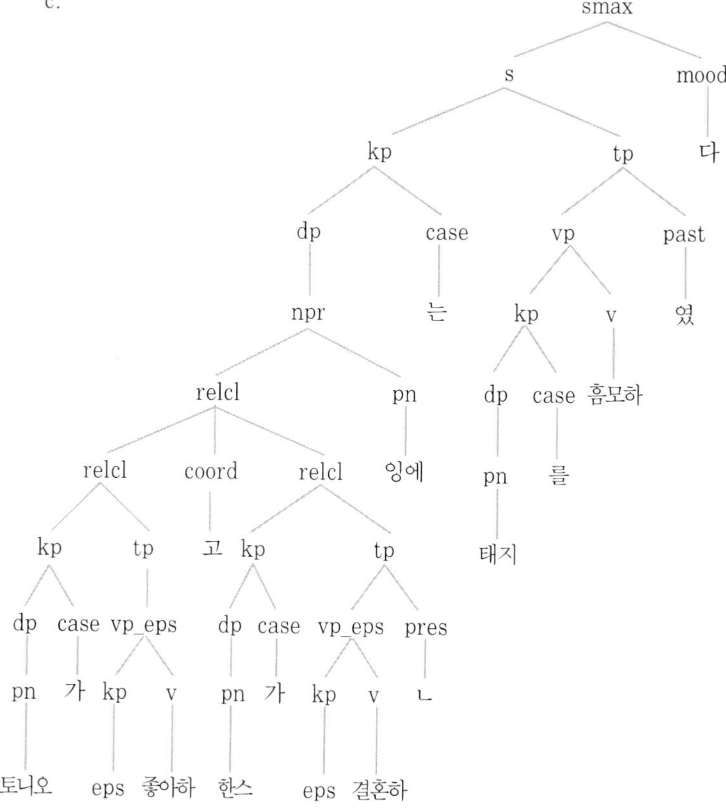

　　좌측코너 파싱을 위한 한국어 문법의 특징은 격조사와 동사의 활용어미가 독자적인 통사기능을 가지는 것으로 보고, 어휘부 내에 그 격조사와 어미들에 대해 독자적인 어휘기재항을 허용한 데에 있다. 이와 관련하여 한정사구(dp)와 격조사(k)가 결합하는 구구조규칙이나 동사구(vp)와 시제어미(t)가 결합하는 규칙도 설정하였다.5)

> (69)　a. word('에게',k(case('에게'))).
> 　　　 b. word('ㄴ',t(pres('ㄴ'))).
> 　　　 c. kp(kp(DP,P)) → [dp(DP),k(P)].
> 　　　 d. tp(tp(VP,T)) → [vp(VP),t(T)].

　　위의 (69a), (69b)가 격조사와 시제어미의 어휘기재항이고, (70c), (69d)가 격조사나 시제어미와 관련된 결합규칙들이다. 이렇게 격조사와 동사의 활용어미가 독자적인 통사기능을 가지는 것으로 간주함으로써 한국어의 등위접속구문의 처리에 있어 효율성이 높아지고 접속구문에 대한 모국어 화자의 언어직관도 반영할 수 있다. 그러나 이 입장이 성공하기 위한 전제조건은 역시 성공률이 높은 한국어 형태소 분석기에 의한 분석대상이 되는 문장의 형태소 분석결과가 한국어 좌측코너 파서의 입력이 되어야 한다는 사실이다. 우리의 예에서 (68a)에 있는 한국어 좌측코너 파서의 입력문장 ['토니오','가','좋아하','고','한스','가','결혼하','ㄴ','잉에','는','태지','를','흠모하','였','다']는 문장 ['토니오가','좋아하고','한스가','결혼하ㄴ','잉에는','태지를','흠모하였다']가 형태소 분석과정을 거친 후에 얻어진 결과로 이해되어야 한다. 그러나 성능 좋은 한국어 형태소 분석기를 구현하는 작업도 그리 용이한 일이 아니라는 사실과 한국어 형태소분석의 높은 난이도 때문에 지금까지 한국어 정보처리가 주로 형태소 분석기의 구현에 집중되어 왔다는 사실을 주목할 필요가 있다.

---

5) Swi-prolog 5.4에서 한글코드가 변수로 인식되기 때문에 한글 기호가 상수로 인식되도록 하기 위해서는 그 기호를 따옴표('　') 안에 넣어두어야 한다.

제 4 장 자질구조와 통합기반문법

이 장에서는 먼저 언어현상의 기술에 있어 자질(feature)의 도입이 왜 필요한지에 대해서 살펴보고, 표준적인 한정절 문법에 자질을 도입하는 방법을 논의한다. 다음으로, 앞서 1장에서 논의한 바 있는 자질구조라고도 불리는 속성-값 행렬(Attribute-Value Matrix, 이하 AVM)과 AVM들간의 통합을 어떻게 프롤로그로 구현하는지에 대해서 논의한다. 이러한 논의를 바탕으로 하여 앞 2장에서 논의된 한정절 문법에 AVM을 보강하는 방법을 강구한다. 그럼으로써 80년대 후반부터 이론언어학 분야에서 활발하게 연구되고 있는 어휘기능문법 등 통합기반 통사이론을 어떻게 프롤로그로 구현할 수 있는지를 생각해 본다.

앞서 1장에서 간단히 논의한 바와 같이, 한국어는 존대법과 관련하여 주어와 동사간에 일치관계가 성립한다. 때문에 아래의 예에서 (1a)와 (2a)는 문법적인 문장이지만 (1b)와 (2b)는 비문법적이다.

    (1) a. 어머니가 오신다.
          b. *딸이 오신다.
    (2) a. 딸이 온다.
          b. *어머니가 온다.

이러한 주어와 동사간의 일치관계를 전형적인 한정절 문법의 틀안에서 고려하기 위하여, 우리는 다음의 (3)에 제시된 바와 같이 주어와 동사구가 결합하여 문장(s)이 생성되는 규칙의 주어를 나타내는 술어 np와 동사구를

나타내는 술어 vp에 각각 일치자질을 저장할 논항자리를 하나 더 만들면
된다. 술어 np의 두 번째 자리가 존칭에 대한 정보를 담을 장소이고, 첫
번째 논항자리는 분석결과를 저장하기 위한 곳이다.

   (3) s(s(NP,VP)) —→ np(NP,Honorific), vp(VP,Honorific).

  물론 이러한 규칙이 효력을 발휘하기 위해서는 명사구도 명사로부터 존
칭(Honorific)에 관한 정보를 전달받을 수 있어야 한다. 마찬가지로 동사구
도 동사로부터 존칭(Honorific)에 관한 정보를 전해 받을 수 있어야 한다.
그래서 아래와 같은 규칙들이 더 필요하다.

   (4) a. np(np(N), Honorific) —→ n(N, Honorific).
       b. vp(vp(IV), Honorific) —→ iv(IV,Honorific).

  또한 위의 규칙들이 제대로 작동하기 위해서는 명사(N)나 동사(IV)도
존칭에 대한 정보를 가지고 있어야 한다. 따라서 명사 '어머니', '딸'과 동
사 '오신다', '온다' 등의 어휘기재항은 다음의 (5a)-(5d)와 같은 형태를 가
진다.

   (5) a. n(n('어머니'),honor) —→ ['어머니'].
       b. n(n('딸'),plain) —→ ['어머니'].
       c. iv(iv('오신다'),honor) —→ ['오신다'].
       d. iv(iv('온다'),plain) —→ ['온다'].

  이렇게 존칭에 대한 정보가 기재되어 있는 구구조규칙과 어휘기재항을
가진 문장분석기는 위의 (1b)나 (2b)와 같은 존칭에 대한 일치가 어긋나
있는 문장들을 비문법적인 것으로 판정한다. 주어와 동사간의 일치관계라
하더라도 영어와 같이 인칭과 수가 모두 일치현상에 관여되는 경우에 한정
절 문법의 규칙이나 어휘기재항의 경우 해당 술어에 두 개의 논항을 추가
해야 하고, 여기에 동사의 격지배 현상을 기술하기 위해서는 격자질을 위
한 논항자리를 하나 더 만들어야 한다. 이처럼 자질이 추가될 때마다 관련

규칙이나 어휘기재항에 논항자리를 늘려가는 방식은 기술적으로는 가능하
다고 하더라도 코드의 해독용이성, 확장성과 통일성이 떨어지는 문제점을
갖는다. 여기서 코드의 해독용이성이란 어떤 논항자리에 나타난 자질의 성
격을 쉽게 판별할 수 있느냐의 여부를 가리키는데, Gazdar/Mellish(198
9 : 128)는 자질에 대한 판별이 용이하도록 다음의 (6)과 같이 형태통사 정
보 앞에 자질명을 부기하기도 한다.

(6) s $\longrightarrow$ np(person : P, number : N, sex : S, case : nominative),
     vp(person : P, number : N, sex : S, verb_form : tensed).

그러나 모든 자질들을 일정한 통일된 형식 안에 넣어 기술하는 방법이
보다 바람직할 것이다. 그러한 형식이 바로 자질구조라고도 불리고, 속성-
값 행렬(AVM) 구조라고도 하는 구조이다. 예를 들어 영어의 명사 'boy'가
3인칭 단수 명사라는 사실과 동사 'sees'가 3인칭 단수 명사를 주어로 취하
며 시제는 현재형이라는 사실은 각각 다음의 (7a), (7b)와 같이 자질구조
로 표현될 수 있다.

(7) a. $\begin{bmatrix} \text{cat} & \text{n} \\ \text{num} & \text{sg} \\ \text{pers} & 3 \end{bmatrix}$ b. $\begin{bmatrix} \text{cat} & \text{v} \\ \text{num} & \text{sg} \\ \text{pers} & 3 \\ \text{tense} & \text{present} \end{bmatrix}$

이러한 자질구조를 우리는 Gadzar/Mellish(1989)를 따라 자료구조 리
스트를 사용하여 아래의 (8)과 같이 표현한다.

(8) a. [cat : n, num : sg, pers : 3 | X]
    b. [cat : n, num : sg, pers : 3, tense : present | X]

위에 제시된 리스트들은 변수를 하나 가짐으로써 개방형 리스트 형태를
가지고 있다. 이렇게 개방형 리스트를 취하는 것은 서로 다른 자질과 값을
가진 두 자질구조간의 통합이 가능하도록 하기 위함이다. 예를 들어 다음

의 (9a), (9b)에 제시된 두 자질구조가 통합이 가능한 것은 두 구조가 개방형 리스트이기 때문이다.

    (9) a. [a : b, c : d | X]
        b. [c : d, e : f | Y]

이렇게 리스트 형태를 취하는 자질구조의 자질-값 혹 속성-값 쌍들은 리스트의 원소들이며, 자질과 속성은 별도로 정의된 접요연산자(infix operator) ' : '에 의해 서로 구분된다. 이 연산자는 아래의 (10)과 같이 정의된다.

    (10) :- op(500,xfy, :).

위의 정의에 의하면 연산자 ' : '의 우선도(priority)는 500으로 비교적 우선도가 높은 편에 속한다. 예를 들어 한정절 연산자 ' :- '의 우선도는 SWI-PROLOG에서 1,200으로 정의된다. 숫자가 작을수록 우선도는 높다. 연접 방향을 나타내는 y가 함수 f의 오른편에 위치하기 때문에 연접 방향은 오른쪽이다. 다음 예 (5a)와 같이 동일한 연산자가 여러 개 나타나면, (11b)에서 보듯이 가장 오른쪽 연산자가 논항들과 먼저 결합한다.

    (11) a. 3 : 5 : 7 : 9
        b. 3 : (5 : (7 : 9))

다음의 예 (12)와 같이 어떤 자질구조의 경우 자질(여기서는 d나 e)의 값 자체가 또 리스트형태를 가지는 것이 허용된다.

    (12) [a : 1, b : 2, d : [e : [f : 5, g : 6]] | X]

프롤로그 내에서 자질구조간의 통합을 위해 우리는 2항 술어 unify/2를 (13)과 같이 정의한다.[6]

---

6) 이 정의는 Eisele(1985 : 69)에 의해 기술된 2항 술어 merge/2와 동일하다.

(13) unify(X,X) : - !.
      unify([A : V1|R1],F2) : - del(A : V2, F2, R2),
                                unify(V1,V2),
                                unify(R1,R2).

주어진 정의에 따라 아래의 두 리스트 (14a)와 (14b)는 통합이 가능하다. 이 사실을 확인하기 위해 프롤로그 해석기에 (15a)와 같은 질의를 주면, (15b)와 같은 결과를 얻는다.

(14) a. [gen : fem, case : nom|R1]
      b. [num : sg, person : 3|R2]
(15) a. unify([gen : fem, case : nom|R1], [num : sg, person : 3|R2]).
      b. R1 = [num : sg, person : 3|_G618] R2 = [gen : fem, case :
         nom|_G618]

위 질의 (15a)에 대한 응답인 (15b)를 통해 알 수 있듯이, 2항 술어 unify/2의 기능은 모순적인 정보가 들어 있지 않는 두 자질구조를 동일하게 만드는 데에 있다. 반면 모순된 정보를 포함하고 있어서 통합이 불가능한 두 리스트 (16a)와 (16b)가 통합이 가능한지의 여부를 검토하기 위해 (16c)와 같은 질의를 던지면, (16d)와 같이 'no'라는 결과를 얻는다.

(16) a. [gen : fem, case : nom|R1]
      b. [case : dat, person : 3|R2]
      c. unify([gen : fem, case : nom|R1], [case : dat, person : 3|R2]).
      d. no

리스트로 표현되는 두 자질구조간의 통합여부를 점검하기 위해 사용되는 2항 술어 unify/2는 아래의 (17)과 같이 정의되는 3항 술어 del/3을 기반으로 하고 있다.

(17) del(F,[F|X],X) : - !.
      del(F,[E|X], [E|Y]) : - del(F,X,Y).

3항 술어 del/3은 다음의 (18a)와 (18b)에서 알 수 있듯이 하나의 리스트로부터 특정한 요소를 제거하는 기능을 갖는다.

(18) a. ?- del(gen : fem, [gen : fem, case : nom|R1], X).
      b. X = [case : nom|_G171]

이처럼 자질구조간의 통합여부를 점검하는 데 사용되는 unify/2의 도움으로 이제 우리는 LFG-문법형식을 프롤로그로 간단히 표현할 수 있다. 앞서 1장에서 논의한 바와 같이 LFG에서는 자질구조를 표현하는 기능도식이 각 구구조규칙에 부착된다. 아래의 (19)가 그러한 구구조규칙의 예이다.

(19) S →   NP   VP
      (^ SUBJ) = v   ^ = v
      (v CASE) = nom

위 규칙에서 상향변수(^)는 S의 자질구조를 나타내고, NP 아래의 하향변수(v)는 NP 자체의 자질구조를 나타내며, VP 아래의 하향변수(v)는 VP의 자질구조를 나타낸다. 자질구조와 관련한 이러한 사실들을 우리는 2항 술어 unify/2를 써서 각각 다음의 (20a), (20b), (20c)와 같이 프롤로그로 표현할 수 있다.

(20) a. unify(Fs, [subj : Fnp|R1])
      b. unify(Fnp, [case : nom|R2])
      c. unify(Fs,Fvp)

곧 위 (20a), (20b), (20c)와 같은 프롤로그 표현들은 LFG-문법형식의 기능도식을 나타내는 것으로 이 표현들을 전통적인 한정절 규칙에 부착할 경우, LFG의 구구조규칙과 동일한 기능을 가진 규칙을 프롤로그로 구현할 수 있다. 아래의 구구조규칙 (21)은 위 (19)에 제시된 LFG 구구조규칙을 프롤로그로 구현한 것이다.

(21) s(Fs) ─→ np(Fnp), {unify(Fs, [subj : Fnp|R1])}, {unify(Fnp,
                  [case : nom|R2])},
                  vp(Fvp), {unify(Fs,Fvp)}.

위의 규칙에서 변수 Fs, Fnp, Fvp는 각각 범주 s, np, vp의 자질구조
를 나타내는 것으로 추가된 한정절 {unify(Fs, [subj : Fnp|R1])}은 범주
s의 자질구조 Fs에 속한 속성 'subj'의 값이 범주 'np'의 자질구조라는 의
미를 갖는다. 마찬가지로 한정절 {unify(Fnp, [case : nom|R2])}은 범주
np의 자질구조 Fnp에 속한 속성 'case'의 값이 'nom'이라는 의미이다.
  한편, 어휘기재항은 다음의 (22)와 같이 구현된다.

(22) vst(X) ─→ ['읽'], {unify(X, [pred : read(subj,obj),
                  subj : [case : nom, sem : human|R1],
                  obj : [case : acc, sem : non-human|R2]
                  |R3]) }.

위 (22)에 제시된 어휘기재항에 따르면, 한국어 '읽'의 범주가 동사어간
(vst)이고, 이 어간의 자질구조를 X라 할 때, 이 자질구조는 [pred : read
(subj,obj), subj : [case : nom, sem : human |R1], obj : [case : acc,
sem : non-human |R2] |R3]와 통합가능해야 한다.
  이와 같이 구구조규칙들과 어휘기재항들을 프롤로그로 구현하면, 우리
는 다음의 (23)에 주어진 한국어 LFG를 얻는다.

(23) % 한국어 LFG ("lfg_kr.pl")
      :- op(500,xfy, :).   % line 1
      :- consult(avm).   % line 2

      /* Implementation of LFG in PROLOG */

      /* Grammar */
      s(Fs) ─→ np(Fnp), {unify(Fs, [subj : Fnp|R1])}, {unify(Fnp, [case
                  : nom|R2])}, vp(Fvp), {unify(Fs,Fvp)}.
      vp(Fvp) ─→ np(Fnp), {unify(Fvp, [obj : Fnp|R1])},

```
                        v(Fv), {unify(Fvp,Fv)}.
vp(Fvp)  —→ v(Fv), {unify(Fvp,Fv)}.
v(Fv)  —→ vst(Fvst), {unify(Fv, Fvst)},
              tense(Ftns), {unify(Fv, Ftns)},
              mood(Fmd), {unify(Fv, Fmd)}.
np(Fnp)  —→ det(Fdet), {unify(Fnp,Fdet)},
              n(Fn), {unify(Fnp,Fn)}.
np(Fnp)  —→ pn(Fpn), {unify(Fnp,Fpn)}.
np(Fnp)  —→ n(Fn), {unify(Fnp,Fn)}.

/* Lexicon */

det(X)  −→ ['그'],{unify(X, [spec : def|Rest])}.
det(X)  −→ ['어떤'],{unify(X, [spec : indef|Rest])}.
pn(X)   −→ ['미미가'],{unify(X, [pred : mimi, case : nom, sem : human
              |Rest])}.
pn(X)   −→ ['미미를'], {unify(X, [pred : mimi, case : acc, sem : human
              |Rest])}.
n(X)    −→  ['책이'],{unify(X, [pred : chak, case : nom, sem : non-
              human|Rest])}.
n(X)    −→ ['책을'],{unify(X, [pred : chak, case : acc, sem : non-human
              |Rest])}.
n(X)    −→ ['소년을'],{unify(X, [pred : boy, case : acc, sem : human
              |Rest])}.
vst(X)  −→ ['읽'],{unify(X, [pred : read(subj,obj),
                        subj : [case : nom, sem : human|R1],
                        obj : [case : acc, sem : non-human|R2]
                        |R3]) }.
vst(X)  −→ ['좋아하'],{unify(X, [pred : love(subj,obj),
                        subj : [case : nom, sem : human|R1],
                        obj : [case : acc|R2]
                        |R3]) }.
vst(X)  −→ ['오'], {unify(X, [pred : come(subj),
                        subj : [case : nom, sem : human|R1] |R2]) }.
vst(X)  −→ ['자'], {unify(X, [pred : come(subj),
                        subj : [case : nom, sem : human|R1] |R2]) }.
tense(X) −→ ['었'], {unify(X, [tense : past|R1])}.
```

```
tense(X)  −→  ['였'],  {unify(X,  [tense : past|R1])}.
tense(X)  −→  ['ㅆ'],  {unify(X,  [tense : past|R1])}.
tense(X)  −→  ['ㄴ'],  {unify(X,  [tense : present|R1])}.
mood(X)  −→  ['다'],  {unify(X,  [mood : decl|R1])}.
mood(X)  −→  ['느냐'],  {unify(X,  [mood : inter|R1])}.

/* Utility predicates ⟨ del/3, unify/2 ⟩ */

del(F,[F|X],X) : - !.
del(F,[E|X], [E|Y]) : - del(F,X,Y).
unify(X,X) : - !.
unify([A : V1|R1],F2) : - del(A : V2, F2, R2),
                         unify(V1,V2),
                         unify(R1,R2).

% Test
test1 : - s(F,['미미가','책을','읽','였','다'],[]),nl,write(F).
test2 : - s(F,['미미가','책을','읽','는','다'],[]),nl,write(F).
test3 : - s(F,['미미가','오','ㄴ','다'],[]),nl,write(F).
test4 : - s(F,['미미가','자','ㅆ','느냐'],[]),nl,write(F).
test5 : - s(F,['미미가','자','ㄴ','다'],[]),nl,write(F).
test6 : - s(F,['미미가','책을','읽','였','느냐'],[]),nl,write(F).
test7 : - s(F,['미미가','그','소년을','좋아하','였','느냐'],[]),nl,write(F)
```

위 (23)에 제시된 LFG 문법은 자질구조를 프롤로그로 구현하는 방법을
설명하기 위해서 소개하는 것으로 한국어의 단순문 분석 및 생성에 사용될
수 있다. 이 문법을 테스트할 목적으로 구성된 7개의 테스트 항목 중에서
test7을 아래의 (24a)와 같이 프롤로그 해석기에 하나의 질의로 입력하면,
리스트형식의 자질구조 (24b)와 AVM형식의 자질구조 (24c)를 결과로서
얻는다.

(24) a. ?- test7.
　　　b. [subj : [pred : 미미, case : nom, sem : human|_G198], obj :
　　　　　[spec : def, pred : 소년, case : acc, sem : human|_G258], pre
　　　　　d : 좋아하다(subj, obj), tense : past, mood : inter|_G378]

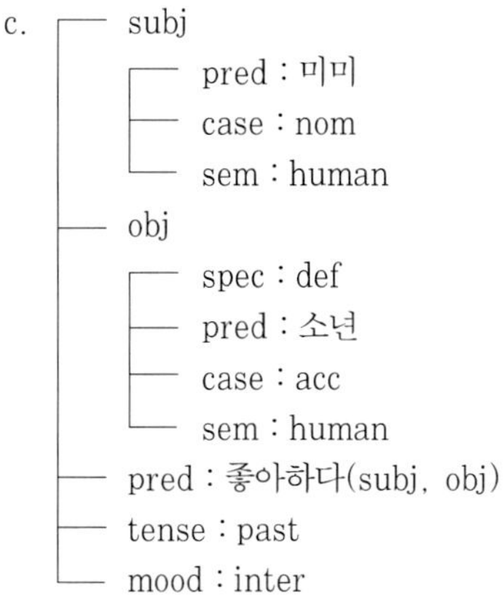

이제까지 기술한 한국어 LFG("lfg_kr.pl")는 주어-간접목적어-목적어간의 자유어순을 기술하는 데 있어 한계를 보인다. 이 문법을 수정한 한국어 LFG 2 ("lfg_kr_free.pl")는 자유어순을 기술하기에 적합한 문법이다. 〔책을,미미에게,그,소년들이,선물했니〕라는 뒤섞기(scrambling)가 일어난 한국어 문장을 분석하도록 하는 질의 (25a)에 대한 응답이 (25b)와 (25c)에 제시되어 있다.

(25) a. ?- s(F,〔'책을','미미에게','그','소년들이','선물했니'〕,〔〕),nl,write(F), nl,nl,avm(F).

  b. 〔obj : 〔pred : book, case : acc, sem : non_human|_G195〕, iobj : 〔pred : mimi, case : dat, sem : human|_G234〕, subj : 〔spec : def, pred : boy, case : nom, num : pl, sem : human|_G312〕, pred : present(subj, iobj, obj), mood : decl, tense : present|_G424〕

c.
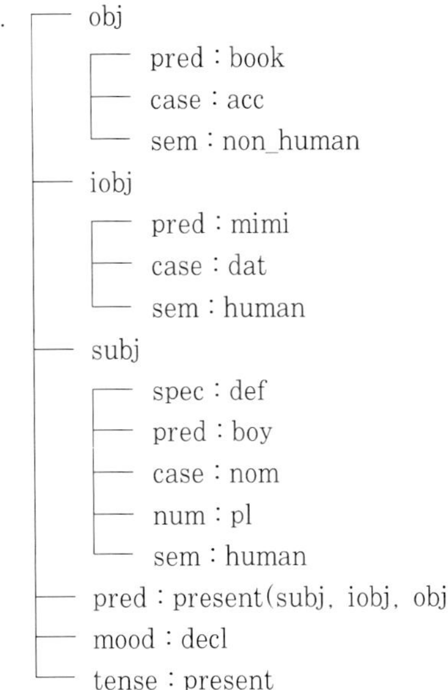

이처럼 한국어의 뒤섞기 현상을 기술하기 위해 '선물하다'와 같은 수여 동사와 명사구들이 결합하여 문장을 형성하는 규칙을 아래의 (26a)-(26f) 와 같이 6개 설정한다.

(26) a. s(Fs) --→ np(Fnp1), {unify(Fs, [subj : Fnp1|R1])},{unify(Fnp1, [case : nom|R2])}, np(Fnp2), {unify(Fs, [iobj : Fnp2|R3])}, {unify(Fnp2, [case : dat|R4])}, np(Fnp3), {unify(Fs, [obj : Fnp3|R5])}, {unify(Fnp3, [case : acc|R6])}, dv(Fv), {unify(Fs,Fv)}.

  b. s(Fs) --→ np(Fnp1), {unify(Fs, [subj : Fnp1|R1])},{unify(Fnp1, [case : nom|R2])}, np(Fnp2), {unify(Fs, [obj : Fnp2|R3])}, {unify(Fnp2, [case : acc|R4])}, np(Fnp3), {unify(Fs, [iobj : Fnp3|R5])}, {unify(Fnp3, [case : dat|R6])}, dv(Fv), {unify(Fs,Fv)}.

  c. s(Fs) --→ np(Fnp1), {unify(Fs, [iobj : Fnp1|R1])},{unify(Fnp1, [case : dat|R2])}, np(Fnp2), {unify(Fs, [subj : Fnp2|R3])}, {unify(Fnp2, [case : nom|R4])}, np(Fnp3), {unify(Fs, [obj : Fnp3|R5])}, {unify(Fnp3, [case : acc|R6])}, dv(Fv), {unify(Fs,Fv)}.

  d. s(Fs) --→ np(Fnp1), {unify(Fs, [iobj : Fnp1|R1])}, {unify(Fnp1,

〔case : dat|R2〕)}, np(Fnp2), {unify(Fs, 〔obj : Fnp2|R3〕)},
{unify(Fnp2, 〔case : acc|R4〕)}, np(Fnp3), {unify(Fs, 〔subj :
Fnp3|R5〕)}, {unify(Fnp3, 〔case : nom|R6〕)}, dv(Fv), {unify(Fs,Fv)}.
  e. s(Fs) -→ np(Fnp1), {unify(Fs, 〔obj : Fnp1|R1〕)},{unify(Fnp1,
〔case : acc|R2〕)}, np(Fnp2), {unify(Fs, 〔subj : Fnp2|R3〕)},
{unify(Fnp2, 〔case : nom|R4〕)}, np(Fnp3), {unify(Fs, 〔iobj :
Fnp3|R5〕)}, {unify(Fnp3, 〔case : dat|R6〕)}, dv(Fv), {unify(Fs,Fv)}.
  f. s(Fs) -→ np(Fnp1), {unify(Fs, 〔obj : Fnp1|R1〕)},{unify(Fnp1,
〔case : acc|R2〕)}, np(Fnp2), {unify(Fs, 〔iobj : Fnp2|R3〕)},
{unify(Fnp2, 〔case : dat|R4〕)}, np(Fnp3), {unify(Fs, 〔subj :
Fnp3|R5〕)}, {unify(Fnp3, 〔case : nom|R6〕)}, dv(Fv), {unify(Fs,Fv)}.

위의 예에서 규칙 (26f)는 직접목적어, 간접목적어, 주어 순으로 동사와 결합하는 것을 허용하는데, 이 규칙이 바로 문장 '책을 미미에게 그 소년들이 선물했니'의 분석을 위해 사용된다.

한국어 LFG 문법의 전체 코드("lfg_kr.pl")가 부록(A9)에 제시되어 있으므로 관심 있는 독자는 문법을 직접 테스트해 볼 수 있을 것이다. 이외에도 어휘기능문법은 부정사구에 나타나는 통제현상과 무한의존구문 등을 적절히 기술할 수 있는 형식문법으로 널리 알려져 있는데, 그러한 현상들이 어떻게 프롤로그로 구현될 수 있는가의 문제는 이 책의 수준을 넘어서기 때문에 여기에서는 논의하지 않겠다.

제 2 부 전산의미론

제 5 장 지식표상 의미론

1. 의미연구 개관

일반 언어학에서 의미론은 언어표현체와 실세계의 대상 및 사건과의 관계를 기술하는 분야로 정의된다. 연구대상이 되는 기호가 어떠한 층위에 속하는가에 따라, 곧 그 층위가 어휘층위인가 문장층위인가 아니면 텍스트층위인가에 따라 어휘의미론, 문장의미론과 텍스트의미론을 구분하기도 한다. 의미론적인 연구에서 주된 관심은 크게 두 가지 방향으로 정리될 수 있는데, 그 중 하나는 동일한 층위에 속하는 언어표현체들간의 의미적인 관계에 대한 연구이고 다른 하나는 여러 언어표현체들로 구성된 복합적인 언어표현체의 의미가 거기에 속하는 개별 언어표현체들의 의미와 어떠한 연관성을 지니는가에 대한 연구이다. 후자는 보통 합성성 원리(compositionality principle)를 통해 설명되어진다.

언어처리적인 관점에서 의미해석은 하나의 자연언어를 형식적인 의미표상언어(meaning represenatation language, MRL)로 번역하는 과정으로 이해된다(Gazdar/Mellish, 1989 : 288). 이 의미표상언어는 중의적이어서는 안 되며, 진술의 참과 거짓 여부를 판정할 수 있도록 잘 정의된 의미론을 가지고 있고, 또한 추론과정을 뒷받침할 수 있는 추론규칙들을 가지고 있어야 한다. 이러한 세 가지 특성을 가진 의미표상언어로서 술어논리와 같은 형식논리, 의미네트워크 언어(semantic network language), 개념의존 언어

(conceptual dependancy language), 프레임 언어(frame language) 등이 많이
논의되었다. 여기에서는 인공지능의 분야에서 제안되고 발달되어 언어이
해 시스템의 의미처리를 위해 많은 응용이 이루어진 대표적인 지식표상이
론들로서 의미네트워크 이론과 개념의존 이론, 프레임 이론 그리고 격문법
을 이 장에서 개괄적으로 살펴보고 다음 제6장에서는 프롤로그에 의한 술
어논리형식에 기반한 논리의미론의 의미표상 방법에 대해서 기술하고 제7
장에서는 문장의 구구조정보, 의미표상 정보와 기능구조정보를 모두 보여
주는 좌측코너 기반 통합파서의 설계구조와 파싱결과에 대해 살펴본다. 제
8장에서는 문장층위를 넘어서는 담화의 의미에 대한 표상방법론이라 할
수 있는 담화표상이론에 대해서 논의한다.

2. 의미네트워크(Semantic Networks) 이론

컴퓨터에 의한 텍스트처리의 초기단계에서는, 자연언어는 고립되어 있
고 다른 인간의 능력과는 구별된 현상으로서 관찰될 수 있다는 견해가 지
배적이었다. 이러한 견해는 생성문법이론과 형식언어영역에서의 이론전산
학의 발전을 통해서 뒷받침되었다. 그러나 의미네트워크 이론은 인간의 인
지적인 능력에 대한 관심으로부터 출발하는 심리학적인 연구결과를 반영
하여 의미표상이론으로 발전되었다. 60년대에 인지심리학자들은 인간 두
뇌의 작동방식에 대해 깊은 관심을 가지고 연구를 수행했다(Harris, 1985).
이와 관련하여 인간의 기억(memory)과정 및 방법에 대한 연구가 당시에
꽤 활발하게 이루어졌으며, 연구결과 사람들이 지식을 저장하여 후에 특별
한 사실의 이해를 위해 사용하거나, 지식을 범주화하고 구조화한다는 사실
이 밝혀졌다. 이러한 인지심리학자들의 새로운 인식에 힘입어 인공지능 연
구자들은 의미네트워크이라 불리는 새로운 방법을 기억을 표상하기 위해

고안해냈다. 최초의 의미네트워크는 1968년 M.R.Quillian에 의하여 개발되었다. 하나의 의미네트워크는 그래프 형식으로 표현되는 것으로 보통 어휘의미를 나타내는 여러 개의 교점(node)과 이 교점들간의 관계를 표상하는 여러 개의 연결선(arc)으로 구성된다. 연결선은 방향을 나타내는 화살표의 형태로 표현되고 교점에는 일반적으로 어휘의미를 대신하는 대상의 명칭이나 개념 혹은 상황이 표현되는데, 교점은 보통 상자나 원모양을 갖는다.

의미상 서로 관련이 있는 지식들이 의미네트워크 속에서 절차상 인접하여 저장되기 때문에 의미네트워크는 결합적인 조직망이라고도 불린다. 의미네트워크를 통하여 진행되는 절차들이 관련되는 연결선들의 유형에 따라 상이하게 처리될 수 있기 때문에 개별 의미네트워크는 절차적인 지식도 포함할 수 있게 된다. 의미네트워크에서는 서로 연관관계가 있는 개념들이 기술됨으로써, 의미네트워크를 이용한 언어처리시스템은 그 효율이 비교적 높다고 할 수 있다.

의미네트워크 이론에 따르면, 아래의 (1)에 제시된 세 가지 유형의 연결선들이 거의 모든 네트워크에서 나타나는 것으로 이해된다.

(1) a. 일반화(isa) : 이를 통해서 개념은 더 일반적인 개념과 결합된다. 하위의 개념을 통해 기술되는 부류의 개체들은 상위부류 안에 모두 포함된다.
예 : 'BIRD'--isa---→'ANIMAL'
b. 속성화(has-part) : 대상을 그것의 속성(부품들, 특성, 기능)과 결합시킨다.
가령, 'BIRD'--has-part--→'WINGS'
c. 개별화(instance-of) : 개별 개체를 그것이 속하는 종류에 관계되는 유형(개념)과 결합시킨다. 이러한 연결선이 토큰(token)과 대상유형(type)사이를 구분하는 기능을 한다.
예 : 'FIDO'--instance-of--→'DOG'

이에 따라 아래에 제시된 영어예문들 (2a), (2b)는 각각 (3a), (3b)와 같이 의미네트워크로 표상될 수 있다(Barr/Feigenbaum, 1981 : 180).

(2) a. All robins are birds.
    b. Birds have wings.
    c. Clyde is a bird.

(3)
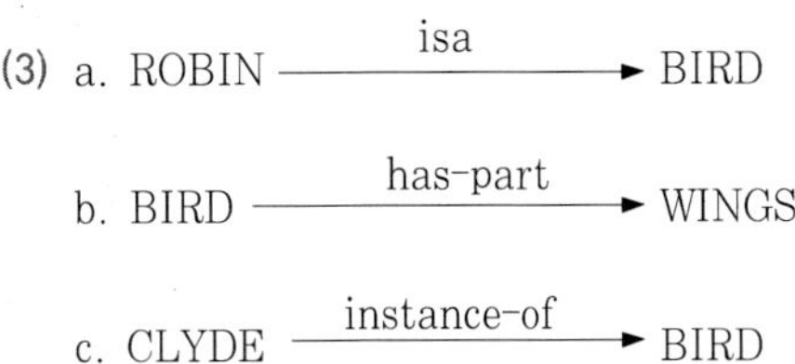

이러한 의미네트워크 형식을 빌어서 De Beaugrande,R.A./U.Dressler (1981)은 아래에 있는 문장 (4)의 의미를 (5)과 같이 표현하고 있다.

(4) great black and yellow V-2 rocket 46 feet long stood in a new Mexico desert. Empty, it weighed five tons.

46피트의 거대한 검고 노란 V-2 로케트가 뉴멕시코 사막에 서 있었다. 비어 있었으며, 무게는 5톤이었다.

(5)
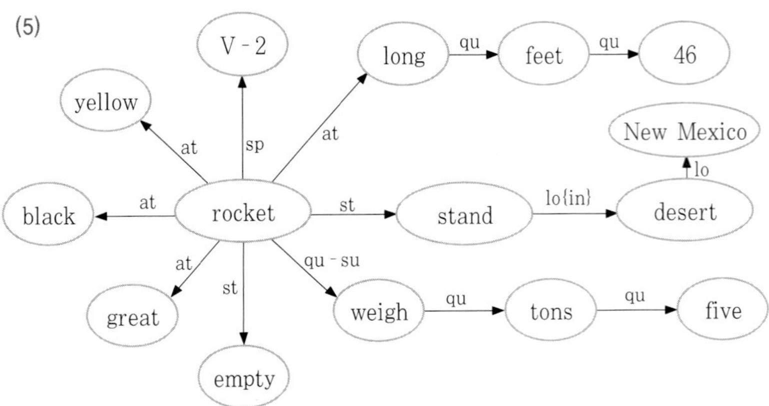

위의 네트워크에서 둥근 타원형으로 표현된 교점은 개념을 나타내는데 방향을 가진 화살표를 통해 다른 교점과 연결된다. 화살표가 의미하는 바는 교점들간에 성립하는 관계이고, 개별 약어는 각기 다음과 같은 것을 의

미한다 : at : …의 특성 ; lo : …의 장소 ; qu : 의 수량 ; sp : …의 명세 ; st : …의 상태 ; su : …의 실체. 이 네트워크에는 대명사 it이 로켓트를 지시한다는 지식도 표상되어 있는데, 이 지식은 영어에 대한 문법지식과 세계지식에 근거한 추론의 결과로 얻어진 것이다.

초기의 의미네트워크 이론에서는 네트워크를 구성하는 성분들인 교점과 연결선들이 대개 자연언어의 개별 어휘에 가까운 개념들이어서 연결선 유형의 수가 아주 많았다. 이것은 언어처리의 효율을 극히 저조하게 하게 원인으로 작용하여, 이에 대한 개선책으로 다음과 같은 두 가지 방안이 제안되었다(Trost, 1984).

> (6) a. 연결선 유형들을 의미론적으로 정확히 정의된 구조적인 소수의 관계들로 제한하고 내용적인 관계들은 교점을 통해서 서술하는 방안
> b. 심층의미론적인 단위들로서 의미원소(semantic primitives)들을 개발함으로써 다른 모든 단위들을 그것들을 통해 기술하는 방안

다른 방향에서 R.Brachman은 의미 네트워크를 다음과 같이 여러 가지 층위로 분류할 것을 제안한다(Trost,1984).

> (7) • 보완층위 : 사용된 데이터구조(레코드, 포인터)의 기술
> • 논리적 층위 : 사용된 논리적 단위(교점, 이음선, 명제, 술어 등)의 기술
> • 인식론적 층위 : 각각의 의미 네트워크의 본질적 핵심부분으로서 네트워크의 구조적인 부분, 다시 말해 의미 네트워크에서 논리적으로 가장 심층부의 층위가 여기에서 기술된다.
> • 개념적 층위 : 기술되어야 하는 지식의 내용적인 구조화를 위한 표준으로서 개념들과 에피소드적 의미가 의미 네트워크내에서 어떻게 기술되어야 하는지에 대한 기준을 제공한다. 이것은 의미론적인 관계와 의미원소(primitives)의 층위이다.
> • 언어학적 층위 : 의미 네트워크의 사실적이고 실제적인 내용을 포함

그런데 모든 의미 네트워크가 이러한 층위구분을 통해 분류될 수 있는 것은 아니고, 초기의 의미 네트워크의 상당수는 여러 층위를 혼합한 형태를 취하고 있다.

의미네트워크에 기반한 표상방법은 워낙 다양하게 발달되어서, 교점과 연결선을 가지고 있다는 사실만을 그들간의 공통점으로 들 수 있을 뿐이다. 이런 맥락에서 보면, 다음 소절에 소개되는 개념의존 이론도 의미네트워크 이론의 발전된 형태라 할 수 있다. 필모어(Fillmore)의 격문법을 의미네트워크 이론의 관점에서 이해하려는 시도도 있다. 이에 대해서는 9장에서 논의한다. 의미네트워크 이론의 단점으로 지적되는 것은 자연언어의 양화사(quantifier) 기술이 용이하지 않다는 점이다. 이 문제를 해결하기 위한 새로운 방법으로 형식논리적인 공리들을 토대로 한 의미네트워크가 제안되기도 한다.

3. 개념의존 이론(Conceptual dependancy theory)

Chomsky의 변형문법이론에 대한 대안의 하나로 R. Schank(1972)에 의해서 개념의존 이론(이하 CD-이론)이 제안되었다. 이 이론은 어휘해체(lexical decomposition) 기법을 채택한다는 점에서 J. Lakoff, J. McCawley 등에 의해 발전된 생성의미론(Generative Semantics)과 공통점을 지닌다고 볼 수 있다. 이외에도 CD-이론은 앞 절에서 논의한 의미네트워크로부터 교점과 연결선을 이용한 표상방법을 빌어오며, 격문법으로부터는 심층격 개념을 끌어다 쓴다. 교점간의 관계를 표현하는 술어들이 제한적이라는 점에서 CD-이론이 전통적인 의미네트워크 이론과 차이를 보인다.

CD-이론의 핵심은 자연언어의 의미표상을 개념화(conceptualization)로 파악하는 데에 있다. Schank(1972)에서는 개념화(conceptualization) 형식으로 행위(ACT)를 비롯하여 총 7가지가 제안된다. 아래의 표를 살펴보자.

(8)

개념화 명칭	기 능
ACT(행위)	행위자체
Actor(행위자)	행위의 주체
Object(대상)	행위가 지향하는 대상
Recipient(수용자)	행위의 결과를 취하는 사람
Direction(방향)	행위가 향하는 방향
State(상태)	대상의 상태
Instrument(도구)	행위를 수행하는데 사용되는 도구

여러 가지 개념화 중에서 가장 기본이 되는 것은 행위(ACT)이며, 여기에 다른 개념화들이 종속된다. 이러한 핵심 개념화인 행위(ACT)를 표상하기 위해 11가지의 행위유형이 의미원소(semantic primitives)로 다음의 (9)와 같이 제안되었다.

(9)

명 칭	기 능	예
ATRANS	추상적인 관계의 이전 (Transfer of an abstract relationship)	give
PTRANS	(어떤 대상의 물리적 장소의 이전) Transfer of the physical location of an object	go
PROPEL	어떤 대상에 대한 물리적 힘의 이전 (Application of physical force to an object)	push
MOVE	소유자에 의한 신체부분의 이동 (Movement of body part by owner)	kick
GRASP	행위자에 의한 어떤 대상의 장악 (Movement of body part by owner)	clutch
INGEST	동물에 의한 어떤 대상의 소화 (Ingestion of an object by an animal)	eat
EXPEL	동물의 신체로부터 어떤 것의 내몰음 (Expulsion of something from the body of an animal)	cry
MTRANS	정신적인 정보의 이전 (Transfer of mental information)	tell
MBUILD	알려진 정보로부터 신정보의 형성 (Building new info out of old)	decide
SPEAK	소리의 생성 (Production of sounds)	say
ATTEND	감각기관을 어떤 자극쪽으로 집중하기 (Focusing of sense organ toward a stimulus)	listen

개념화 유형과 별도로 CD-이론에서는 개념 유형(concept type)이 몇 가지 정의되는데, 이를 열거하면 아래의 표 (10)과 같다.

(10)

PP(Picture Producer)	모든 물리적 대상들
PA(Picture Aiders)	PP가 존재하는 상태 혹은 PP의 속성
T(Times)	행위(ACT)가 발생하는 시간
LOC(Locations)	행위가 발생하는 장소
AA(Action Aiders)	행위의 속성들

이제까지 논의한 여러 유형의 개념화와 개념 유형들간의 결합관계를 기술하기 위한 통사규칙이 또한 CD-이론 내에 정의되어 있다. 이 규칙들을 소개하자면 다음과 같다(Shank, 1975).

(11)

① $PP \Longleftrightarrow ACT$ 어떤 PP가 ACT(행위)를 수행할 수 있다.

② $PP \longleftrightarrow PA$ PP와 어떤 개념화는 속성에 의해 기술될 수 있다.

③ $ACT \xleftarrow{o} PP$ ACT가 목적어를 가질 수 있다.

④ $ACT \xleftarrow{D} \begin{smallmatrix} > LOC \\ < LOC \end{smallmatrix}$ ACT가 방향을 취한다.

⑤ $ACT \xleftarrow{R} \begin{smallmatrix} > PP \\ < PP \end{smallmatrix}$ ACT가 수용자를 취한다.

⑥ $ACT \xleftarrow{o} \updownarrow$ MTRANS는 개념화나 개념화들의 조합을 목적어로서 요구하고 MBUILD는 자신의 고유한 목적어 유형을 취한다.

⑦ $ACT \xleftarrow{I} \updownarrow$ ACT가 개념화를 도구로서 가진다.

⑧ PP   PP   PP들은 자신들이 그 안에 나타나는 개념화에 의해 기술될 수 있다.

⑨ T   개념화가 시간을 취한다.

⑩ LOC   개념화가 장소를 취한다.

⑪   개념화는 PP에 대해 상태변화를 야기할 수 있다.

⑫   정신적인 ACT를 포함하는 개념화는 다른 개념화에
                        대한 이유의 기능으로 실현될 수 있다.

⑬   상태 혹은 상태변화에 의해 개념화가 유발될 수 있다.

⑭ PP⟺PP   하나의 PP는 다른 PP나 그것의 실례와 동일할 수 있다.

⑮ ACT   ACT는 특정한 차원에 따라 변화할 수가 있다. 예를 들
                        어 이동 ACT에 대해 속도가 갖는 관계가 그러하다.

이제 영어 문장을 CD-이론의 틀안에서 분석한 예를 하나 살펴보자. 아래의 그림 (12)은 문장 'John gives Mary a book.'에 대한 개념의존 구조이다.

(12)

John⟺ATRANS ←O— book ←R— Mary / John

이 그림에서 화살표의 방향은 공통적으로 의존관계의 방향을 가리킨다. 먼저 행위자 'I'와 추상적인 관계의 이전을 표상하는 행위 'ATRANS' 사이의 연결선(⟺)은 양자간의 상호의존관계를 표현한다. 또한 대상 'book'으로부터 행위 'ATRANS'로 향하는 연결선(←O—)은 대상이 행위의 목적어(object)로서 행위에 개념적으로 의존되어 있음을 나타낸다. 연결선 (←R—)을 통해 표현된 바대로, 'John'과 'Mary'는 공동으로 대상 'book'에 의존하는 수용자(recipient)인데, 'John'으로부터 'Mary'로 향하는 연결선( )은 'John'이 출발지점이고 'Mary'가 도착지임을 나타낸다. CD-이론에서는 자

연언어 동사로부터 행위가 분명하게 발생하지 않는 경우를 위해 가상행위
(dummy action) DO를 설정하기도 한다. 이러한 동사는 대상의 상태변화를
나타내지만 어떠한 행위가 이러한 변화를 야기하는지는 명시적으로 기술
되지 않는다. DO가 의미기술에 사용된 예로는 Schank(1975)에서 제시된
문장 'He hurt John'의 다음과 같은 의미도식을 들 수 있다.

(13)
$$
he \overset{p}{\Longleftrightarrow} Do \\
\underset{John}{\Uparrow r} \overset{\longleftarrow}{\underset{p}{\longleftarrow}}
\begin{cases} \rightarrow PHYS.ST.(<X) \\ \leftarrow PHYS.ST.(X) \end{cases}
$$

마지막으로 CD-이론의 장점을 정리하자면 다음의 (14)와 같다(Barr/
Feigenbaum, 1981).

(14) a. 추론규칙들이 개별 어휘가 아니라 각 행위(ACT)에 적용됨으로써 추
론절차의 효율성이 증대된다.
b. 문장 내의 정보가 명시적으로 표상됨으로써 그와 관련한 추론규칙들
도 명시적으로 적용된다.
c. 개념의존구조는 언어중립적이어서 상이한 통사구조를 가진 언어들간
의 기계번역에 사용될 수 있다.

반면 제한된 수의 의미원소로써 세계의 다양한 사건들과 상태를 표현하
는 데에 적지 않은 무리가 따른다는 점이 CD-이론의 단점으로 지적된다.
설명력 있고 적절한 의미기술을 과제로 삼는 모든 의미이론과 마찬가지로
CD-이론도, 설명하고 기술해야 하는 세계의 단면들이 확장됨으로 해서 이
론적인 구조 자체를 적절하게 확장하거나 수정할 것을 요구받게 된다. 지
난 몇 십년 동안 그러한 확장을 위한 노력이 R.C. Schank를 중심으로 한
연구진에 의해서 수행되어 왔으며, 이들은 특히 사회적 관계의 영역에서
대상들을 세분화하여 서술하는 방식으로 자신들의 이론을 확대/수정하여
적용한다.

4. 프레임 이론(Frame theory)

인지심리학자 삐아제(J. Piaget)는 인지능력의 발달이 인간과 그가 속한 환경과의 상호 작용의 결과라고 본다. 삐아제가 제시한 인지 발달의 관점은 인지능력에 대한 두 가지 지배적인 가정에 기초를 두고 있는데, 첫째로 인지능력은 일종의 생물적인 적응(adaptation)이며, 둘째로 인지능력은 개인이 외적 환경과 상호작용함에 따라 여러 가지 형태로 조직화(organization)된다는 것이다(이익환 외, 1999). 어린이는 자신의 외부세계에 적응하고 배우려는 선천적인 경향성을 타고나며 마치 새로운 세계를 탐험하듯이 자신의 환경과 상호작용한다. 어린이의 인지발달은 대상과의 접촉, 조작, 분류나 정리 등과 같은 끊임없이 일어나는 상호작용을 통해 이루어진다. 삐아제는 이러한 기본적인 정신구조를 '스키마(schema)'라 명명하고, 이 스키마가 변화하는 과정을 설명하기 위해 삐아제는 두 가지 개념 '동화(assimilation)'와 '조절(accommodation)'을 도입한다. 동화는 경험을 통해 얻어진 실세계의 대상에 대한 인식이 내적 정신구조에 맞추어지기 위해 변화되는 과정이며, 조절은 내적 정신구조를 실세계의 대상에 맞추는 과정이다. 이러한 삐아제의 스키마(schema)를 형식화한 개념이 프레임(frame)이다.

프레임 개념은 지식표상을 위한 형식적 수단으로서 1975년 민스키(M. Minsky)에 의해 최초로 제안되었다. 민스키에 따르면, 하나의 프레임은 거실과 같은 장소에 머물거나, 아이들의 생일파티에 참석하거나 하는 정형화된 상황을 표상하기 위한 데이터구조이다. 그리고 각 프레임에는 슬롯(slot)이라고 불리는 여러 종류의 정보들이 부착된다. 이 정보들 중의 일부는 어떻게 이 프레임을 이용할 것인가, 다음에 어떤 일이 일어날 것으로 기대되는가 등에 관한 것이다. 이러한 프레임이론은 맨 처음에 시각(vision) 처리영역에 도입되었다. 시각처리시스템에서 이 개념은 종종 반복되는 전형적인 상황들 속에서 재빨리 방향을 설정하기 위해 이용되었다.

프레임은 장면의 본질적인 성분, 곧 슬롯들과 그들의 상호관계를 포함하고
있다. 예컨대 '방(room)'이라는 프레임은 바닥, 천장, 벽, 문, 창, 기타설비
등과 같은 것들을 포함한다. 실제로 구체적인 상황에서, 어떤 방으로 들어
설 때 인지되는 대상들은 방-프레임의 슬롯들에 속하는 것이다. 이럼으로써
한편으로는 상황을 빨리 인지하는 것이 가능할 뿐 아니라, 다른 한편으로는
차이에 대한 빠른 인지도 가능하게 된다. 하나의 프레임은 전통적인 데이터
베이스의 기록(record)과 비슷한 구조를 가지나 상속(inheritance)이 허용되
는 구조라는 점에서 데이터베이스와 구분된다. 또한 프레임은 IS-A 관계를
나타내는 여러 개의 연결선을 가질 수 있다는 점에서 의미네트워크의 일종
이라고 이해되어도 좋다. 이제 예를 하나 살펴보자(Barr/Feigenbaum, 1989).

> (15) CHAIR Frame
>   Specialization-of : FURNITURE
>   Number-of-legs : an integer (DEFAULT=4)
>   Style-of-back : straight, cushioned, ⋯
>   Number-of-arms : 0, 1 or 2

　　위에 제시된 것은 '의자(CHAIR)'에 대한 프레임인데, 이 프레임은 'Spe-
cialization-of', 'Number-of-legs', 'Style-of-back'과 'Number-of-arms'
등 네 개의 슬롯을 가지고 있다. 각 슬롯은 식별가능한 독자적인 이름을
가지는데, 슬롯에 대한 값으로 채워지는 것을 마개(filler)라 부른다. 슬롯
에는 이 슬롯을 채우는 마개에 대한 조건들이 부여된다. 위 예에서 슬롯
'Number-of-legs'에 대해, 그 마개는 정수(integer)여야 한다는 조건이 부
과되어 있다. 또한 이 슬롯에는 어떠한 명시적 정보가 생략될 때 슬롯을
채우기 위한 일반값(default)도 '4'로 지정되어 있다. 앞서 언급 한 바와 같
이 프레임 표상형식의 경우 정보의 상속이 가능한데, 위 예에서 슬롯
'Specialization-of'의 값으로 'FURNITURE'가 채워져 있으며 이를 통해
마개 'FURNITURE'-프레임의 정보가 CHAIR-프레임에 상속되는 것이다.
여기의 슬롯 'Specialization-of'는 의미네트워크에서 논의된 'INSTANCE-

OF' 관계와 동일한 기능을 가진다. 이 밖에도 프레임은 슬롯들간의 상호관계에 대한 정보와 프레임의 적용규칙을 포함할 수도 있다.

자연언어처리 연구자들은 프레임 이론을 언어이해와 관련한 여러 가지 어려운 문제들에 대한 하나의 해결책으로 인식했다(Harris, 1984 : 288). 곧 프레임은 어떤 상황에서의 담화에 대한 이해를 돕는 데 쓰일 수 있다는 것이다. 왜냐하면, 프레임에는 특정한 상황에서 어떠한 양상들이 고려되어야 하는지와 담화의 정확한 내용을 정교하게 다듬는 방법에 대한 정보들이 수록될 수 있기 때문이다. 그러나 프레임을 이용한 담화해석의 난점은 행위자가 전형적인 행동양식에서 벗어나는 상황을 기술한 담화를 분석할 때 드러난다. 다시 말하여, 특정상황에서 어떤 프레임들을 활성화해야 하는지, 이미 활성화되어 있는 프레임에 대해 언제 활성상태를 해제할지를 결정하기가 어려운 문제이다. 최근 Pollard/Sag(1994) 이래 유형화된 자질구조(typed feature structure)를 이용하여 언어현상을 기술하는 HPSG의 문법 기술 방법은 바로 프레임 이론을 수용한 것이라 볼 수 있다.

P. Goldstein과 B. Roberts가 개발한 FRL이나 D.G. Bobrow와 T. Winograd가 개발한 KRL 등과 같은 일련의 지식표상 언어들은 프레임 개념을 기반으로 하는 형식언어들이다. 더 나아가 Brachman(1978)에서 제안된 지식표상언어 KL-ONE은 의미론적인 조직망과 프레임을 통합한 언어이다. R. Schank와 R. Abelson에 의해서 개발된 개념 스크립트(script)는 특정한 유형의 프레임인데, 이 유형은 '지하철 타기', '식당 방문하기' 등과 같은 정형화되고 복합적인 일련의 행위 진행과정을 표상하기 위해 사용될 수 있다. 다음의 예 (16)은 '식당 방문하기'의 스크립트이다(Abelson/Schank, 1977 : 44f).

(16)

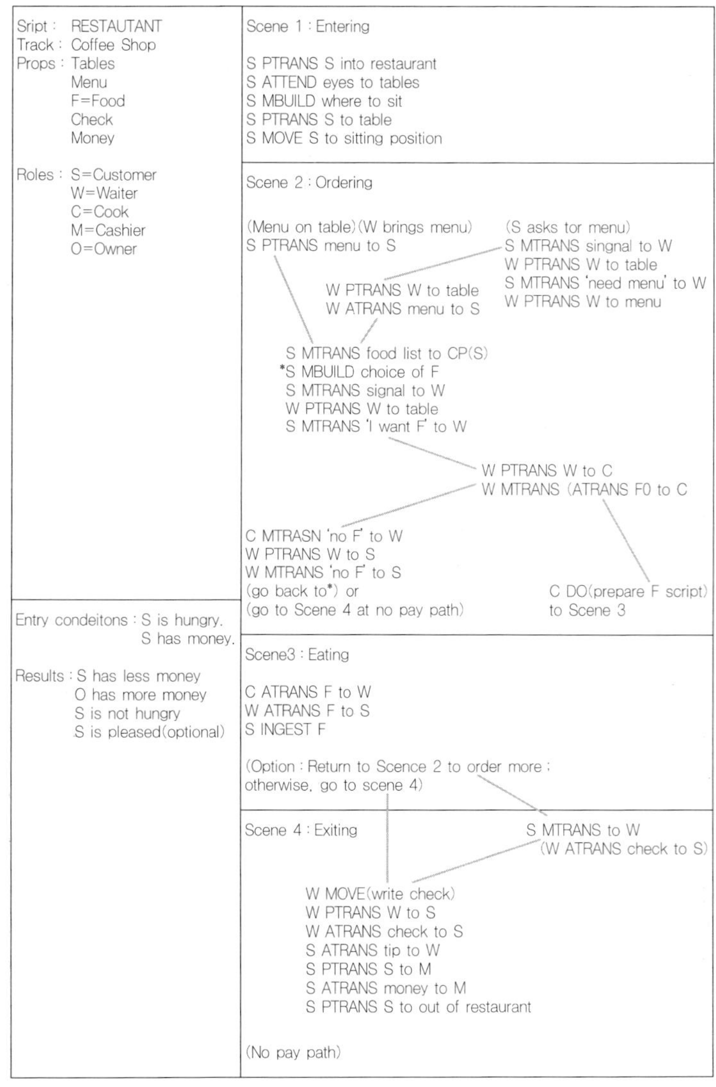

위 스크립트에 따르면, 식당을 방문하는 상황은 보통 들어가기, 주문하기, 식사하기, 나오기 등 네 장면으로 구성된다. 그리고 행위수행자는 배

가 고픈 상태에서 식당을 방문하며, 식당을 나올 때는 배가 부르지만 가진
돈은 줄어든다.

5. 격문법(Case Grammar)

언어학자 필모어(Ch. Fillmore)에 의해 1968년에 제안된 격문법도 지식
을 표상하기 위한 이론으로 널리 알려져 있고 실제적으로 언어이해 시스템
의 구축을 위해 사용된다. 격문법은 동사로부터 출발한다는 점에서 유럽에
서 발전한 의존문법(dependancy grammar)과 궤를 같이 하지만, 격문법에서
는 동사가 필요로 하는 보충어의 숫자 및 의미적인 역할(이를 의미격, 심층격
이라 함)에 초점이 맞추어진다. 이 점에서 동사가 필요로 하는 보충어의 형
태통사적인 특성에 관심을 갖는 의존문법과 격문법이 차이를 보인다. 필모
어는 하나의 문장이 시간과 장소로 표현되는 양상성과 동사와 사건의 참여
자로 구성되는 명제의 결합으로서 이해될 수 있다고 보는데, Fillmore
(1971)에서는 다음과 같은 의미격 목록이 제시된다(Cook, 1989 : 39).

(17) • 행위자격(Agent, A) : 행위의 수행자로서 보통 유정물(animate)
  • 대상격(Object, O) : 상대로 하여 행위가 수행되거나 변화를 겪는 대상
  • 도구격(Instrument, I) : 사건의 원인이나 사건을 야기하는 데 사용되
    는 대상
  • 경험주격(Experiencer, E) : 사건에 의해 영향을 받는 개체로서 보통
    유정물
  • 원천격(Source, S) : 거기로부터 출발하여 어떤 대상이 이동하는 곳
  • 목표격(Goal, G) : 어떤 대상이 이동하여 다다르는 곳
  • 장소격(Locative, L) : 사건의 장소
  • 수혜자격(Benefactive, B) : 그를 위해 사건이 발생하는 존재로서 보
    통 유정물
  • 시간격(Time, T) : 사건이 발생하는 시간

개별 동사가 몇 개의 의미격들과 어떠한 의미격들을 자신의 보충어로 취하는지에 대한 정보—이를 격틀(case frame) 정보라 함—는 동사의 어휘기재항에 수록되어 있다. 필모어(1968)에서 제시된 예를 보면, 동사 'break'의 경우 세 가지 격틀을 가질 수 있다.

(18) a. break : +〔__O〕
　　　b. break : +〔__A,O〕
　　　c. break : +〔__I,O〕

위의 어휘기재항들이 관련되는 문장들은 각각 다음의 (3a)-(3c)와 같다.

(19) a. <u>The window</u> broke.
　　　　　　O
　　　b. <u>John</u> broke <u>the window</u>.
　　　　　A　　　　　　O
　　　c. <u>The hammer</u> broke <u>the window</u>.
　　　　　　I　　　　　　　　O

예에서 (19a)는 동사 'break'가 자동사로 쓰인 경우이며, (19b), (19c)는 타동사로 쓰인 경우이다. 격문법에서 기술되는 동사와 보충어들의 관계는 보통 의미 네트워크로도 표상될 수 있는데, 아래의 의미 네트워크는 문장 (20a)에 나타난 동사와 명사구들간의 관계를 의미격 개념을 사용하여 표상한 결과이다.

(20) a. John gave the book to Jim.

　　　b.

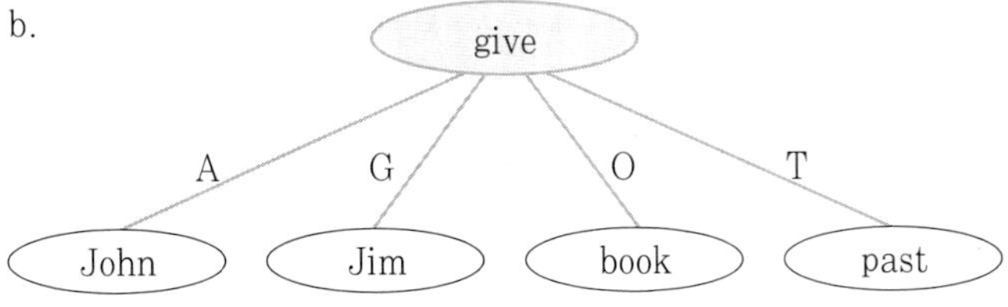

이러한 Fillmore(1971)에서 제안된 의미격 시스템을 토대로 하여 영어의 격틀의 유형을 정리하면 아래의 표와 같다(Cook, 1989 : 45ff).

(21)

번호	격틀 유형	예
[1]	+[___ O]	die, grow
[2]	+[___ I]	be warm, be sad
[3]	+[___ I, G]	cause
[4]	+[___ A]	run, swim
[5]	+[___ A, O]	do, carry
[6]	+[___ A, G]	construct, write
[7]	+[___ A, I, O]	break, kick
[8]	+[___ E]	be warm, be sad
[9]	+[___ E, O]	fear, love
[10]	+[___ I, E]	frighten, strike
[11]	+[___ I, E, O]	remind
[12]	+[___ A, E, I]	amuse
[13]	+[___ O, L]	live in, sit, happen
[14]	+[___ O, S, G]	change, fall
[15]	+[___ A, O, G]	lean, push
[16]	+[___ A, T]	spend
[17]	+[___ A, O, S, G]	give, sell, receive, buy

각 동사는 자신이 취하는 보충어들의 의미격들에 대해 의미적인 선택제약을 부과할 수도 있다. 예를 들어 위의 유형 [5]에 속하는 동사 'carry'는 행위자격을 지니는 보충어와 대상격을 지닌 보충어에 대해 각각 유정물(animate)과 물리적인 개체(physical object)이어야 한다는 선택제약을 부과할 수 있다 이러한 관계를 우리는 아래의 (22)와 같은 의미네트워크의 형식을 빌어 기술할 수 있다.

(22)

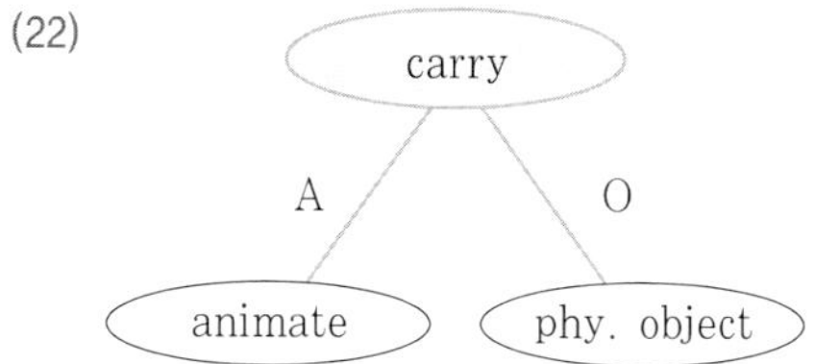

이제까지 논의한 격문법의 의미격 개념을 촘스키(Chomsky, 1981)는 의미역(thematic role)이라는 용어로 바꾸어 자신의 원리와 매개변항 이론안으로 수용한다. 다시 말하여, 60년 말에 생성된 의미격 개념이 현대 언어학에서도 여전히 그 가치를 인정받고 있는 것이다. 그러나 여전히 대체 몇 개의 의미역이 자연언어의 기술을 일반적으로 필요한 것인지, 그리고 개별 자연언어의 동사들은 어떠한 의미론적인 격틀을 갖는 것인지에 대한 논의가 더 지속될 전망이다. 외에도 의미역과 형태론적 격(morphological case) 간의 상관관계도 더 연구되어야 할 주제이다. 언어처리적인 관점에서 볼 때, 의미역 개념은 기계번역 시스템의 구축에 있어 매우 유용하다. 형태통사적인 특성에 있어 현저한 차이를 보이는 두 언어간의 기계번역 시스템을 구축할 경우에, 의미역 개념을 매개로 하여 두 언어간의 표층적인 차이가 극복될 수 있기 때문이다. 이런 맥락에서 격문법이 전산언어학에서 중요성을 갖는다고 할 수 있다.

제 6 장 논리의미론과 구현

논리의미론(Logical Semantics)은 술어논리에 바탕을 둔 모형의미론으로서 자연언어의 의미를 논리형태(logical form)로 표상한다. 이 장에서는 논리의미론의 틀안에서 자연언어의 문장의미를 어떻게 프롤로그로 구현하는지에 대해서 논의한다. 우리에게 있어 관심의 초점이 되는 것은 한 문장이 가진 의미구조를 어떻게 논리형태로 표상할 수 있는가이다. 이를 위해 먼저 상이한 층위의 여러 범주에 속하는 영어표현들이 각각 어떠한 논리형태를 갖는지를 아래의 표를 통해 살펴보자.

(1)

번호	유 형	영어표현	논리형태
[1.1]	고유명사	peter	peter
		eliza	eliza
[1.2]	보통명사	program	$(\lambda x)program(x)$
[1.3]	관사(존재양화사)	a, some	$(\lambda P)(\lambda Q)\exists x(P(x)\wedge Q(x))$
[1.4]	관사(전칭양화사)	every	$(\lambda P)(\lambda Q)\forall x(P(x)\rightarrow Q(x))$
[1.5]	형용사	fast	$(\lambda x)fast(x)$
[1.6]	명사구(형용사＋명사)	fast program	$(\lambda x)(fast(x)\wedge program(x))$
[1.7]	자동사	runs	$(\lambda x)run(x)$
[1.8]	타동사	writes	$(\lambda y)(\lambda x)writes(x,y)$
[1.9]	동사구(타동사＋명사구)	writes eliza	$(\lambda x)writes(x,eliza)$
[1.10]	연사동사구	is a program	$(\lambda Q)\exists x(program(x)\wedge Q(x))$
[1.11]	전치사	with	$(\lambda y)(\lambda x)with(x,y)$
[1.12]	전치사구	with peter	$(\lambda x)with(x,peter)$

  예를 들어 'Peter writes a program.'과 같은 문장의 의미표상을 얻기 위해서 우리는 위 표에 제시된 관련 표현들의 논리형태를 합하면 된다. 이러한 의미합성의 과정을 그림으로 나타내면 다음과 같다.

(2)

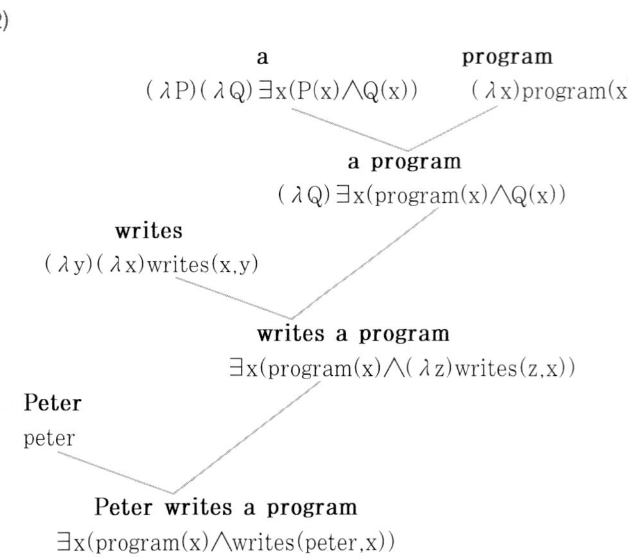

  위 그림은 한 문장을 구성하는 5개의 어휘들의 의미가 여러 단계를 거쳐 합성되면서 마지막 단계에서 문장의 의미표상이 얻어지는 과정을 보여준다. 이때 최종적으로 얻어진 논리형태, $\exists x(program(x)\wedge writes(peter, x))$가 문장 'Peter writes a program.'의 의미표상이다. 각 단계에서, 논리형태로 표현된 하위층위의 의미표상들이 서로 합하여 보다 상위 층위의 의미표상이 만들어지는 데 관여하는 의미합성규칙은 함수적용(fuctional application, FA)과 람다전환(lambda conversion)이다. 예를 들어 첫 단계에서 관사 'a'의 의미표상 $(\lambda P)(\lambda Q)\exists x(P(x)\wedge Q(x))$과 명사 'program'의 의미표상 $(\lambda x)program(x)$이 합하여 명사구 'a program'의 의미표상 $(\lambda Q)\exists x(program(x)\wedge Q(x))$가 얻어지는데, 여기에 두 가지 의미합성규칙이 관여한다는 것이다. 이 첫 단계의 수행과정을 세부적으로 표현하면 아래의 (3)과 같다.

(3) [3.1] $(\lambda P)(\lambda Q)\exists x(P(x)\land Q(x))[(\lambda x)program(x)]$: : : 함수적용(FA)
     [3.2] $(\lambda P)(\lambda Q)\exists x(P(x)\land Q(x))[(\lambda z)program(z)]$: : : 변수대치
     [3.3] $(\lambda Q)\exists x((\lambda z)program(z)[x]\land Q(x))$: : : 람다전환
     [3.4] $(\lambda Q)\exists x(program(x)\land Q(x))$: : : 람다전환

위 [3.1]에서 보듯이 두 개의 논리형태를 나란히 배열하여 하나의 새로운 논리형태로 만드는 절차를 함수적용이라 한다. 이때에 함수(functor) 기능을 가진 논리형태가 논항(argument) 역할을 하는 논리형태에 선행하는 함수-논항 형태가 만들어진다. 새로운 논리형태 내에 출처가 다른 변수가 동일하게 표현된 경우—이 예에서는 x—뒤에 나타나는 변수를 다른 변수(z)로 대치하는 과정이 뒤따른다. 이어 [3.2]에서 [3.3]으로 넘어가는 단계와 [3.3]에서 [3.4]로 넘어가는 단계에서 람다전환이 수행된다. 람다전환은 어떤 변수가 람다연산자(λ)에 결속된 논리형태가 있을 때 그 변수와 연산자를 삭제하면서, 본체 부분에 있는 그 변수를 다른 변수나 상수 혹은 논리형태로 대치하는 과정 일체를 일컫는다. 위 [3.3]에서는 변수 z가 람다연산자에 의해 결속되어 있는데, 이 변수와 연산자가 삭제되고, 본체부분인 program(z) 안의 변수 z가 다른 변수 x로 대치되어 [3.4]의 논리형태가 생성된 것이다.

이제 우리는 한 문장의 의미표상이 합성성의 원리에 의해 문장을 구성하는 개별 표현들의 의미표상들로부터 얻어지는 과정을 프롤로그로 구현하는 방법에 대해서 논의해 보자. 이를 위해 우선 함수적용(FA)을 프롤로그로 어떻게 구현해야 할지를 생각해 보아야 한다. Blackburn/Bos(1997)는 함수적용을 아래의 (4)와 같이 3항 술어 fa/3을 통해 표현한다.

(4) fa(lambda(Argument,Result),Argument,Result).

술어 fa/3의 첫 번째 논항자리에 '함수'-논리형태가 채워지고, 두 번째 논항자리에는 '논항'-논리형태가 위치하며, 세 번째 논항자리를 함수적용의

결과로 얻어지는 '결과'-논리형태가 차지한다. 아래의 한정절 규칙은 관사 (det)와 명사(noun)의 결합에 관여하는 데, 이 규칙에 따르면, 변수 'Sem-Det'로 표현된 관사의 논리형태가 함수기능을 가지고, 변수 'SemNoun'으로 표현된 명사의 논리형태가 논항기능을 가지며 함수적용의 결과 얻어진 변수 'Sem'으로 표현된 논리형태가 명사구(np)의 논리형태가 된다.

(5) np(Sem) $\longrightarrow$ det(SemDet), noun(SemNoun), {fa(SemDet,SemNoun, Sem)}.

예를 들어 이 규칙에 의해 관사 'every'와 명사 'program'이 결합하여 명사구 'every program'을 형성한다고 할 때, 이 명사구의 의미표상은 다음의 (6)과 같다.

(6) lambda(lambda(_G322, _G326), forall(_G322, program(_G322) $\Rightarrow$ _G326))

이러한 명사구의 논리형태는 아래의 (7a), (7b)와 같은 관사와 명사의 어휘정보를 토대로 하고 있다.

(7) a. det(lambda(P1,lambda(P2,forall(X,R1 $\Rightarrow$ R2)))) $\longrightarrow$
        [every], {fa(P1,X,R1),fa(P2,X,R2)}.
     b. noun(lambda(X,program(X))) $\longrightarrow$ [program].

위의 어휘정보 중에서 관사 'every'의 논리형태와 명사 'program'의 논리형태는 각각 다음의 (8a), (8b)이며 여기에 3항 술어 fa/3이 적용되어 얻어진 결과가 (6)에 제시된 명사구의 논리형태이다.

(8) a. (lambda(P1,lambda(P2,forall(X,R1 $\Rightarrow$ R2)))
     b. lambda(X,program(X))

이제 3할 술어 fa/3이 논리형태 (8a)와 (8b)에 적용되어 논리형태 (6)이 얻어지는 과정을 자세히 살펴보자. 앞서 논의한 바와 같이 명사구 규칙 (5)에 따르면 관사의 논리형태가 함수기능을 가지고, 명사의 논리형태가 논항기능을 가지며 함수적용의 결과 얻어진 논리형태가 명사구의 논리형태(Sem)가 된다. 관사와 명사의 논리형태로부터 명사구의 논리형태를 구하고자 하는 것이 우리의 목적이다. 이를 위해 규칙 (5)에 의거하여 세 논리형태들간의 관계를 3항 술어 fa/3을 통해 표현하면, 아래의 (9)와 같은 술어-논항 형식이 생성된다.

(9) fa((lambda(P1,lambda(P2,forall(X,R1 $\Rightarrow$ R2))),
관사의 논리형태

lambda(X,program (X)),   Sem   ).
명사의 논리형태   명사구 논리형태

이 형식을 앞서 (4)에 정의된 함수적용 한정절과 통합−이 관계는 (10)에 형식화되어 있음−시키면, 아래의 (11a)-(11d)와 같은 일차적인 통합 결과들이 얻어진다.

(10) fa((lambda (P1, lambda(P2,forall(X,R1 $\Rightarrow$ R2))),
      lambda(X,program(X)), Sem) =
      fa(lambda (Argument, Result),
      Argument,   Result)
(11) a. P1 = Argument,
      b. lambda(P2, forall(X, R1 $\Rightarrow$ R2)) = Result
      c. Argument = lambda(X,program(X))
      d. Sem = Result

위 (11a)-(11d)에 제시된 중간결과들을 관련되는 것끼리 묶어서 다시 정리하면, 아래의 (12a), (12b)와 같은 결과가 얻어진다.

(12) a. P1 = Argument = lambda(X, program(X))
      b. Sem = Result = lambda(P2, forall(X, R1 $\Rightarrow$ R2))

여기 (12b)에 제시된 논리형태가 우리가 궁극적으로 얻고자 하는 명사구의 논리형태인데, (7)의 관사에 관한 어휘정보에 의하면, 변수 X와 P1, P2, R1 그리고 R2간에도 일정한 함수관계가 성립하므로 이 관계들도

(12b)의 논리형태에 반영해야 한다. 먼저 (7)에 제시된 변수 P1, X, R1간의 관계를 (4)의 함수적용 한정절과 아래의 (13)와 같이 통합하면 (14a)-(14c)와 같은 중간 결과가 생성된다.

(13) fa(P1,X1,R1) = fa(lambda (Argument, Result), Argument, Result).
(14) a. P1 = lambda (Argument, Result)
     b. X = Argument
     c. R1 = Result

위 (14)의 중간결과들을 정리하면 다음의 (15)와 같은 결과가 얻어진다.

(15) P1 = lambda (X, R1)

이 결과를 다시 (12a)와 통합시키면 최종적으로 R1에 대한 보다 구체화된 정보를 얻을 수 있다. 아래의 (17)에는 변수 R1에 대한 정보가 변수 X의 함수로 정의되어 있다.

(16) lambda (X, R1) = lambda(X, program(X))
(17) R1 = program(X)

이제, 변수 P2, X, R2간의 관계를 살펴보자. 이를 위해 (7)에 제시된 변수 P2, X, R2간의 관계를 (4)의 함수적용 한정절과 통합시킴으로써 (19a)-(19c)와 같은 중간 결과가 생성된다.

(18) fa(P2,X,R2) = fa(lambda (Argument, Result), Argument, Result).
(19) a. P2 = lambda (Argument, Result)
     b. X = Argument
     c. R2 = Result

위 (19)의 중간결과들을 정리하면 다음의 (20)과 같은 결과가 얻어진다.

(20) P2 = lambda (X, R2)

이 P2에 대한 결과와 앞서 얻어진 R1에 대한 결과 (17)을 명사구의 논리형태인 (12b)에 대입하면, 최종적으로 아래의 (21)과 같이 명사구의 논리형태가 생성된다.

(21) Sem = lambda(lambda (X, R2), forall(X, program(X) $\Rightarrow$ R2)).

위 논리형태에 속한 변수들 X, R2가 프롤로그의 내부에서 각각 _G322와 _G326로 표상된 결과가 다음의 (22)에 제시된 논리형태이다.

(22) Sem = lambda(lambda(_G322, _G326), forall(_G322,
      program(_G322) $\Rightarrow$ _G326))

한편, 존재양화사 'some'은 다음의 (23a)와 같은 어휘정보와 (23b)와 같은 논리형태를 갖게 된다.

(23) a. det(lambda(P1,lambda(P2,exists(X,R1 & R2)))) $\longrightarrow$ [some],
                                {fa(P1,X,R1),fa(P2,X,R2)}.
      b. lambda(P1,lambda(P2,exists(X,R1 & R2)))

위의 논리형태 (23b)와 명사 'program'의 논리형태에 함수적용(FA)이 이루어지면, 명사구 'some program'은 (24)와 같은 논리형태를 갖게 된다.

(24) Sem = lambda(lambda(_G298, _G302), exists(_G298,
      program(_G298) & _G302))

일반적으로 프롤로그에 의해 여러 유형에 속한 언어표현의 논리형태를 생성하는 과정을 전반적으로 이해하기 위한 첫 단계로서, 이제 프롤로그에 의한 논리형태와 술어논리에 의한 논리형태의 대응관계를 관사와 보통명사를 중심으로 자세히 살펴보자. 다음의 표는 술어논리에 의한 논리형태와 프롤로그에 의한 논리형태의 대응관계를 보여준다.

(25)

번호	유형	영어표현	(술어논리의) 논리형태	(프롤로그의) 논리형태
[25.1]	보통명사	program	$(\lambda x)program(x)$	lambda(X,program(X))
[25.2]	관사 (존재양화사)	a, some	$(\lambda P1)(\lambda P2)$ $\exists x(P1(x) \wedge P2(x))$	lambda(P1,lambda(P2, exists(X,R1 & R2)))
[25.3]	관사 (전칭양화사)	every	$(\lambda P1)(\lambda P2)$ $\forall x(P1(x) \to P2(x))$	(lambda(P1,lambda(P2, forall(X,R1 $\Rightarrow$ R2)))

위의 [25.1]에서 보듯이 술어논리의 람다연산자 'λ'는 프롤로그에서 2항 술어 lambda/2로 정의되는데, 이 술어의 첫 번째 논항은 람다연산자에 의해 결속된 변수가 되며, 두 번째 논항은 람다전환의 결과 남는 논리형태를 위해 준비된 자리이다. [25.2]에서는 술어논리의 존재연산자 '$\exists$'이 또한 2항 술어 exists/2로 정의되는 것을 알 수 있다. 이 술어의 첫 번째 논항도 존재연산자에 의해 결속된 변수이며, 두 번째 논항은 변수를 포함하는 명제층위의 논리형태를 위한 자리이다. 여기에서는 술어논리의 연접사 '$\wedge$'이 프롤로그로는 '&'로 표현되는 것을 알 수 있다. [25.3]에서는 술어논리의 전칭연산자 '$\forall$'이 또한 2항 술어 forall/2로 정의되는 것과 술어논리의 함의연산자 '$\to$'이 프롤로그로는 '$\Rightarrow$'에 의해 표현되는 것을 알 수 있다. 이 술어의 첫 번째 논항도 전칭연산자에 의해 결속된 변수이며, 두 번째 논항은 [25.2]에서와 마찬가지로 변수를 포함하는 명제층위의 논리형태를 위해 마련된 자리이다. 위 [25.2]와 [25.3]의 프롤로그 논리형태에 나타나 있는 변수 R1과 R2는 실제적으로는 각각 P1(X)와 P2(X)를 대신하는 변수인데, 프롤로그는 1차 술어논리를 근간으로 하기 때문에, 술어자리에 변수가 등장할 수 없기 때문에, 변수 X, P1, R1간의 관계나 X, P2, R2간의 관계를 함수적용(FA) 한정절을 써서 해당 어휘의 어휘규칙 안에 규정해 둔다. 앞서 (23a)에 제시되었던 규칙이 관사 'some'의 어휘정보를 담고 있는 어휘규칙인데, 바로 이 규칙의 오른편에 여러 변수들간의 관계가 2항 술어 fa/2에 의해 규정되어 있다.

(23)　a. det(lambda(P1,lambda(P2,exists(X,R1 & R2))))
　　　　─→ [some], {fa(P1,X,R1),fa(P2,X,R2)}.

　이제까지의 논의를 통해, 술어논리의 논리형태와 프롤로그의 논리형태
의 논리형태간에는 일정한 대응관계가 성립한다는 사실이 분명해졌다. 그
리고 술어논리의 연산자들에 대응되는 술어나 연산자들을 프롤로그의 통
사론에 적합하도록 정의함으로써 술어논리의 논리형태가 프롤로그의 논리
형태로 적절히 변형될 수 있다는 사실도 확인할 수 있었다. 이러한 방향에
서 Blackburn/Bos(1997)은 의미표상 언어로서 논리형태를 선택하고 이
의미표상을 얻어내기 한 한정절 문법 기반의 영어 의미분석기를 프롤로그
로 구현한다. 이 분석의 코드는 아래의 (26)과 같으며, 이 소스("lambdaPL.
pl")는 부록(A12)에도 제시되어 있다.

(26)　% lambdaPL.pl
```
: -op(400,yfx,⇒). % 연산자가 원래 '〉'로 정의되었으나, 가독성을 높이
                            기 위해 바꾸었다.
: -op(300,yfx,&).

fa(lambda(Argument,Result),Argument,Result).

s(Sem)  ─→ np(SemNP), vp(SemVP), {fa(SemNP,SemVP,Sem)}.
np(Sem)  ─→ det(SemDet), noun(SemNoun), {fa(SemDet,SemNoun, Sem)}.
np(Sem)  ─→ pn(Sem).
vp(Sem)  ─→ iv(Sem).
vp(Sem)  ─→ tv(SemTV), np(SemNP), {fa(SemTV,SemNP,Sem)}.
vp(Sem)  ─→ [is,a], noun(Sem).
vp(Sem)  ─→ dv(SemDV), np(SemNP1), np(SemNP2),
                {fa(SemDV,SemNP2,SemTV),fa(SemTV,SemNP1,Sem)}.

det(lambda(P1,lambda(P2,forall(X,R1 ⇒ R2))))  ─→ [every],
    {fa(P1,X,R1),fa(P2,X,R2)}.
det(lambda(P1,lambda(P2,exists(X,R1 & R2))))  ─→ [a],
    {fa(P1,X,R1),fa(P2,X,R2)}.
```

```
pn(lambda(P,R))  --→ [vincent], {fa(P,vincent,R)}.
pn(lambda(P,R))  --→ [peter], {fa(P,peter,R)}.      % 추가
pn(lambda(P,R))  --→ [mia], {fa(P,mia,R)}.

noun(lambda(X,man(X)))  --→ [man].
noun(lambda(X,boxer(X)))  --→ [boxer].
noun(lambda(X,woman(X)))  --→ [woman].      % 추가
noun(lambda(X,student(X)))  --→ [student].      % 추가
noun(lambda(X,program(X)))  --→ [program].      % 추가
noun(lambda(X,footmassage(X)))  --→ [foot,massage].

iv(lambda(X,walk(X)))  --→ [walks].

tv(lambda(K1,lambda(Y,K2)))
    --→ [loves], {fa(K1,lambda(X,love(Y,X)),K2)}.
tv(lambda(K1,lambda(Y,K2)))
    --→ [writes], {fa(K1,lambda(X,write(Y,X)),K2)}. % 추가
tv(lambda(K1,lambda(Y,K2)))
    --→ [likes], {fa(K1,lambda(X,like(Y,X)),K2)}.
tv(lambda(K1,lambda(Y,K2)))
    --→ [is,loved,by], {fa(K1,lambda(X,love(X,Y)),K2)}.
dv(lambda(K1,lambda(K2,lambda(X,K4))))
    --→ [gives],
    {fa(K1,lambda(Z,give(X,Y,Z)),K3),fa(K2,lambda(Y,K3),K4)}.
```

영어 의미분석기에 의해 영어 문장 'Every student writes a program.'의 의미표상을 생성한 결과는 아래 (27b)와 같다.

(27) a. ?- s(Sem,[every,student,writes,a,program],[]).
　　　 b. Sem = forall(_G457, student(_G457) ⇒
　　　　　　　 exists(_G480, program(_G480)&write(_G457, _G480)))

또한 양화사가 세 개 나타나고, 3가 동사 'give'가 사용된 영어 문장 'A student gives every woman a program.'의 의미표상을 의미분석기에 의해 얻어낸 결과는 다음의 (28b)와 같다.

(28) a. ?- s(Sem,[a,student,gives,every,woman,a,program],[]).
     b. Sem = exists(_G517, student(_G517) & forall(_G547,
             woman(_G547)⇒exists(_G543,program(_G543)
             &give(_G517, _G547, _G543))))

이상에서 논의한 Blackburn/Bos(1997)의 의미분석기는 형용사나 부사가 들어 있지 않는 아주 기본적인 영어 문장의 분석만을 위해 쓰일 수 있다는 한계를 가지면서 동시에 한정절 문법을 기반으로 하기 때문에 일반적으로 하향식 문장분석기가 갖는 문제점을 그래도 지닌다. 따라서 우리는 다른 대안적인 의미분석기에 대해 논의할 필요가 있겠다. 아래에 코드로 제시된 영어 의미분석기는 앞서 논의한 좌측코너파서를 근간으로 하면서, 형용사와 부사 그리고 관계절이 포함된 문장의 논리형태를 생성할 수 있는 능력을 갖추고 있다. 이 분석기는 Pereira/Shieber(1987)에 의해 제안된 한정절 기반 의미분석기를 필자가 좌측코너 파서에 쓸 수 있도록 수정하면서 동시에 어휘와 규칙을 확장한 것이다.

```prolog
(29)  %% 영어의미분석을 위한 좌측코너 파서
      %% lcsem_e.pl
      %% Based on Pereira/Shieber (1987)

      :- op(1200,xfx, ---→).
      :- op(950, xfy, to).
      :- op(930, yfx, lambda).
      :- op(920, xfy, &).
      :- op(920, xfy, ⇒).
      :- op(920, xfy, ⇔).
      :- op(800, fy, non).

semparse(Sent) :- parse(LS,Sent,[]), write(LS),nl,nl.

parse(Phrase) --→
    leaf(SubPhrase),
    lc(SubPhrase,Phrase).

leaf(Cat) --→ [Word],{word(Word,Cat)}.
```

```prolog
leaf(Phrase) --→ {Phrase --→ []}.

lc(Phrase,Phrase) --→ [].
lc(SubPhrase,SuperPhrase) --→
    {Phrase --→ [SubPhrase|Rest]},
    parse_rest(Rest),
    lc(Phrase,SuperPhrase).

parse_rest([]) --→ [].
parse_rest([Phrase|Phrases]) --→
    parse(Phrase),
    parse_rest(Phrases).

% English Grammar
s(S) --→ [np(VP to S), vp(VP)].
np(NP) --→
    [det(N2 to NP), n(N1), optrel(N1 to N2)].
np(NP) --→
    [det(N2 to NP), n(N1), pp(N1 to N2)].
np((S lambda E) to S) --→ [pn(E)].
n((ADJ & N1) lambda X) --→ [adj(ADJ lambda X), n(N1 lambda X)].
vp(IV lambda X) --→ [tv(TV lambda X), np(TV to IV)].
vp(ADVS lambda X) --→ [tv(TV lambda X), np(TV to IV),
                                adv(ADVS lambda IV to ADVS)].
vp(IV) --→ [iv(IV)].
vp(ADVS lambda X) --→ [iv(IV lambda X), adv(ADVS lambda
    IV to ADVS)].
optrel( (S1 lambda X) to ((S1 & S2) lambda X)) --→ [relpn,
    vp(S2 lambda X)].
optrel(N to N) --→ [].
pp( (S1 lambda X) to ((S1 & S2) lambda X)) --→ [prep(S3
    lambda X), np(S3 to S2)].
pp(P to P) --→ [].

word(every, det((P lambda X) to (Q lambda X) to forall(X, P ⇒ Q) ) ).
word(a,det((P lambda X) to (Q lambda X) to exists(X, P & Q)) ).
word(some,det((P lambda X) to (Q lambda X) to exists(X, P & Q)) ).
```

```
word(the,det((P lambda X1) to (Q lambda X2) to exists(X2,
    forall(X1, P ⇔ equal(X1,X2)) & Q))).
word(no,det( (P lambda X) to (Q lambda X) to non exists(X, P &
    Q) )).
word(good, adj(good(X) lambda X)).
word(slow, adj(slow(X) lambda X)).
word(bad, adj(bad(X) lambda X)).
word(fast, adj(fast(X) lambda X)).
word(former, adj(former(X) lambda X)).
word( program, n( program(X) lambda X )).
word( student, n(student(X) lambda X)).
word( book, n(book(X) lambda X )).
word( professor, n(professor(X) lambda X )).
word( city, n(city(X) lambda X )).
word(terry, pn(terry )).
word(shrdlu, pn(shrdlu )).
word(mimi, pn(mimi )).
word(sharon_stone, pn(sharon_stone )).
word(that, relpn).
word(of,prep((poss(X,Y) lambda Y) lambda X)).
word(from,prep((from(X,Y) lambda Y) lambda X)).
word(writes, tv((write(X,Y) lambda Y) lambda X )).
word(wrote, tv((wrote(X,Y) lambda Y) lambda X )).
word(loved, tv((loved(X,Y) lambda Y) lambda X )).
word(halts, iv(halts(X) lambda X )).
word(runs, iv(runs(X) lambda X )).
word(disappeared, iv(disappeared(X) lambda X )).
word(slowly, adv(slowly(V1) lambda V1 to slowly(V1))).
word(fast, adv(fast(V1) lambda V1 to fast(V1))).
word(necessarily, adv(necessarily(V1) lambda V1 to necessarily(V1))).
```

위에 제시된 의미분석기는 람다연산자를 접요연산자(infix operator)로
정의하고 함수적용(FA) 규칙을 별도로 설정하지 않는 점에서 Blackburn/
Bos(1997)의 분석기와 차이를 보인다.

대신, 접요연산자의 하나로 'to'를 정의함으로써 함수적용 규칙과 동일

한 효과를 기대할 수 있다. 외에 관사 'no'에 의해 표현되는 부정(negation) 의미를 표상하기 위해 'non'을 접두연산자로 정의하고, 정관사 'the'의 의미를 럿셀(Russell)의 입장에 따라 기술하기 위해 쌍방함의 연산자 '↔'를 접요연산자 '⇔'로 정의한다. 아래의 (30a)와 (30b)는 Blackburn/Bos (1997)에서 정의된 보통명사 'program'의 의미표상과 새로운 의미분석기에서 정의된 의미표상의 차이를 보여준다. 이는 순전히 람다연산자를 2항 술어로 정의하느냐, 접요연산자로 정의하느냐의 차이에서 비롯된다.

> (30) a. lambda(X,program(X))
>   b. program(X) lambda X

두 분석기에 의한 의미표상 방법의 차이를 더 살펴보기 위해 전칭양화사 'every'의 의미표상을 비교해 보자.

> (31) a. (lambda(P1,lambda(P2,forall(X,R1 $\Rightarrow$ R2))))
>   b. (P1 lambda X) to (P2 lambda X) to forall(X, P1 $\Rightarrow$ P2)

위 (31a)는 Blackburn/Bos(1997)에서 제안된 표상방법인데, 이 경우 앞에서도 논의한 바와 같이 변수 P1, X, R1간의 관계를 따로 규정해야 하는 복잡성이 있는 반면, 의미표상 (31b)는 그러한 별도의 절차를 필요로 하지 않는 이점을 갖는다.

새로운 의미분석기에 의해 다음의 (32a)-(32d)에 제시된 영어 문장을 분석한 결과는 각각 (33a)-(33d)와 같다.

> (32) a. No program halts.
>   b. Every program runs slowly.
>   c. Every good fast program of the bad student runs slowly.
>   d. Mimi wrote a good program that runs fast.
> (33) a. s(non exists(_G176, program(_G176)&halts(_G176)))
>   % ?- parse(LF,[no,program,halts],[]),write(LF).
>   b. s(forall(_G185, program(_G185) $\Rightarrow$ slowly(runs(_G185))))
>   % ?- parse(LF,[every,program,runs,slowly],[]),write(LF).

c. s(forall(_G203, ((good(_G203)&fast(_G203)&program(_G203))
&exists(_G300, forall(_G336, (bad(_G336)&student(_G336))⇔
equal(_G336, _G300)) & poss(_G203, _G300))) ⇒ slowly(runs(_G203))))
% ?- parse(LF,[every,good,fast,program,of,the,bad,
student,runs,slowly],[]),write(LF).
d. s(exists(_G220, ((good(_G220)&program(_G220))&fast(runs
(_G220))) & wrote(mimi, _G220)))
% ?- parse(LF,[mimi,wrote,a,good,program,that,runs,
fast],[]),write(LF).

이제까지 기술한 좌측코너파서 기반의 의미분석기를 작동시킴으로써 우리는 명사구의 논리형태뿐만 아니라, 동사구나 문장 등 다른 유형에 속한 언어표현의 논리형태를 생성하는 과정을 전반적으로 이해할 수 있다. 여기서 문장 'Every student wrote a fast program'의 논리형태가 얻어지는 과정 전반에 대해 살펴보자. 이 논리형태는 다음의 (34)에 제시되어 있다.

(34) a. ?- parse(Sem,[every,student,wrote,a,fast,program],[]).
b. Sem = s(forall(_G514, student(_G514) ⇒
exists(_G574, (fast(_G574)&program(_G574)) & wrote(_G514,
_G574))))

그리고 주어진 문법에 의해 이 문장의 통사구조는 아래의 수형도와 같이 나타낼 수 있다.

(35)

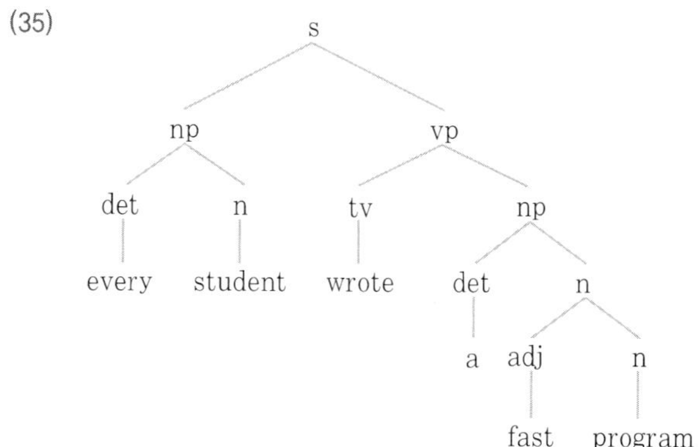

이 수형도의 각 단계에서 논리형태가 얻어지는 과정을 보기 위해 수형도를 결합규칙이 적용된 단계별로 분할하면, 아래와 같이 부분수형도가 5개 얻어진다.

(36) a.

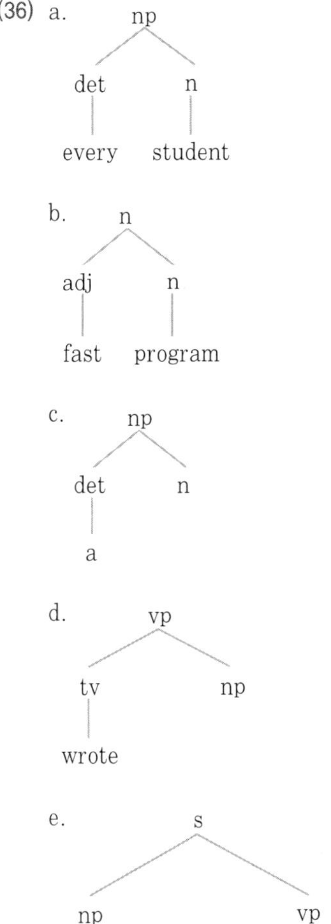

위 수형도 (36a)-(36e)로 표현된 각 단계에 대응하는 의미합성 과정을 차례로 살펴보자. 먼저 아래의 표 (37)은 관사와 명사가 결합하여 명사구의 의미가 생성되는 단계를 보여준다.

(37)

det	every	**(P lambda X)** to (Q lambda X) to forall(X, P $\Rightarrow$ Q)
n	student	**student(X) lambda X**
np	every student	(Q lambda X) to forall(X, student(X) $\Rightarrow$ Q)

이 단계에서는 관사의 논리형태 속에 포함된 형식(P lambda X)과 명사의 논리형태간에 통합이 일어나 변수 P가 형식 student(X)로 대치된다. 다음의 (38)과 같은 명사구 규칙에 의해 관사의 논리형태 안에 있는 to 이하의 형식이 명사구의 의미표상이 된다.

(38) np(**NP**) $---\rightarrow$ [det(N2 to **NP**), n(N1), optrel(N1 to N2)].

다음 단계는 형용사와 명사가 결합하여 다시 명사가 되는 과정이다. 이 과정에 관여하는 결합규칙은 아래의 (39a)와 같고, 명사의 의미표상이 부분 표현들의 논리형태로부터 얻어지는 과정을 표 (39b)가 보여준다.

(39) a. n((**ADJ & N1**) lambda X) $---\rightarrow$ [adj(**ADJ** lambda X), n(**N1** lambda X)].

b.

det	fast	fast(X) lambda X
n	program	program(X) lambda X
n	fast program	(fast(X) & program(X)) lambda X

위 표 (39b)에서 보여지는 의미합성은 문자그대로 연접사 '&'에 의해서 형용사와 명사의 의미가 더해지는 형식을 따른다.

그 다음 단계는 다시 관사와 명사가 결합하여 다시 명사구가 되는 과정이다. 이때에 관여하는 결합규칙은 위의 (38)과 같고, 표 (40)은 명사구의 의미표상이 부분 표현들의 논리형태로부터 얻어지는 과정을 보여준다.

(40)

det	a	(P lambda X) to (Q lambda X) to exists(X, P & Q)
n	fast program	fast(X) & program(X) lambda X
np	a fast program	(Q lambda X) to exists(X, (fast(X) & program(X)) & Q)

그 다음 단계는 타동사가 명사구와 결합하여 동사구를 만들어내는 과정이다. 여기에 관여하는 결합규칙은 아래의 (41a)와 같고, 동사구의 의미표상이 부분 표현들의 논리형태로부터 얻어지는 과정을 표 (41b)가 보여준다.

(41) a. vp(IV lambda X) $---\rightarrow$ [tv(**TV** lambda X), np(**TV** to IV)].
     b.

tv	wrote	**(wrote(X, Y) lambda Y)** lambda X
np	a fast program	(Q lambda Y) to **exists(Y, (fast(Y) & program(Y)) & Q)**
vp	wrote a fast program	exists(Y, (fast(Y) & program(Y)) & wrote (X, Y)) lambda X

이 단계에서 의미합성이 수행되는 절차를 살펴보면, 명사구 안의 연산자 'to' 이하 논리형식이 타동사 논리형식에서 람다연산자(lambda) 앞부분을 대치함으로써 동사구 전체의 의미가 얻어지는 것을 알 수 있다. 한편 규칙 (41a)에 따르면, 타동사(tv)의 논리형태와 명사구(np)의 논리형태 속에 들어 있는 변수 TV는 동일하고, 표 (41b)에서 볼 수 있듯이 타동사 논리형태 속의 TV는 (wrote(X, Y) lambda Y)이고 명사구 논리형태 안의 (Q lambda Y)이기 때문에 두 형식을 통합할 경우, 변수 Q에 wrote(X, Y)가 할당된다. 이 결과를 앞서 논의한 대치과정에 반영하면 최종적으로 위의 표에 제시된 동사구(vp)의 논리형태가 얻어진다.

마지막 단계에서는 명사구와 동사구가 결합하여 문장이 생성된다. 이 과정에 관여하는 결합규칙은 (42a)이고, 표 (42b)는 문장의 의미표상이 부분 표현들의 논리형태로부터 얻어지는 과정을 보여준다.

(42) a. s(S) − − → [np(**VP** to S), vp(**VP**)].

   b.

np	every student	(Q lambda X) to **forall(X, student(X)** ⇒ **Q)**
vp	wrote a fast program	*exists(Y, (fast(Y) & program(Y)) & wrote(X, Y)) lambda X*
s	every student wrote a fast program	forall(X, student(X) ⇒ *exists(Y, (fast(Y) & program(Y)) & wrote(X, Y)))*

　여기에서 의미합성이 수행되는 절차를 살펴보면, 명사구 안의 연산자 'to' 이하 논리형식이 바로 문장의 의미가 되는 것을 알 수 있다. 그리고 규칙 (42a)에 따르면, 명사구(np)의 논리형태 안의 연산자 'to' 앞의 논리형식이 동사구(vp)의 논리형태가 된다. 따라서 표 (42b)에서 볼 수 있듯이 명사구 논리형태 안의 (Q lambda Y)가 동사구의 논리형태와 통합이 일어날 경우, 변수 Q에 exists(Y, (fast(Y) & program(Y)) & wrote(X, Y))가 할당된다. 이 결과를 앞서 논의한 대치과정에 반영하면 최종적으로 위의 표에 제시된 문장(s)의 논리형태가 생성된다.

　이제까지 기술한 의미분석기는 양화사가 여러 개 나타나는 문장의 중의성을 표상하지 못한다는 한계를 갖는다. 이 문제를 해결하기 위해 Covington (1994 : 212)의 제안을 따라 양화사 상승(quantifier raising) 규칙을 정의할 수 있을 것이다. 이를테면, 앞에서 논의된 바대로 아래의 (34a)와 같은 논리형태가 영어 문장 'Every student writes a program.'의 의미표상으로 생성될 경우, 이 논리형태가 아래 (34b)와 같이 변형되도록 함으로써 이 문장은 결과적으로 두 개의 의미표상을 갖게 되는 것이다.

(43) a. forall(_G457, student(_G457) ⇒
             exists(_G480, program(_G480) & write(_G457, _G480)))
   b. exists(_G480, program(_G480) &
             forall(_G457, student(_G457)⇒write(_G457, _G480)))

양화사 상승규칙은 일종의 의미공준으로 볼 수 있는데, 전칭양화사

(forall)가 존재양화사(exists)보다 광의의 작용역(scope)을 가지는 논리형태
를 존재양화사가 전칭양화사보다 광의의 작용역을 가지는 논리형태로 변
형하는 양화사 상승규칙을 다음의 (44)와 같이 정의할 수 있다.

    (44) 양화사 상승규칙 [1]
        Q1(V1, R1) $\Rightarrow$ Q2(V2, R2 & S1)
           $\Downarrow$
        Q2(V2, R2 & Q1(V1, R1 $\Rightarrow$ S1))

마찬가지로 존재양화사가 전칭양화사보다 광의의 작용역을 가지는 논리
형태를 전칭양화사가 존재양화사보다 광의의 작용역을 가지는 논리형태로
변형하는 양화사 상승규칙도 다음과 같이 정의할 수 있다.

    (45) 양화사 상승규칙 [2]
        Q1(V1, R1 & Q2(V2, R2 $\Rightarrow$ S1))
           $\Downarrow$
        Q2(V2, R2) $\Rightarrow$ Q1(V1, R1 & S1)

양화사가 세 개 이상 나타나는 논리형태를 변형하는 규칙들도 유사한
방식으로 정의할 수 있을 것이다.

제 7 장 좌측코너 파서와 통합정보

 지금까지 여러 장에 걸친 논의의 결과, 우리는 문장분석기에 의해 문장이 가진 다양한 유형의 정보들이 추출될 수 있음을 확인할 수 있었다. 곧 문장분석기의 도움으로 우리는 문장성분들 상호간의 구조적인 관계를 나타내는 구구조정보, 문장성분들의 의미관계를 보여주는 의미표상, 문장성분들의 기능을 표상하는 기능구조정보 등을 얻을 수 있었다. 이제까지는 이러한 정보들을 각기 상이한 문장분석기에 의해 독립적으로 추출하는 방법에 대하여 서술했으나 이 장에서는 문장이 가진 여러 가지 정보를 통합적으로 표상하는 방법에 대해 논의한다. 구구조정보, 의미정보 그리고 기능구조정보 등 세 가지 정보를 나타내기 위해 우리가 프롤로그로 구현한 영어 문장분석기를 우리는 좌측코너 기반 통합파서(Integrated Left-Corner Parser, 이하 ILCP)라 부르는데, 이 파서의 설계구조와 문법에 대해 기술하는 것이 이 장의 서술목적이다. 다음의 예는 영어 문장 ‘Every student wrote a program slowly’를 ILCP에 의해 분석한 결과이다.7)

 (1) [문장 분석결과]
    a. Category = s
      Syntactic Structure =
        s(np(det(every), n(adj(good), n(student))), vp(tv(wrote),
        np(det(a), n(program)), adv(slowly)))

---

7) 통합파서 ILCP의 코드는 부록(A13)에 “ilcp.pl”로 수록되어 있다.

b.

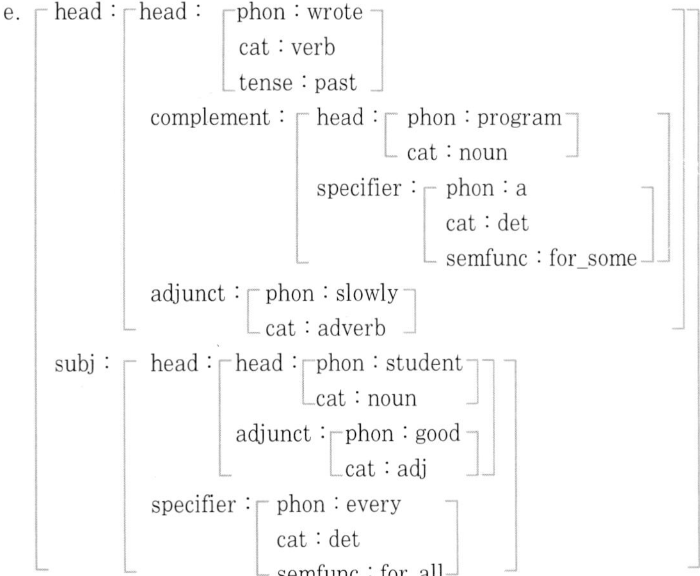

c. Semantic Representation =
   forall(_G198,(good(_G198)&student(_G198))
   ⇒slowly(exists(_G454, program(_G454) & wrote(_G198, _G454))))

d. AVM Information Structure =
   [head : [head : [phon : wrote, cat : verb, tense : past|_G487],
   complement : [head : [phon : program, cat : noun|_G696],
   specifier : [phon : a, cat : det, semfunc : for_some|_G623]|_G661],
   adjunct : [phon : slowly, cat : adverb|_G733]|_G563], subj : [head
   : [head : [phon : student, cat : noun|_G395], adjunct : [phon :
   good, cat : adj|_G313]|_G360], specifier : [phon : every, cat : det,
   semfunc : for_all|_G240]|_G278]|_G433]

e.

위의 (1a)는 분석문의 구구조를 술어-논항 구조로 표현한 것이고, 이 구조를 Lehner(1990)의 1항 술어 tree/1을 이용하여 수형도로 그려낸 것이 (1b)에 제시되어 있다. 그리고 (1c)는 앞 장에서 논의한 논리형태에 의한 문장의 의미표상이다. (1d)는 분석문을 구성하는 여러 구성성분들간의 기능관계를 보여주는 기능구조이며, 이 구조를 Rumpf(1992)의 1항 술어 avm/1을 써서 AVM 형식으로 변형한 결과가 (1e)이다. 기능구조에 구성성분들간의 'head', 'complement', 'specifier'와 'adjunct' 등 핵계층이론과 HPSG에서 잘 정의된 기능관계가 표상된다.

통합파서 ILCP의 설계구조는 아래의 (2)와 같다.

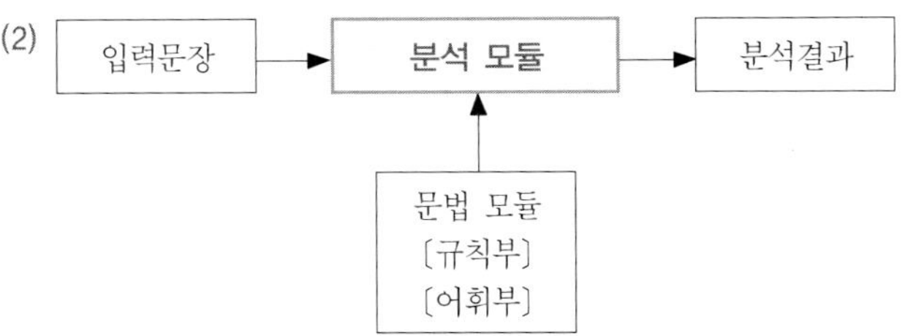

위의 설계구조는 분석 모듈과 문법 모듈과의 관계를 잘 보여주고 있는데, 두 모듈을 분리하는 것이 ILCP의 특성 중의 하나이다. 분석 모듈의 기능은 입력되는 문장을 문법모듈의 규칙과 어휘정보를 이용하여 분석하여 그 분석결과를 출력하는 데 있다. 이 모듈은 좌측코너파서를 기반으로 하고 있다. 문법모듈은 자질구조가 보강된 영어 구구조규칙들과 마찬가지로 자질구조를 갖춘 어휘기재항들로 구성된다. 규칙과 어휘기재항들에는 구구조정보, 의미정보, 기능구조정보들이 모두 들어 있다. 다음의 (3a)에는 구구조규칙이, (3b)에는 어휘기재항이 제시되어 있다.

```
(3) a.  np(                                    % line1
        np(DETcs,Ncs),                         % line2
        NP,                                    % line3
        NPfs                                   % line4
```

```
          )
          ─ ─ ─→
          [det(DETcs,N1 to NP,DETfs), n(Ncs,N1,Nfs)] : -      % line5
          (NPfs : head === Nfs, NPfs : specifier === DETfs).  % line6

      b.  word(every,                                          % line1
          det(                                                 % line2
          det(every),                                          % line3
          (P lambda X) to (Q lambda X) to forall(X, P ⇒ Q),    % line4
          Fd )                                                 % line5
          )                                                    % line6
          : -                                                  % line7
          (Fd : phon === every, Fd : cat === det, Fd : semfunc ===
          for_all).                                            % line8
```

위의 규칙 (3a)는 관사와 보통명사가 결합하여 명사구를 이루는 데 관여하는 규칙으로 line2의 술어-논항 구조가 명사구의 구구조에 대한 정보를 나타내고, line3은 의미정보를, line4는 기능구조에 대한 정보를 나타낸다. 변수 NPfs로 표현된 명사구에 대한 기능구조의 보다 상세한 정보는 line6의 기능도식들을 통해 표현된다. (3b)에서 어휘기재항은 관사 'every'에 대한 여러 가지 정보를 담고 있는데, line2는 관사의 통사범주에 대한 정보를 나타내고, line3은 의미정보를 나타낸다. line4에서는 변수 Fd가 기능구조에 대한 정보를 나타내는데, 이에 대한 상세한 내용은 line8의 여러 기능도식들을 통해 표현된다. 규칙이나 어휘기재항의 기술을 위해 기능도식에 사용된 연산자 '==='는 Gazdar/Mellish(1989)에서 연원하는 것으로 기능구조간의 통합(unification) 가능성을 점검하는 기능을 한다. 이 연산자는 다음의 (4a)와 같이 정의되는데, 이 정의는 다시 2항 술어 denotes/2, unify/2 등과 4항 술어 pathval/4을 기초로 하고 있다.

```
  (4)  a.  X === Y : - denotes(X,A), denotes(Y,B), unify(A,B).

       b.  denotes(Var,Var) : - var(Var),!.
           denotes(Atom,Atom) : - atomic(Atom),!.
```

```prolog
denotes([H|R],[H|R]) :-!.
denotes(Dag : Path,Value) :- pathval(Dag,Path,Value,_).

c. unify(Dag,Dag) :- !.
   unify([Path : Value|Dags1],Dag) :- pathval(Dag,Path,Value,Dags2),
   unify(Dags1,Dags2).

d. pathval(Dag1,Feature : Path,Value,Dags) :-             !,
       pathval(Dag1,Feature,Dag2,Dags),  pathval(Dag2,Path,Value,_).
   pathval([Feature : Value1|Dags],Feature,Value2,Dags) :-  !,
       unify(Value1,Value2).
   pathval([Dag|Dags1],Feature,Value,[Dag|Dags2]) :-
       pathval(Dags1,Feature,Value,Dags2).
```

위의 (4d)에 정의된 4항 술어 pathval/4은 어떤 AVM구조의 특정한 path에 대한 값을 구하고, 그 path와 해당 값을 원래 AVM으로부터 제거하고 남은 결과도 보여준다. 예를 들어 아래 (5a)와 같은 AVM이 있어서 여기에 속하는 속성 specifier에 대한 값을 구하고자 할 때, SWI-PROLOG의 프롬프트상에서 (5b)와 같은 명령을 내리면, (5c)와 같은 답을 얻는다.

(5) a.
$$
\begin{bmatrix}
\text{head} : \begin{bmatrix} \text{phon} : \text{program} \\ \text{cat} : \text{noun} \end{bmatrix} \\
\text{specifier} : \begin{bmatrix} \text{phon} : \text{a} \\ \text{cat} : \text{det} \\ \text{semfunc} : \text{for\_some} \end{bmatrix}
\end{bmatrix}
$$

b. ?- pathval([head : [phon : program, cat : noun|_G696], specifier :
   [phon : a, cat : det, semfunc : for_some|_G623]|_G661],
   specifier, Value,Dag).

c. Value = [phon : a, cat : det, semfunc : for_some|_G1051]
   Dag = [head : [phon : program, cat : noun|_G1027]|_G1033]

위 (5c)의 변수 Value에 구현된 리스트형식의 AVM은 위 AVM (5a)에서 속성 specifier에 대한 값이고 변수 Dag에 구현된 AVM은 속성 spe-cifier와 그 값을 (5a)에서 제외한 나머지 기능구조이다. 이처럼 4항 술어 pathval/4이 관여된 연산자 '==='을 활용함으로써 우리는 Shieber (1986)의 PATR-Ⅱ 문법형식에 따른 개별언어의 문법을 프롤로그로 구현할 수 있게 된다.

ILCP의 분석모듈에는 좌측코너 파서가 채택되어 입력된 문장의 구조를 문법모듈의 정보를 바탕으로 분석하는 기능을 한다. 이 파서는 앞서 3장 4절에서 논의한 바와 같이 아래의 (6)과 같이 한정절 문법 형식으로 정의된다(Pereira/Shieber, 1987).

```
(6) parse(Phrase)  ─→
        leaf(SubPhrase),
        lc(SubPhrase,Phrase).
    leaf(Cat)  ─→ [Word],{word(Word,Cat)}.
    leaf(Phrase)  ─→ {Phrase  ──→ []}.
    lc(Phrase,Phrase)  ─→ [].
    lc(SubPhrase,SuperPhrase)  ─→
        {Phrase  ──→ [SubPhrase|Rest]},
        parse_rest(Rest),
        lc(Phrase,SuperPhrase).
    parse_rest([])  ─→ [].
    parse_rest([Phrase|Phrases])  ─→
        parse(Phrase),
        parse_rest(Phrases).
```

이 파서가 작동하는 방식에 대해서는 3장의 4절에서 서술한 바 있으므로 여기에서는 더 이상 논의하지 않는다. 다만, 좌측코너기반의 파싱을 수행하는 핵심술어인 parse가 한정절 문법의 형식으로 정의되어 있으므로 3항 술어 parse/3라는 점을 다시 강조하고자 한다. 통합파서 ILCP의 최상위 술어는 다음의 (7)에 정의된 1항 술어 synsem/1이며, 이 술어는 3항 술어 parse/3을 기초로 한다.

```
(7)  synsem(Sentence) : - parse(SynSem,Sentence,[]),          % line1
          SynSem =.. [Cat,Core_syn,Core_sem,Core_fs],         % line2
          write('Category = '),                               % line3
          write(Cat),nl,                                      % line4
          write('Syntactic Structure = '),nl,tab(10),         % line5
          write(Core_syn),nl,                                 % line6
          tree(Core_syn),nl,                                  % line7
          write('Semantic Representation = '),nl,tab(10),     % line8
          write(Core_sem),nl,nl,                              % line9
          write('AVM Information Structure = '),nl,tab(10),   % line10
          write(Core_fs),nl,nl,                               % line11
          avm(Core_fs),nl.                                    % line12
```

위의 line1에서 변수 Sentence로 표현된 입력문장이 좌측코너 파서에
의해 분석된 결과로 얻어진 통합정보 SynSem은 술어-논항 형태를 가진
다. 하나의 예로서 영어 문장 'Every good student wrote a program
slowly'의 파싱결과가 다음의 (8b)에 나타나 있다.

(8) a. ?- parse(SynSem,[every,good,student,wrote,a,program,slowly],[]).
     b. SynSem =
        s(s(np(det(every), n(adj(good), n(student))), vp(tv(wrote),
        np(det(a), n(program)), adv(slowly))), forall(_G587,
        (good(_G587)&student(_G587))⇒slowly(exists(_G843,
        program(_G843)&wrote(_G587, _G843)))), [head : [head : [ph
        on : wrote, cat : verb, tense : past|_G876], complement : [hea
        d : [phon : program, cat : noun|_G1085], specifier : [phon : a,
        cat : det, semfunc : for_some|_G1012]|_G1050], adjunct : [pho
        n : slowly, cat : adverb|_G1122]|_G952], subj : [head : [head :
        [phon : student, cat : noun|_G784], adjunct : [phon : good, ca
        t : adj|_G702]|_G749], specifier : [phon : every, cat : det,
        semfunc : for_all|_G629]|_G667]|_G822])

위 (8b)에서 술어 's'는 입력문장의 범주명이고, 3개의 논항 중 첫 논항
[(9a)]은 구구조정보를, 두 번째 논항[(9b)]은 의미표상을, 세 번째 논항

〔(9c)〕은 기능구조정보를 나타낸다.

(9) a. s(np(det(every), n(adj(good), n(student)))), vp(tv(wrote), np
(det(a), n(program)), adv(slowly)))

b. forall(_G587, (good(_G587)&student(_G587))⇒slowly(exists(_G843,
program(_G843)&wrote(_G587, _G843))))

c. 〔head : 〔head : 〔phon : wrote, cat : verb, tense : past|_G876],
complement : 〔head : 〔phon : program, cat : noun|_G1085],
specifier : 〔phon : a, cat : det, semfunc : for_some|_G1012]|_G1
050], adjunct : 〔phon : slowly, cat : adverb|_G1122]|_G952], s
ubj : 〔head : 〔head : 〔phon : student, cat : noun|_G784],
adjunct : 〔phon : good, cat : adj|_G702]|_G749], specifier : 〔ph
on : every, cat : det, semfunc : for_all|_G629]|_G667]|_G822]

정리하자면, 통합파서에 의한 분석결과는 아래의 (10)과 같이 범주명을 술어로 하고 논항이 3개인 술어-논항-구조 형태를 취하는데, 그 중 첫 논항자리에는 구구조정보가, 둘째 논항에는 의미표상이 세 번째 논항에는 기능구조정보가 위치한다.

(10) 범주명(구구조정보, 의미표상, 기능구조정보)

다시 코드 (7)에 대한 논의를 계속하자면, 코드 (7)의 line2의 기능은 술어-논항 형태로 되어 있는 통합적인 분석결과(SynSem)를 네 가지 정보로 분할하는 데에 있다. line3을 통해 'Category='가 화면에 출력되고, line4를 통해 범주명이 화면에 보여진다. line5는 'Syntactic Structure ='를 화면에 출력하면서 한 줄을 바꾼 후에 빈자리를 10개 만든다. line6에 의해 구구조정보가 화면에 출력되면서 줄이 하나 바뀌고, line7에 의해 이 정보가 1항 술어 tree/1를 통해 수형도로 변환되어 화면에 출력되면서 줄이 달라진다. 마찬가지로 line8은 'Semantic Representation ='을 화면에 출력하면서 줄 하나를 바꾼 후에 빈자리를 10개 만든다. line9에 의해 의미표상이 화면에 출력되면서 두 줄이 바뀐다. line10은 'AVM

Information Structure ='을 화면에 출력하면서 줄 하나를 바꾼 후에 빈
자리를 10개 만든다. line11에 의해 기능구조정보가 화면에 출력되면서 두
줄이 바뀐다. line12에 의해 이 정보가 1항 술어 avm/1을 통해 행렬로 변
환되어 화면에 제시되면서 10개의 빈자리가 생긴다.

통합파서의 수행능력을 보이기 위해, 비교적 복잡한 영어 문장 'Every
new student of the bad professor that wrote a fast program writes
a good program slowly'를 통합파서에 분석한 결과 가운데 구구조정보와
기능구조정보를 수형도와 행렬의 형태로 제시하면, 각각 아래의 (11a),
(11b)와 같다.

(11) a.

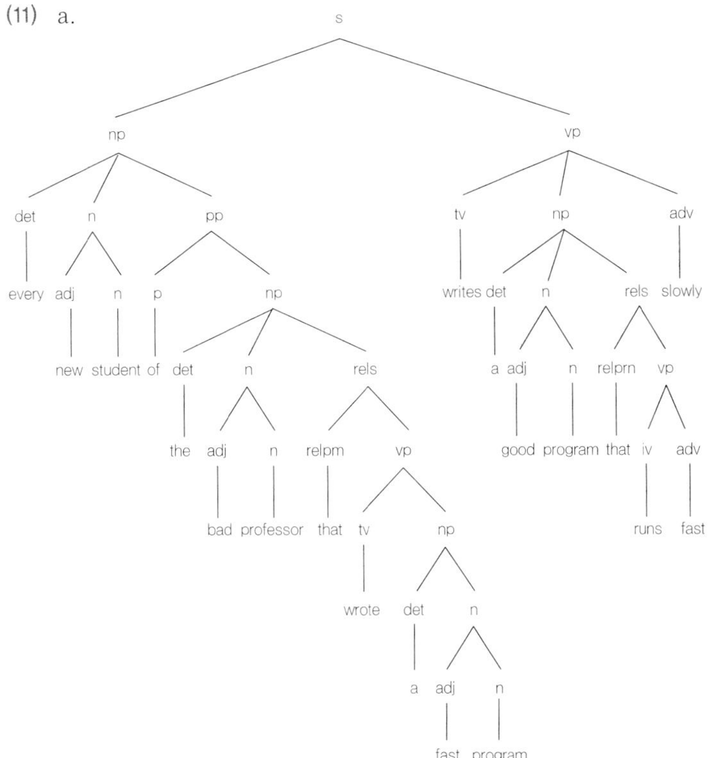

b.

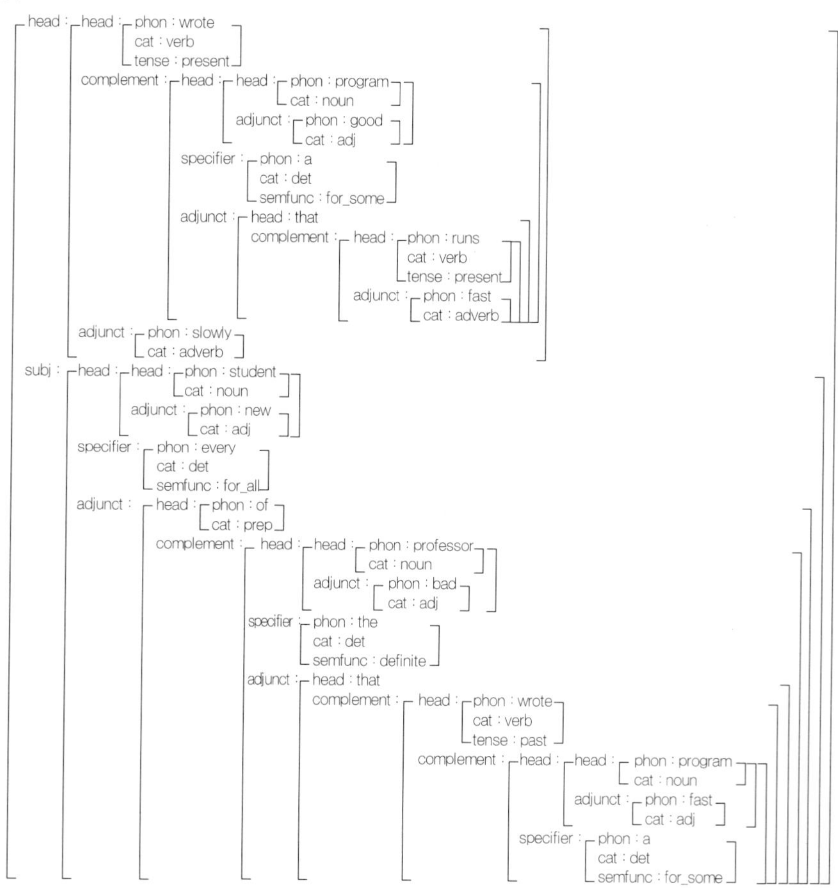

　　이제까지 기술한 통합파서를 위한 문법의 구구조규칙과 어휘부를 확장
함으로써 우리는 보다 광범위한 언어현상을 기계적으로 분석할 수 있을 뿐
만 아니라, 각 언어에 적합한 여러 가지 문법을 만들어서 통합파서에 연결
시킴으로써 다양한 언어의 분석도 가능하다.

제 8 장 담화표상이론과 확대 통합파서

Kamp(1981)에서 제안되고 Kamp/Reyle(1992)에서 확대된 담화표상이론(Discourse Representation Theory, 이하 DRT)은 담화 의미의 기술이 가능하도록 논리의미론을 발전시킨 의미론이다. 이 이론은 거의 같은 시기에 제안된 Heim(1982)의 서류철변경 의미론(File Changing Semantics)과 본질적인 속성을 공유하는 것으로 이해되기도 한다.

DRT의 설계구조에 의하면, 먼저 문장들이 분석되고 그 결과가 하향식으로 담화표상구조(Discourse represenation structure, 이하 DRS)로 변형되어 최종적으로 하나의 모형에 편입된다. 이 점에서 DRT가 PTQ에서 기술된 몬테규의미론의 설계구조와 비슷하다고 할 수 있다. 그러나 몬테규의미론에서 내포논리(Intensional Logic)로의 번역절차가 그다지 중요하지 않은 반면, DRT에서는 DRS가 구성되는 절차가 매우 중요하다. DRT에서는 발화를 이해한다는 의미가 접근 가능한 문맥 내의 정보를 활용해서 어떻게 DRS를 확장할 수 있는지를 아는 것이다. 이런 맥락에서 DRT도 파일변경 의미론과 마찬가지로 역동의미론(Dynamic semantics)의 한 유형이다.

논리의미론에서는 여러 유형의 명사구를 어떻게 논리언어로 번역할 것인가가 중요한 문제로 부각되었다(최재웅, 1994).

(1) The man runs.
(2) A man runs.
(3) All men run.

일반적으로 위 문장들에 대한 논리형태는 아래의 (4)-(6)과 같이 기술된다.

(4) $\exists x(man(x)\ \&\ \forall y(man(y)\ \longrightarrow\ y=x)\ \&\ run(x))$.
(5) $\exists x(man(x)\ \&\ run(x))$.
(6) $\forall x(man(x)\ \longrightarrow\ run(x))$.

위 논리형태들에서 알 수 있듯이, 한정 명사구는 기술된 종(kind)에 속한 개체가 유일하게 존재한다는 사실을 나타내는 것으로, 비한정 명사구는 단지 존재사실 자체만을 단언하는 것으로 그리고 보편양화사 명사구는 조건적 문장들에 의해 해석되는 것으로 이해된다. 이러한 입장에서 출발하여 아래의 (7), (8)과 같은 '당나귀 문장(Donkey.sentences)'을 논리형태로 표상할 경우 우리는 어려운 문제에 부딪힌다(Geach, 1972).

(7) If a framer has a donkey, he beats it.
(8) Every farmer who has a donkey, beats it.

두 문장은 명백히 의미적으로 동일하다. 그러나 (7)에 있는 비한정명사구를 위 (5)와 같이 논리형태로 번역할 경우 어려운 문제에 봉착한다. 왜냐하면, (7)에서 대명사 'he'가 존재양화사에 의해 결속된다면, 번역결과가 (8)과 다르게 될 것이고, 만약 대명사가 결속되지 않는다면, 대명사 'he'와 'a farmer'간의 조응관계를 포착하지 못하기 때문이다. 반면, (8)의 비한정 명사구 'a farmer'는 넓은 작용역을 가진 보편양화사로 번역될 때에 비로소 문장 (8)이 바른 의미해석을 갖게 된다. 따라서 비한정 명사구가 때로는 존재양화사로 번역되고, 때로는 보편양화사로 번역되어야 하는 문제가 발생한다. 이처럼 비한정 명사구가 중의성을 가진다는 별도의 가정을 하지 않고도 이 문제를 해결한 것이 DRT이론이 이룬 하나의 성과이다. DRT에서는 보편양화사가 조건절로 해석된다는 사실을 십분 활용해서 이 문제를 해결한다. 그럼으로써 비한정 명사구가 들어 있는 문장 (7)과 보편양화사 명사구를 가진 문장 (8)의 의미동일성을 포착한다.

이제 DRT에서 사용되는 표상형식인 DRS에 대해 구체적으로 살펴본다. 하나의 담화표상구조(DRS) K는 담화지시체(discourse referent)들의 집합 U(K)과 담화지시체들이 충족시켜야 하는 조건(condition)들의 집합 C(K)로 구성되는데, 형식적으로는 다음의 (9)와 같이 정의된다(Kamp/Reyle, 1993).

(9) DRS의 정의

① $x_1, \cdots, x_n$ (n≥0)이 담화지시체들 이고 $\Upsilon_1, \cdots, \Upsilon_m$ (m > 0)이 조건들이면, 아래의 상자는 하나의 DRS를 나타낸다.

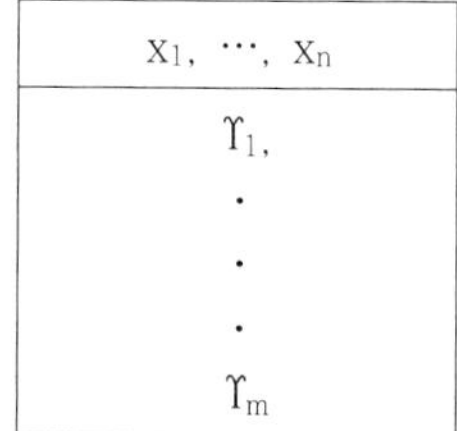

② R이 항가 n을 가진 관계(relation)기호이고 $x_1, \cdots, x_n$이 담화지시체들이면, $R(x_1, \cdots, x_n)$은 하나의 조건이다.

③ x가 담화지시체이고 c가 상수이면, x=c와 c=x는 하나의 조건이다.

④ x와 y가 담화지시체이면, x=y는 하나의 조건이다.

⑤ K1과 K2가 DRS이면, K1 ⇒ K2는 하나의 조건이다.

⑥ K1과 K2가 DRS이면, K1 V K2는 하나의 조건이다.

⑦ K가 DRS이면, ¬ K는 하나의 조건이다.

⑧ 위의 ①~⑦을 사용하여 만들어 질 수 없는 것은 무엇이든 조건이나 DRS가 아니다.

위의 ②-④에 제시된 조건들은 기초조건이라 불리고, ⑤-⑦에 제시된 조건들은 복합조건이라 불린다.

(9)에 제시된 DRS 통사론과 함께 정형(well-formed)의 DRS를 형성하는 데는 다음의 (10)에 제시된 DRS 구성규칙들이 관여한다.

(10) DRS 구성규칙

① 비한정 명사구에 대해서 새로운 담화지시체를 도입한다.

② 한정 명사구에 대해서 이미 존재하는 담화지시체를 이용한다.

③ 고유명사에 대해서는 중심-DRS에 담화지시체를 도입하되, 고유명사

가 그 담화지시체와 동등한 것으로 간주한다.
④ 명사와 1항 술어에 대해서는 술어논리에서처럼 술어-논항 형태(예 : donkey(x))로 기술한다.
⑤ 조건문장들과 보편양화 명사구들에 대해서는 복합적인 하위-DRS를 도입한다. 이 DRS는 조건을 의미하는 기호 "⇒"를 통해 연결되는 두 개의 독립적인 DRS로 구성된다.
⑥ 부정(negation) 표현에 대해서는, 부정되어지는 표현(예 : not die)들이 포함된 새로운 DRS 앞에 부정을 의미하는 기호 "¬"를 위치시킨다.

이러한 통사규칙과 구성규칙들을 바탕으로 하여, 앞서 논의한 당나귀 문장들의 DRS를 구축하면, 두 문장은 다음의 (11)과 같은 구조를 동일하게 얻는다.

(11)

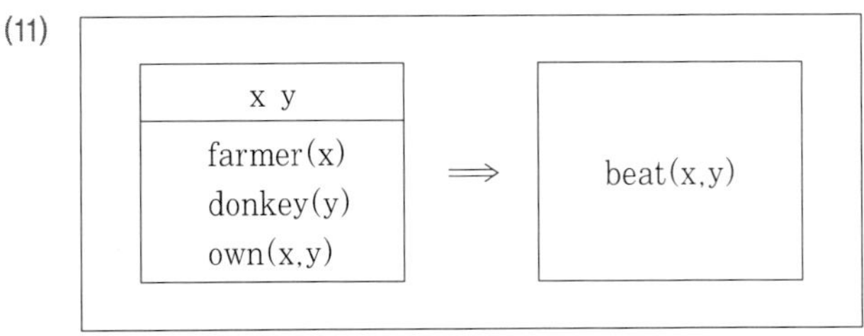

위 (11)에 보여지는 DRS는 (10)에 제시된 구성규칙 ⑤에 의거하여, 조건기호("→")를 중심으로 하여 두 개의 하위 DRS로 구성되어 있다. 그리고 'a donkey'와 같은 비한정 명사구에 대해서는 규칙 ①에 의해 새로운 담화지시체를 도입함으로써 DRS (11)이 구성된 것이다. 그럼으로써 논리의미론에서 제기되었던 비한정 명사구의 중의성 문제가 DRT에서는 해결될 수 있게 된다.

이제까지 논의한 표준적인 DRT는 앞 장에서 논의한 바 있는 의미의 합성성 원리를 준수하지 않는 것으로 알려져 있다. 반면, Bos et al.(1994)에서 처음 제안된 람다(λ)-DRT는 합성성 원리를 고려하는 의미에서 람다연산자를 이용하여 의미합성이 가능하고 그 결과 기계적인 처리가 용이하도록 표준 DRT를 개선한 이론이다. 이 람다(λ)-DRT는 독일 Saarbrücken

대학을 중심으로 수행되고 있는 휴대용 통역시스템 개발을 위한 프로젝트
인 Verbmobil을 위해 제안된 것이다. 람다-DRT에서 핵심적인 연산은 기
호 '⊕'를 통해 표현되는 병합(merge)이다. 이 연산에 의해 두 개의 DRS
가 합하여 하나의 새로운 DRS가 생성된다(Blackburn/Bos. 1997 : 135). 다
음의 예를 보자.

(12)
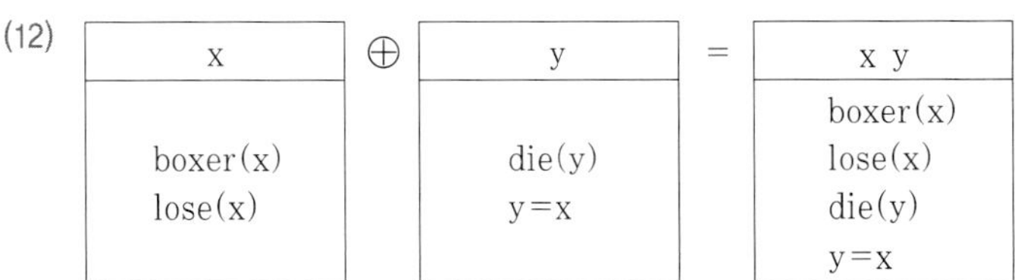

이처럼 두 개의 DRS를 병합하여 하나의 새로운 DRS를 만들어 내는 병
합-연산을 이용함으로써, 문장을 구성하는 개별 어휘들이 가진 DRS로부
터 합성성 원리에 의해 문장전체의 DRS가 생성될 수 있다는 것이 람다
-DRT의 핵심이다. 동일한 맥락에서 개별 어휘들에 대해 독자적인 어휘층
위의 DRS를 부여하는 것이 람다-DRT의 큰 특징이다. 이에 따라, 영어의
어휘들 'woman', 'a', 'every', 'dances' 그리고 'loves'는 각각 다음의
(13a)-(13e)와 같은 DRS를 갖는 것으로 간주된다.

(13)
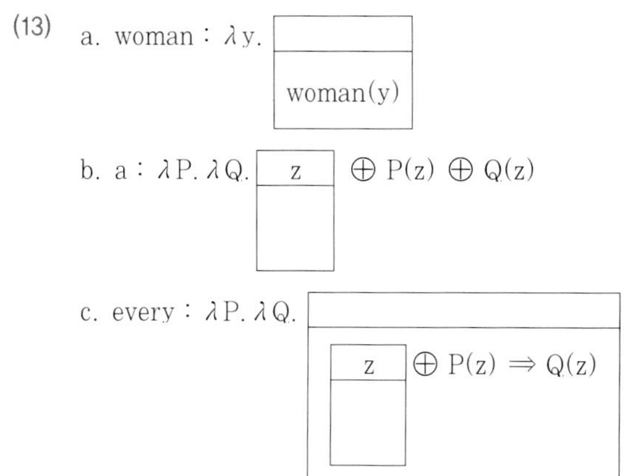

d. dances : $\lambda y.$ 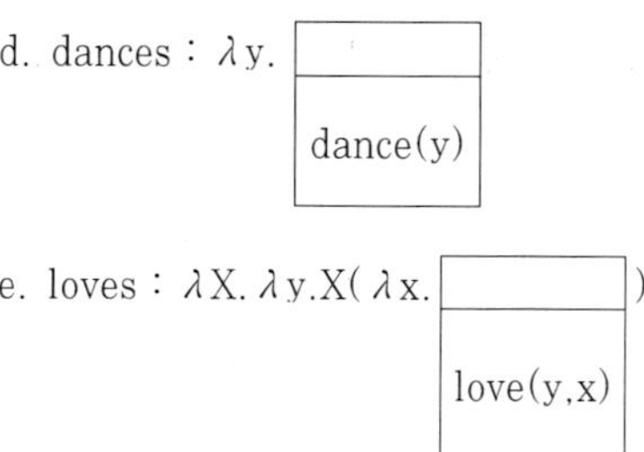

e. loves : $\lambda X. \lambda y.X(\lambda x.$ $)$

위에 제시된 어휘기재항들에 병합-연산과 람다-전환 규칙을 적용하면, 문장전체의 DRS를 생성할 수 있다. 예를 들어 보편양화사가 들어 있는 문장 'Every woman dances'의 DRS는 아래의 (14)와 같다(Blackburn/ Bos, 1997 : 135).

(14)

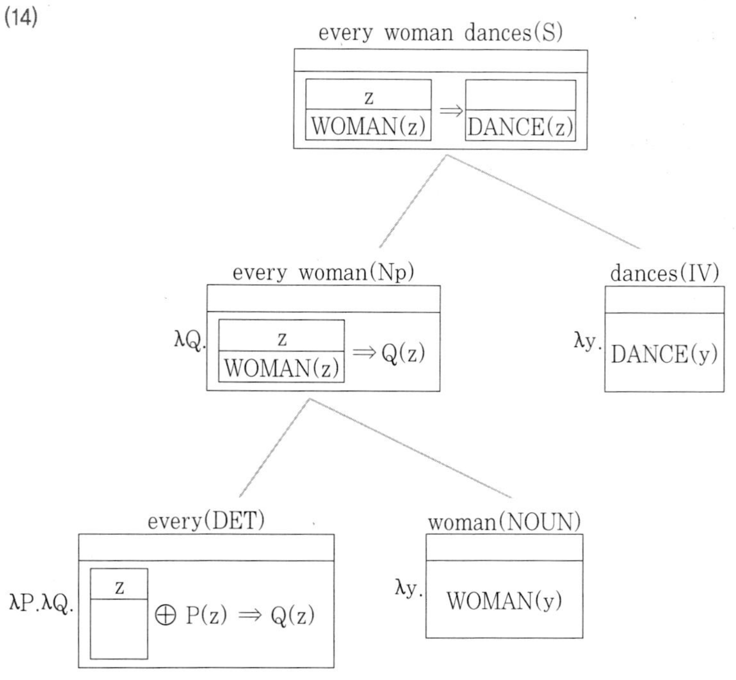

앞서 언급한 바와 같이 람다–DRT는 합성성 원리를 근간으로 하기 때문에, 기계적으로 처리하기가 수월하다. 이제 이 이론을 어떻게 프롤로그로 구현할 수 있는지에 대해서 논의해 보자.

먼저 DRS를 2항 술어 drs/2로 정의한다. 이어서 단순 DRS를 구성하는 두 집합, 곧 담화지시체 집합과 조건 집합을 각각 리스트로 표현하여, 두 개의 리스트를 drs/2에 대한 논항으로 삼는다. 따라서 아래의 (15a)와 같은 DRS는 (15b)와 같이 술어–논항 구조로 표현된다.

(15) a.
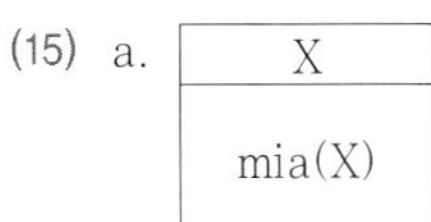

    b. drs([X], [mia(X)])

2항 술어 drs/2를 바탕으로 위 (13a)에 정의된 보통명사 'woman'에 대한 람다–DRS를 한정절 문법의 어휘규칙 형식으로 표상하면, 다음의 (16)과 같다.

(16) noun(lambda(X,drs([],[woman(X)]))) $\longrightarrow$ [woman].

또한 병합–연산을 mergeDrs/2라는 아래의 (17)과 같이 2항 술어로 정의한다.

(17) mergeDrs(drs(D,C1),drs(D,C2)) :- mergeDrs(C1,C2).
     mergeDrs(merge(B1,B2),drs(D3,C3)) :-mergeDrs(B1,drs
       (D1,C1)),mergeDrs(B2,drs(D2,C2)),append(D1,D2,D3),
       append(C1,C2,C3).
     mergeDrs([B1 $\Rightarrow$ B2|C1],[B3 $\Rightarrow$ B4|C2]) :-!, mergeDrs(B1,B3),
       mergeDrs(B2,B4),mergeDrs(C1,C2).
     mergeDrs([B1 v B2|C1],[B3 v B4|C2]) :-!, mergeDrs(B1,B3),
       mergeDrs(B2,B4),mergeDrs(C1,C2).
     mergeDrs([$\sim$ B1|C1],[$\sim$ B2|C2]) :-!, mergeDrs(B1,B2),

```
        mergeDrs (C1,C2).
    mergeDrs([C|C1],[C|C2]) :- mergeDrs(C1,C2).
    mergeDrs([],[]).
```

2항 술어 mergeDRS/2의 기능은 리스트 형태로 되어 있는 두 개의 DRS를 합쳐서 두 리스트가 동일한 새로운 리스트로 변형되도록 하는 것이다. 술어 mergeDRS/2와 앞 장에서 논의한 함수적용을 위한 연산 fa/2를 기초로 하여 (13b)-(13e)의 다른 어휘기재항들을 한정절 문법의 어휘규칙 형식으로 나타내면, 각각 아래의 (18a)-(18d)와 같다.

(18) a. det(lambda(P,lambda(Q,merge(drs([X|D],C),B)))) $\longrightarrow$ [a], {fa(P,X,drs(D,C)),fa(Q,X,B)}.
   b. det(lambda(P,lambda(Q,drs([],[drs([X|D],C) $\Rightarrow$ B])))) $\longrightarrow$ [every], {fa(P,X,drs(D,C)),fa(Q,X,B)}.
   c. iv(lambda(X,drs([],[dance(X)]))) $\longrightarrow$ [dances].
   d. tv(lambda(K,lambda(Y,B))) $\longrightarrow$ [loves], {fa(K,lambda(X,drs([],[love(Y,X)])),B)}.

외에 어휘들을 결합하여 복합 표현을 만드는 결합규칙은 다음의 (19a), (19b)와 같이 한정절 문법의 구구조규칙의 형식으로 기술된다.

(19) a. s(Drs) $\longrightarrow$ np(DrsNp), vp(DrsVp), {fa(DrsNp,DrsVp,Drs)}.
   b. np(DrsNP) $\longrightarrow$ det(DrsDet), noun(DrsNoun), {fa(DrsDet,DrsNoun, DrsNP)}.

위의 규칙 (19a)는 명사구(np)와 동사구(vp)가 결합하여 문장(s)을 이루는 구구조규칙으로서 변수를 고려하지 않으면 앞 장에서 논의한 의미분석기에 사용된 규칙과 완전히 동일하다. 이 사실은 관사와 명사를 결합하여 명사구를 만드는 규칙 (19b)에도 그대로 적용된다.

Blackburn/Bos(1997)에서 소개된 람다-DRT를 프롤로그로 구현한 파서 'lambdaDRT-pl'의 최상위 범주는 'm'(merge)로서 이와 관련한 구구조 규칙은 아래의 (20)에 제시된 규칙이다.

(20) m(Drs) $\longrightarrow$ s(D), {mergeDrs(D,Drs)}.

이 규칙은 문장의 파싱결과를 보다 판독이 용이한 형태로 바꾸는 기능을 한다. 예를 들어 직접적으로 문장 'Every woman loves a boxer'의 DRS를 묻는 (21a)에 대해서는 (22b)와 같은 결과를 얻지만, 범주 'm'을 이용한 물음 (22a)에 대해서는 (22b)와 같은 결과를 얻게 된다.

(21) a. ?- s(K,[every,woman,loves,a,boxer],[]).
      b. K = drs([], [drs([_G427], [woman(_G427)]) $\Rightarrow$
            merge(drs([_G456], [boxer(_G456)]), drs([], [love(_G427,
            _G456)]))])
(22) a. ?- m(K,[every,woman,loves,a,boxer],[]).
      b. K = drs([], [drs([_G427], [woman(_G427)])$\Rightarrow$
            drs([_G456], [boxer(_G456), love(_G427, _G456)])])

곧, 규칙 (20)은 문장을 파싱한 결과 얻어진 DRS 안에 포함된 연산 'merge'가 수행되도록 하는 기능을 한다.

이제까지 논의한 DRT-파서는 람다-DRT를 이론적인 기반으로 삼고 있으며, 여러 유형의 명사구들이 포함된 문장의 의미를 적절히 표상하는 기능을 갖춘 것이다. 그러나 이 파서는 담화상에서의 대명사와 선행사간의 결속관계를 보여주지는 않는다. 그러나 Blackburn/Bos(1997 : 140ff.)에서 소개된 확장 DRT-파서("anaRes.pl")는 담화상에서의 대명사 용해(pronoun resolution)에도 쓰일 수 있다. 이 파서는 대명사와 선행사간의 결속가능성을 점검하기 위해 2항 술어 resolveDrs/2를 다음의 (23)과 같이 정의한다.

(23) resolveDrs(Drs,Resolved) :- resolveDrs(Drs,[]-_Acc,Resolved).
      resolveDrs(drs(D,C1),Acc1-Acc3,drs(D,C2)) :-
            append(D,Acc1,Acc2),resolveDrs(C1,Acc2-Acc3,C2).
      resolveDrs(merge(B1,B2),Acc1-Acc3,merge(B3,B4)) :-
            resolveDrs(B1,Acc1-Acc2,B3),resolveDrs(B2,Acc2-Acc3,B4).
      resolveDrs(alfa(Pron,B1),Acc1-Acc2,B2) :- member(Pron,Acc1),
            resolveDrs(B1,Acc1-Acc2,B2).

```
resolveDrs([B1 〉 B2|C1],Acc1-Acc3,[B3 〉 B4|C2]) : -!,
    resolveDrs(B1,Acc1-Acc2,B3),resolveDrs(B2,Acc2-_,B4),
    resolveDrs(C1,Acc1-Acc3,C2).
resolveDrs([B1 v B2|C1],Acc1-Acc2,[B3 v B4|C2]) : -!,
    resolveDrs(B1,Acc1-_ ,B3), resolveDrs(B2,Acc1-_ ,B4),
    resolveDrs(C1,Acc1-Acc2,C2).
resolveDrs([~ B1|C1],Acc1-Acc2,[~ B2|C2]) : -!,
    resolveDrs(B1,Acc1-_ ,B2), resolveDrs(C1,Acc1-Acc2,C2).
resolveDrs([C|C1],Acc1-Acc2,[C|C2]) : -
    resolveDrs(C1,Acc1-Acc2,C2).
resolveDrs([],Acc-Acc,[]).
```

2항 술어 resolveDrs/2를 이용하여 대명사 용해 문제를 해결하는 확장 DRT-파서의 최상위 구구조규칙은 아래의 (24a)에 제시된 'r'(resolution) 규칙과 (24b)-(24d)에 제시된 'd'(discourse) 규칙이다.

(24) a. r(Drs) ─→ d(D1), {resolveDrs(D1,D2),mergeDrs(D2,Drs)}.
     b. d(drs([],[])) ─→ [].
     c. d(merge(Drs1,Drs2)) ─→ s(Drs1), d(Drs2).
     d. d(drs([],[Drs1 〉 Drs2])) ─→ [if], s(Drs1), s(Drs2).

위 (24a)의 'r'-규칙은 DRS 내의 가능한 대명사-선행사 결속관계들을 체크한 결과를 보이기 위한 규칙이고, 'd'-규칙은 문장(s)층위를 넘어 담화 층위의 DRS를 파싱결과로 내놓는 규칙이다. 이 확장 DRT-파서에 대한 자세한 논의를 여기서는 전개하지 않는 대신, 이 파서에 의한 분석의 결과 만을 보이면, 다음의 (25b)와 같다. 이는 (25a)에 보듯이 대명사가 포함되 고 두 문장으로 이루어진 간단한 담화 'Every woman loves every boxer. She dances.'를 분석한 결과이다.

(25) a. ?- r(K,[a,woman,loves,every,boxer,she,dances],[]).
     b. K = drs([_G508, _G608], [woman(_G508), drs([_G537],
            [boxer(_G537)])⇒drs([], [love(_G508, _G537)]),
            _G608=_G508, dance(_G608)])

확장-DRT 파서에 의해서 담화 'Every woman loves a boxer. He dies.'에 대한 분석결과를 얻어내지 못한다.

(26) ?- r(K,[every,woman,loves,a,boxer,he,dies],[]).
　　　　 no

이러한 사실은 두 개의 양화 명사구가 나타나는 첫 번째 문장 'Every woman loves a boxer.'가 중의성을 갖지 않는다는, 곧 'a boxer'가 넓은 영향권을 갖는 해석이 배제된다는 점을 시사한다.

우리가 DRT-파싱방법을 9장에서 논의한 좌측코너 통합파서(ILCP)에 붙여서 사용함으로써 통합파서의 기능을 더 확대할 수 있는데, 이제부터는 확대통합파서(Extended Integrated Left-Corner Parser, 이하 EILCP)의 설계 구조에 대해서 간단하게 살펴보고자 한다. EILCP는 문장의 담화표상구조를 보여준다는 점에서 ILCP를 확대한 것으로 이해된다. 이 파서("eilcp.pl") 는 다음의 (27)에 정의된 1항 술어 synsem/1에 의해 작동된다.

```
(27)  synsem(Sentence) :- parse(SynSem,Sentence,[]),            % line1
          SynSem=..[Cat,Core_syn,Core_sem,Core_fs,Core_drs],    % line2
          write('Category = '), write(Cat),nl,                  % line3
          write('Syntactic Structure = '),nl,tab(10),           % line4
          write(Core_syn),nl,tree(Core_syn),nl,                 % line5
          write('Semantic Representation = '),nl,tab(10),        % line6
          write(Core_sem),nl,nl,                                 % line7
          write('AVM Information Structure = '),nl,tab(10),       % line8
          write(Core_fs),nl,nl,avm(Core_fs),nl,                  % line9
          write('Discourse Representation a la DRT = '),nl,nl,tab(10),  % line9
          modify_drs(Core_drs),nl.                               % line10
```

위 (27)에 제시된 1항 술어 synsem/1이 ILCP 파서의 synsem/1과 차이를 보이는 부분은 line2, line9 그리고 line10이다. lin2를 통해 우리는, 3항 술어 parse/3에 의한 파싱결과인 SynSem을 리스트 형식으로 변환했을 때 ILCP파서에서와는 달리 논항이 하나 더 생긴다는 사실을 확인하게 되는데, 여기 새로 추가된 논항은 담화표상에 대한 정보를 담고 있는 자리이다. line9는 화면에 'Discourse Representation a la DRT = '라는 제목을 출력하고서 두 줄을 바꾼 다음에 빈자리를 10개 만들라는 명령을 프롤로그 해석기에 내린다. 마지막으로 line10에 의해 변수 Core_drs로 표현된 담화표상에 대한 정보가 화면에 출력되고 줄이 하나 바뀌는데, 이 과정에서 정보의 표현형식이 경우에 따라 1항 술어 modify_drs/1에 의해 수정되기도 한다. 아래의 (28)과 같이 정의되는 술어 modify_drs/1는 2항 술어 mergeDrs/2의 도움으로 완성되지 않은 DRS를 정형의 DRS로 바꾸고(line1), 정형의 DRS를 그대로 남겨두는(line2) 기능을 가진다.

(28) write_drs(Core_drs) :- (mergeDrs(Core_drs,DRS),!,write(DRS)) ;
                                              % line1
               write(Core_drs),nl.   % line2

확대통합파서 EILCP에 채택된 파싱엔진은 통합파서와 동일한 좌측코너 파서이지만, 이 파서를 뒷받침하는 문법의 구구조규칙과 어휘규칙이 통합파서의 그것들과 작은 구조상의 차이를 보이기 때문에 파싱결과가 달리 나타나는 것이다. 아래의 (29a), (29b)에는 확대통합파서를 지원하는 구구조규칙과 통합파서에 관여하는 구구조규칙이 제시되어 있다.

(29) a. np(np(DETcs,Ncs),NP,NPfs,**NPdr**) ——→
         [det(DETcs,N1 to NP,DETfs,**DETdr**), n(Ncs,N1,Nfs,**Ndr**)] :-
         (NPfs : head === Nfs, NPfs : specifier === DETfs),**fa**
         (DETdr,Ndr,NPdr).
      b. np(np(DETcs,Ncs),NP,NPfs) ——→
         [det(DETcs,N1 to NP,DETfs), n(Ncs,N1,Nfs)] :-
         (NPfs : head === Nfs, NPfs : specifier === DETfs).

위의 관사와 명사를 결합시켜 명사구를 만드는 두 규칙을 비교해 보면, 규칙 (29a)에 변수 NPdr, DETdr과 Ndr로 표현되는 담화표상에 대한 정보가 들어갈 자리가 하나씩 더 있는 것을 알 수 있다. 이 정보들이 상위범

주로 전달되어 합성성 원리에 의해 문장의 담화표상에 대한 정보가 얻어지
는 것이다. 마찬가지로 다음의 (30a)를 (30b)와 비교할 때 분명해지듯이
어휘규칙에도 담화표상을 위한 자리가 하나 더 존재한다.

> (30) a. word(every, det(det(every),(P lambda X) to (Q lambda X) to
> forall(X,P⟹Q),Fd,**lambda2(P2,lambda2(Q2,drs([],[drs**
> **([X2 |D],C) ⟹ B]))))) : -**
> (Fd : phon === every, Fd : cat === det, Fd : semfunc
> ===for_all),fa(P2,X2,drs(D,C)),fa(Q2,X2,B).
> b. word(every, det(det(every),(P lambda X) to (Q lambda X) to
> forall(X, P ⟹ Q),Fd)) : -(Fd : phon === every, Fd : cat
> === det, Fd : semfunc === for_all).

위의 (30a)에서 람다 형식 **lambda2(P2,lambda2(Q2,drs([],[drs ([X2 |**
D],C) ⟹ B])))이 담화표상 정보를 담기 위해 마련된 것이다.

이제 확대통합파서 EILCP에 의한 영어 문장 'Every student wrote a
program'의 파싱결과를 살펴보자.

> (31) a. Category = s
> b. Syntactic Structure =
> s(np(det(every), n(student)), vp(tv(wrote), np(det(a),
> n(program))))
> c.

```
                           s
                   ┌───────┴───────┐
                  np              vp
                ┌──┴──┐         ┌──┴──┐
               det    n        tv     np
                │     │         │    ┌─┴─┐
                │     │         │   det   n
              every student   wrote  │    │
                                     a  program
```

> d. Semantic Representation =
> forall(_G187, student(_G187)⟹exists(_G408, program(_G408)
> &wrote(_G187, _G408)))

e. AVM Information Structure =
[head : [head : [phon : wrote, cat : verb, tense : past|_G447],
complement : [head : [phon : program, cat : noun|_G683],
specifier : [phon : a, cat : det, semfunc : for_some|_G587]|
_G636]|_G511], subj : [head : [phon : student, cat : noun|
_G346], specifier : [phon : every, cat : det, semfunc : for_all|
_G250]|_G299]|_G386]

f.
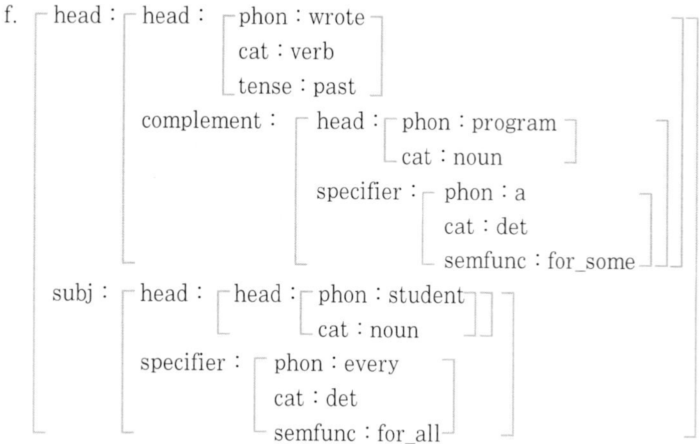

g. Discourse Representation a la DRT =
drs([], [drs([_G219], [student(_G219)]) ⇒ drs([_G455],
[program(_G455), wrote(_G219, _G455)])]))

위에서 (31g)가 담화표상에 대한 정보이며 확대통합파서에 의해 추가로
얻어진 결과이다.

지금까지 우리는 Kamp의 담화표상 이론(DRT)과 Bos et al.(1994)에서
제안된 람다-DRT에 대해 논의하고, Blackburn/Bos(1997)의 DRT-파서
에 대해 살펴보았다. 이 파서가 합성성 원리를 기반으로 하면서 람다연산
과 병합연산을 주요 기재로 함을 확인했다. 외에도 8장에서 논의한 좌측코
너 통합파서를 확대하여 DRT-파싱방법을 포괄하는 확대 통합파서의 설계
구조와 파싱결과에 대해서도 살펴보았다. 이러한 확대 통합파서는 한국어
문장 및 담화의 분석에도 활용될 수 있을 것으로 여겨진다.

제 3 부 전산언어학의 응용

제 9 장 기계번역의 이론과 실제

1. 기계번역의 유형

오늘날 언어기술이 가장 활발하게 응용되고 있는 분야가 인간과 컴퓨터의 인터페이스라고 한다면, 머지 않은 장래에 가장 각광받을 분야는 단연 기계번역분야라고 할 수 있을 것이다. 기계번역이란 컴퓨터가 하나의 자연언어를 다른 자연언어로 인간을 대신하여 번역하는 과정 및 결과를 일컫는다. 이때에 번역의 대상이 되는 언어를 원천언어(Source Language, 이하 SL)라 하고, 번역의 결과 표현된 언어를 목표언어(Target Language, 이하 TL)라 부른다. 번역을 자동화하려는 시도는 1940년대 컴퓨터의 개발에서부터 시작하여 1946년 Warren Weaver와 Donald Booth는 기계 번역의 가능성에 대하여 논의하기 시작하였다(심광섭/김영택, 1994 : 19ff). 기계 번역의 몇몇 초기 시스템으로는 미국의 GAT(Georgetown Automatic Translation), 프랑스의 노불 기계 번역 시스템 CETA(Centre d'Etudes pour la Traduction Automatique), 캐나다의 영불 기계번역 시스템 TAUM(Traduction Automatique de l'Universite de Montreal) 등을 들 수 있다. 기계번역에 관여하는 언어기술에는 언어분석(analysis)기술과 언어생성(generation)기술이 있는데, 두 기술의 성공여부는 기본적으로 자연언어의 형식화가 인간의 언어능력에 얼마나 가까이 접근하느냐에 의해 좌우된다. 그런데 이미 잘 알려져 있듯이 인간의 언어능력은 인류가 수만 년 동안의 진화과정을 거친 결과 얻어진 고도의 인지능력이다. 그만큼 인간의 언어능력을 컴퓨터에 부여하는 과제가 풀기 어렵다고 할 수 있고, 동일한 맥락에서 컴퓨터가 하나의 자연언어를 다른 자연언어로 완벽하게 번역해내기를 기대하기도 매우 어려운 일이다. 그러나 분명한 사실은 기계번역분야가 언어학자들이 전산학자와의 공동연구를 통해 극복해야 할, 그만큼 많은 언어학적 연구주제가 저장되어 있는 분야라는 점이다. 최근 기계번역 분야의 연구 방향은 범용의 시스템 개발에 주력하기보다는 제한된 영역의 번역에 연구력을 집중하고 있다. 이를테면, 현재 6년째 진행되고 있는 독일중심의 Verbmobil 프로젝트의 경우, 약속정하기(Appointment) 영역에 한하여 독↔영, 독↔일 양방향 자동통역을 목표로 하는데, 매년 70억 정도의 연구비를 투여하고 있으며, 최장 13년의 연구기간을 계획하고 있다.[8] 이 장에서는 기계번역의 기본 방법론 세 가지를 간단히 살펴보고, 어휘기능문법에 기반한 실험적인 영↔한 양방향 번역시스템의 구조와 작동방식에 대해 논의한다.

번역의 전과정이 자동으로 처리되는 기계번역 시스템(FAQMT)은 크게 세 가지 유형으로 구분된다.[9] 여기서 세 가지 유형이란, 직접(direct)방식과, 변환(transfer)방식 그리고 중간언어(interlinua)방식을 지칭한다. 이 중에서 직접방식이 가장 단순한 방법론인데, 이 방식은 언어분석 모듈과 언어생성 모듈을 구분하지 않고 원천언어 문장을 병렬언어(bilingual)사전을 이용하여 목표언어 문장으로 직접 번역하는 방법을 택한다. 따라서 이 방식은 예를 들어 프랑스어와 스페인어 간이나, 한국어와 일본어 등 통사구조가 상호간에 비슷하고, 어휘도 유사성이 많은 언어간의 번역에 적합하다고 할 수 있다. 그러나 현재는 거의 채택되지 않는 번역방식이다. 아래의

---

8) 박혜은 · 이민행(1999 : 28) 참조.

9) 번역과정 전체가 자동으로 처리되는 기계번역을 완전자동화된 양질의 기계번역(Fully Automated High Quality Machine Translation, 약어로 FAQMT)는 번역과정에 부분적으로 사람이 개입하는 인간보조 기계번역(Human-Aided Machine Translation, 약어로 HAMT)이나, 번역자가 컴퓨터의 보조를 받는 기계보조 인간번역(Machine-Aided Human Translation, 약어로 MAHT)와 구분된다. 일반적인 의미에서 기계번역은 FAQMT를 지칭한다. Hutchins/Somers(1992 : 147) 참조.

도표는 직접방식의 번역절차를 요약하여 보여주고 있다(Hutchins/Somers, 1992 : 72).

(1)
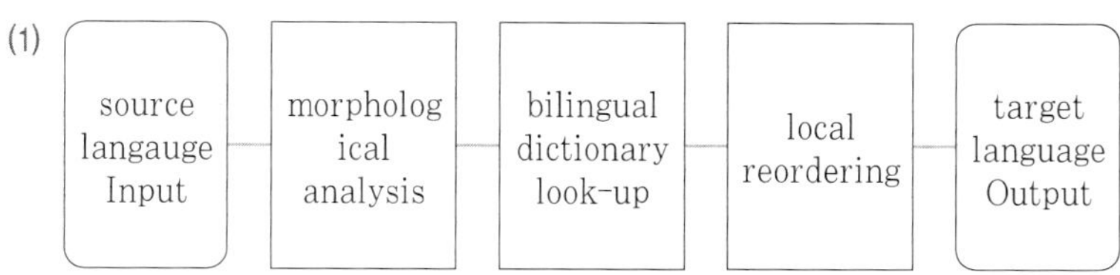

1950년대와 1960년대에 개발된 초기의 기계 번역 시스템은 대부분 직접 방식이었다. 대표적인 직접 방식 기계 번역 시스템은 Georgetown 대학에서 개발된 러시아-영어 번역 시스템과 SYSTRAN의 초기 시스템을 들 수 있다.

직접방식과 달리 중간언어 방식은 원천언어의 분석모듈과 목표언어의 생성모듈사이에 두 언어의 어휘적, 구조적인 속성을 공통으로 반영한 중간표상을 두는 방식인데, 일명 피봇(pivot)방식이라고도 불리는 이 번역방식은 두 단계, 즉 '이해(understanding)'와 '바꿔쓰기(paraphrasing)'를 통해 진행된다. 이 접근방법의 첫 번째 단계는 원천언어 표현을 중간언어 표상체로 바꾸는 단계이고, 두 번째 단계는 이 중간언어 표상체로부터 목표언어의 문장을 생성하는 단계이다. 이 방식에서 가장 중요한 부분은 역시 중간언어 표상체인데, 기계번역의 대상이 되는 두 언어에 공통적인 중간언어를 어떻게 설계하느냐가 핵심과제이다. 원천언어를 분석한 결과를 중간언어로 표현한다는 것은 그만큼 분석과정이 깊이 있게 진행된다는 의미이다. 이러한 중간언어가 언어적인 보편성을 가지면 가질수록, 하나의 피봇방식에 기반한 기계번역 시스템에 의해 보다 많은 언어간의 번역이 가능하고 번역의 질도 높일 수 있다고 할 수 있다. 이 방식의 경우, 보통 양방향 번역이 가능하도록 설계되는 것이 보통이다. 다음의 도식은 중간언어 방식에 기반한 번역시스템의 번역절차를 보여준다(Hausser, 1999 : 48).

(2)

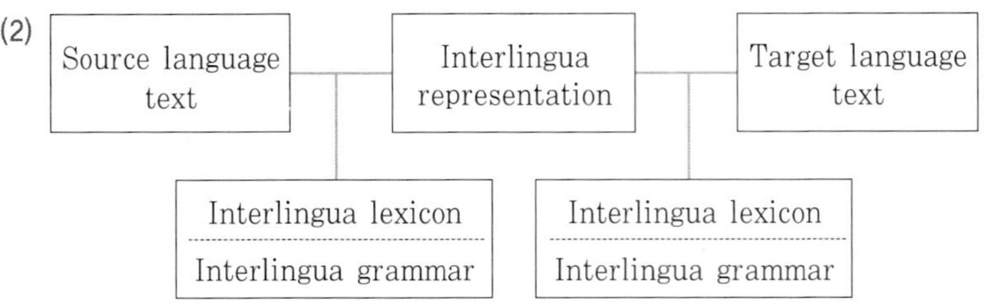

중간언어 접근법을 주장하는 연구자들의 관점에서, 개별 언어의 낱말들은 언어와는 무관한 언어 외적 개념을 지시한다. 그러한 개념들은 언어 보편 기술의 단위들로서, 개별 언어들은 서로 개념들을 통해 연관되어 있고, 한 언어에서 다른 언어로의 번역은 이러한 개념들을 통해서 쉽게 이루어진다고 간주된다. 그러나 보통의 텍스트들, 심지어는 과학적이고 기술적인 논문들에서조차도 어휘 번역에 대한 위의 단순한 생각들이 맞지 않은 일반 단어들이 많이 있다는 것을 발견하게 된다. 또한 Hobbs(1984)가 지적한 것처럼 동사들은 보통 실제 세계에서 상당히 다른 상황이나 사건들을 기술하는 데 사용되기 때문에, 어떤 언어에서도 어휘 선택을 설명할 목적으로 완전하고 언어 보편적인 어근의 집합을 발견하는 것은 어렵다. 그 대신에 현재 정말 필요한 것은 어떤 종류의 요인들이 각각의 개별 단어들에 대한 적절한 등가물의 선택에 적절한가를 명시하기 위해서 행해지는 개별 언어들간의 어휘 선택에 대한 더 설득적인 비교 연구일 것이다(Tsujii, 1989 : 659). 현재 기계 번역 시스템에서 설정하고 있거나 연구 중인 중간언어 표현에는 개념 표상과 같은 논리적 인공 언어, 에스페란토(Esperanto)와 같은 자연 보조 언어, 그리고 모든 언어에 공통적인 의미 원천소(semantic primitive) 등이 있다(김영택, 1994 : 410ff.). 중간언어 방식은 가장 이상적인 형태의 기계 번역 방식으로 특히 다언어간 번역에서는 잠정적으로 많은 이점을 지니고 있다. 대표적인 피봇 방식 시스템으로는 Colgate 대학의 TRANSLATOR, 일본 NEC 사의 PIVOT 등이 있다.

마지막으로, 변환방식에서는 두 언어에 공통적인 중간언어를 가정하지 않는다. 대신 분석모듈과 생성모듈 외에 변환모듈을 설정한다. 다시 말하여, 변환 방식에서는 3단계 과정, 즉 분석(analysis), 변환(transfer), 생성 (generation)의 과정을 거쳐 번역이 진행된다. 여기서 두 번째 단계인 변환 (transfer)은 두 언어의 어휘나, 전형적인 표현, 그리고 통사적·의미적 구조들이 비교되어 원천언어의 어휘나 구조가 목표언어에서의 등가물로 변환되는 일종의 대조단계라 할 수 있다. GETA에 의해 계획되어 MU 프로젝트를 포함하여 EUROPA, TAUM, METAL, PAHO-ENGSFA, ASKOF 등의 많은 기계번역 시스템들에 의해 채택되었고, 현재도 가장 많은 기계번역 시스템에서 쓰이는 변환방식의 설계구조를 도표로 나타내면, 다음의 (3)과 같다(Hausser, 1999 : 43).

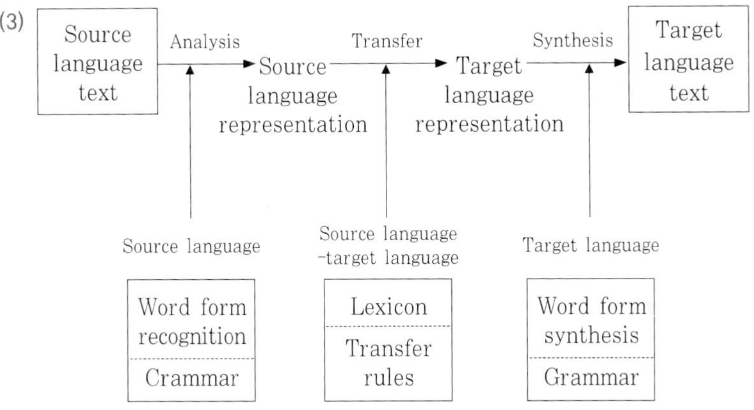

위의 도표에서 볼 수 있듯이, 변환 방식에서는 세 가지의 사전이 사용되는데, 원천언어의 분석과 목표언어의 생성에 필요한 어휘적 정보를 각각 수록하고 있는 원천언어 사전과 목표언어 사전, 그리고 원천언어와 목표언어 사이의 어휘적 대응 정보를 수록하고 있는 원천언어-목표언어간의 변환 사전이다. 그리고 문법 정보도 원천언어와 목표언어 각각에 대해 별도로 존재하며, 변환 단계서는 원시 언어와 목표 언어 사이의 구조적 차이를 해소하기 위한 변환 규칙이 사용되며, 변환 사전은 원천언어의 어휘를 그에 대응하는 목표언어의 어휘로 대치하는 데에 이용된다(심광섭/김영택, 1994 :

19). 변환 방식의 대표적인 기계 번역 시스템은 유럽 공동체 국가 언어들 사이의 번역을 위한 EUROTRA, 일본의 Mu 시스템 등이 있다.

이상에서 논의한 기계번역시스템의 세 가지 유형간의 관계를 Hutchins/ Somers(1992 : 107)는 아래의 (4)와 같은 피라미드형으로 표현한다.

(4)

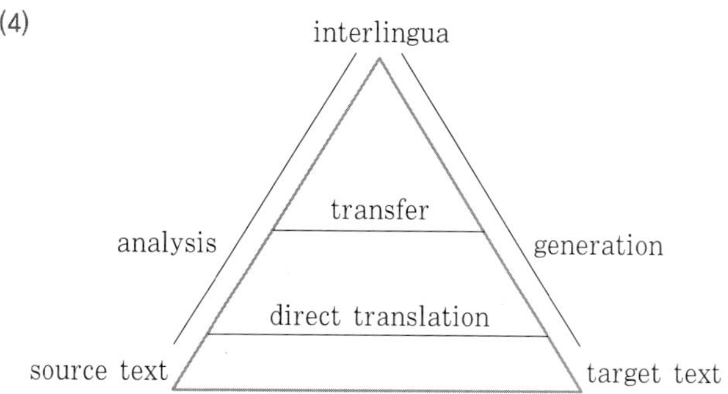

미국 국방성의 ALPAC 보고서에서 1966년에 인간의 도움 없는 자동화된 기계번역 시스템이란 불가능하다고 결론이 내려짐으로써 80년 말까지도 기계번역은 실현이 거의 불가능한 분야로 간주되었다. 그러나 90년대 들어서서 컴퓨터의 하드웨어가 비약적으로 발전함으로써 기계번역에 대한 새로운 가능성이 보이기 시작했다. 더 나아가 인터넷의 비약적인 발전이 외국어로 쓰여진 새로운 정보들에 대한 수요를 불러일으킴으로써 기계번역에 대한 관심과 필요성이 최근 들어 갑자기 증대하였다. 현재는 일본과 유럽 중심으로 활발한 연구가 이루어지고 있으며, 90년대에 들어오면서 지식기반 기계번역, 예제기반 기계번역, 코퍼스기반 기계번역과 통계적 방법에 의한 기계번역 등 다양한 방법이 시도되고 있다(김영택, 1994 : 410ff.). 그런데 미래의 바람직한 기계번역 시스템은 원천 문장의 의미표현이 원천 문장에 의해서 전달되는 모든 종류의 정보, 즉 '텍스트에 의해 무엇이 기술되어 있는가'라는 질문에 대한 답이 될 수 있는 정보뿐만 아니라, '그것이 어떤 관점에서, 어떤 입장에 의해, 어떻게 기술되는가'라는 질문에 대한 답이 될 수 있는 정보까지도 포함하고 있어야 한다(Tsujii, 1989 : 669).

2. 실험적인 한↔영 쌍방향 기계번역 시스템

이 절에서는 프롤로그로 코딩된 중간언어 방식의 실험적인 한↔영 쌍방향 기계번역 시스템의 설계구조와 주요 모듈에 대해서 논의한다. 여기에서 기술하는 실험적인 한국어-영어 기계번역 시스템은 중간언어 방식을 채택하고 있는 쌍방향 번역시스템이다.[10] 여기서는 설명의 편의를 위해 먼저 한→영 시스템에 대해 기술하고자 하며, 이 시스템의 설계구조는 다음과 같다.

(5)
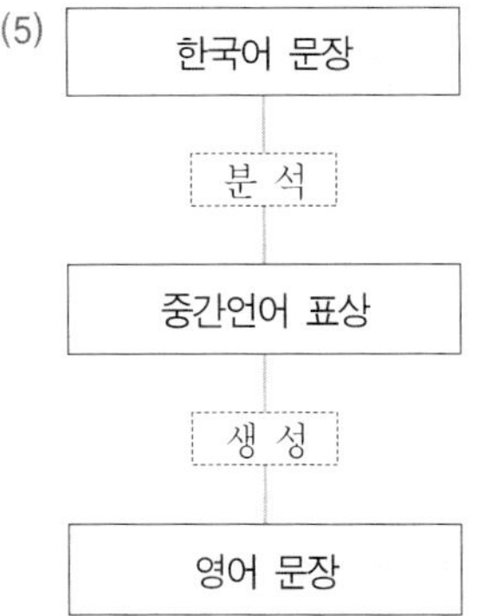

위의 설계구조에서 보듯이 원천언어인 한국어의 문장이 번역시스템에 입력되면, 이 문장은 분석모듈을 거쳐 중간언어 표상으로 바뀐다. 이 중간언어 표상이 생성모듈을 거치게 되면, 목표언어인 영어 문장이 생성된다. 이러한 일련의 과정을 구체적으로 보이기 위해 하나의 예를 들어보자.

(6) a. ?- lfgmtke('미미가', '책을', '읽느냐').
    b. [did, mimi, read, the, book, ?]
    c. [did, mimi, read, a, book, ?]
    d. [did, mimi, read, book, ?]

---

10) 실험적인 한↔영 쌍방향 번역시스템의 전체 코드는 부록에 "lfgmt.pl"으로 수록되어 있다.

위의 (6a)에는 한국어의 문장을 영어로 번역하게 하는 1항 술어 lfgmtke/1가 나타나 있다. 이 술어를 사용하여 문장 '미미가 책을 읽느냐' 를 영어로 번역한 결과가 (6b)부터 (6d)까지 세 가지 제시되어 있다. 이렇 게 하나의 한국어 문장이 여러 개의 영어 문장으로 번역되는 것은 바람직하 지 못하지만, 여기서는 한국어가 정관사나 부정관사를 가지고 있지 않기 때 문에 유발된 문제로 이해될 수 있다. 한국어 문장을 영어 문장으로 번역하 라는 명령으로 사용된 1항 술어 lfgmtke/1는 아래의 (7)과 같이 정의된다.

```
(7) lfgmtke(KS) : - s(KFS,KS,[]),                                    % line1
                   write('The F-structure of source language is '),nl,tab(6),
                                                                     % line2
                   write(KFS),nl,                                    % line3
                   unify(KFS,EFS),                                   % line4
                   esmax(EFS,ES,[]),nl,                              % line5
                   write('One of the translation results is '),nl,tab(6),
                                                                     % line6
                   write(ES),nl,fail.                                % line7
```

이제 1항 술어 lfgmtke/1의 기능에 대해 단계적으로 살펴보면, line1에 서 보듯이 이 술어는 맨 먼저 변수 KS로 표현된 입력된 문장을 3항 술어 s/3의 두 번째 논항에 집어넣어 이 술어를 실행시킨다. 이때 3항 술어 s/3 의 기능은 아래의 (8a), (8b)에서 볼 수 있듯이 원천문장인 한국어의 문법 규칙과 어휘부를 기초로 하여 한국어 문장의 구조를 중간언어로 표상하는 것이다. 여기에서 문법규칙과 어휘부는 어휘기능문법의 형식을 따라 기술 되었다. 아래의 (8b)가 입력문에 대한 중간언어 표상체이다.

```
(8) a. ?- s(KFS,['미미가','책을','읽느냐'],[]).
    b. KFS=[subj=[pred=mimi, case=nom, sem=human|_G362],
          obj=[pred=book, case=acc, sem=non-human|_G401],
          pred=read(subj, obj), mood=interrog,
       tense=present|_G455]
```

이렇게 중간언어 표상체가 얻어지면, line4에 기술된 바와 같이 2항 술어 unify/2에 의해 이 표상체와 통합이 가능한 기능구조―여기서는 변수 EFS로 표현됨―가 찾아진다. 이 기능구조는 3항 술어 es/3의 첫 번째 논항자리를 차지하게 되며, 이 3항 술어가 목표언어의 문법규칙과 어휘부를 토대로 실행되어 목표언어의 문장을 생성한다. 중간언어로부터 목표언어의 문장이 생성된 결과는 다음의 (9a), (9b)에서 볼 수 있다.

(9) a. ?- esmax([subj=[pred=mimi, case=nom, sem=human|_G362],
         obj=[pred=book, case=acc, sem=non-human|_G401],
         pred=read(subj, obj), mood=interrog,
         tense=present|_G455],ES,[]).

   b. ES = [does, mimi, read, the, book, ?]

위의 질의 (9a)에 대해 (9b) 외에도 다른 답이 더 있는지를 묻기 위해 ';'을 입력하면, (6c)를 두 번째 결과로 얻고, 또 다른 답이 있는지를 묻기 위해 ';'을 다시 입력하면, (6d)를 결과로 얻는다.

앞서 언급한 바와 같이 이 절에서 소개하는 실험적인 번역시스템은 쌍방향 번역시스템으로서 영 → 한 번역시스템의 작동방법도 한 → 영 번역시스템과 동일한 절차를 수행한다. 따라서 영 → 한 번역시스템의 설계구조를 도식으로 나타내면 다음의 (10)과 같다.

(10)

　　아래의 (11)과 같이 정의되는 1항 술어 lfgmtek/1이 영→한 번역시스템
의 핵심기능을 수행한다.

(11)　lfgmtek(ES) : - esmax(EFS,ES,〔〕),
　　　　　　write('The F-structure of source language is '),nl,tab(6),
　　　　　　write(EFS),nl,
　　　　　　unify(EFS,KFS),
　　　　　　s(KFS,KS,〔〕),nl,
　　　　　　write('One of the translation results is '),nl,tab(6),nl,
　　　　　　write(KS),nl,fail.

　　이 술어를 이용하여, 영어 문장을 한국어로 번역한 결과가 다음의 (12b),
(12c)에 제시되어 있다.

(12)　a. ?- lfgmtek(〔did,the,boys,like,mimi,'?'〕).
　　　b. 〔그, 소년들이, 미미를, 좋아했느냐〕
　　　c. 〔소년들이, 미미를, 좋아했느냐〕

　　지금까지 우리는 중간언어 방식을 채택한 실험적인 한↔영 기계번역
시스템("lfgmt.pl")의 설계구조와 작동절차에 대해서 논의했다. 이 시스템
은 극히 단순한 한국어와 영어 문장을 번역할 수 있는 시스템으로서, 순전
히 기계번역의 개념을 이해시키기 위한 목적으로 이 절에서 소개한 것이
다. 거의 모든 전산언어학적인 과제들에서 그러한 것처럼 기계번역에서도
중의성 해결이 가장 중요한 이슈라는 사실에 다시 한번 주의를 환기시키고
자 한다.

제10장 전산 코퍼스와 용례추출기

1. 개관

최근의 전산언어학적인 연구는 대용량의 언어정보 데이터베이스를 기반으로 하는 경향이 강하다. 대량의 디지털화된 언어정보를 영어로는 전산 코퍼스(computational corpus)라 하고 우리말 번역어로는 전산 말모둠 혹은 전산 말뭉치가 초기에 주로 사용되었는데 요즈음은 그냥 말뭉치라는 용어로 국내 전문가들의 의견이 모아지고 있다. 세계 최초의 말뭉치는 미국의 브라운 대학에서 1961-1964년에 프란시스(Nelson Francis)와 쿠체라(Henry Kučera)에 편집된 브라운 말뭉치이다. 이 말뭉치는 지금까지도 계속해서 재사용 가능한 자료로 이용되고 있으며, 각각 2천 단어씩 5백 개의 텍스트로 구성되어 백만 단어에 이루고 있으며 텍스트는 15개의 장르에서 무작위로 추출되었다. 영국의 랭카스터-오슬로/베르겐 말뭉치(The Lancaster-Oslo/Bergen Corpus, LOB)도 미국의 브라운 말뭉치의 구축 원리를 영국 영어에 그대로 적용하였으며, 상당히 실용적인 목적을 가지고 제작되었다.11) 세계 최대 규모의 말뭉치로는 영국의 국가말뭉치(Britsh National Corpus, BNC)와 미국 전산언어학회가 구축한 말뭉치가 있는데, 이들은 1억이 넘는 단어들을 가지고 있다. 소수의 학자들이 문학과 언어학적 텍스트

---

11) http://www.georgetown.edu/cball/corpora/tutorial.html 참조.

의 연구를 위한 컴퓨터의 활용에 관심을 가졌었던 최근 15여 년 전까지도 말뭉치의 구축과 활용은 소수만의 관심사였다. 그러나 말뭉치를 활용한 언어처리 기술은 최근 몇 년 동안 음성 인식기와 기계 번역 시스템 등 정보기술을 연구하는 사람들의 깊은 관심을 끌고 있다. Leech/Fligelstone(1992 : 121ff.)에 따르면, 말뭉치는 텍스트를 음성으로 자동적으로 변환하는 음성합성 기술과 음성을 텍스트로 자동적으로 변환하는 음성인식 기술을 개발하는 데 있으며, 또한 언어학적인 가설을 확인하거나 언어학적 연구를 확고히 하기 위한 예를 찾고자 할 때 말뭉치를 이용할 수 있다. 자연언어처리에서는 더 정확도가 높은 통계적인 컴퓨터 시스템을 개발하기 위해서도 대량의 말뭉치를 대상으로 학습(training)을 해야 하기 때문에 말뭉치를 필요로 한다. 외에 사전편찬이나 언어교육과 기계번역 시스템의 구축, 문법검사기 개발 등에도 말뭉치가 많이 활용되고 있다. 영국의 버밍햄(Birmingham) 말뭉치를 기반으로 한 Collins 사의 코빌드(Cobuild) 사전이나 연세대 언어정보연구원에서 편찬한 『연세 한국어 사전』은 말뭉치가 사전편찬에 이용된 대표적인 예들인데, 이 사전들은 대량의 말뭉치를 기반으로 하기 때문에 언중들에 의해 실제로 사용되고 있는 풍부한 용례를 담고 있는 것이 특징이다.12) 특히 코빌드 사전은 사전 편찬을 위한 기초자료로써 전산 말뭉치를 이용한다는 새로운 사전편찬방법론의 가능성을 보여주었다는 점에서 높이 평가되는 사전이다. 이처럼 말뭉치가 여러 가지 분야에서 높은 활용도를 갖기 위해서 말뭉치는 어떠한 속성을 가져야 하는가? 말뭉치들 중에는 언어학적인 정보가 전혀 들어 있지 않은 가공되지 않은 말뭉치(raw corpus)가 있기도 하지만, 일반적으로 어떤 말뭉치가 널리 활용될 수 있는 것은 다양한 언어학적인 정보를 포함하고 있는 경우이다.13) 이처럼 어떤 형태로든 언어학적인 정보가 부착되어 있는 말뭉치를 태깅된 말뭉치(tagged corpus) 혹은 주석(tag) 달린 말뭉치라고 부른다. 말뭉치에 부가되는 언어학적인 정보들 중 가장 단순한 형태는 개별 어휘들에 문법범

---

12) 서상규/한영균(1999)에서는 말뭉치를 이용한 사전편찬 방법론이 상세히 소개되어 있다.
13) 강범모(2003)와 Meyer(2002)는 말뭉치 언어학에 대한 좋은 안내서이다.

주(part of speech, POS)만 부착되어 있는 형태인데, LOB 말뭉치에서 추출한 아래의 (1)이 그러한 예를 보여준다.

(1) LOB의 예
A01 2 ^ *′_*′ stop_VB electing_VBG life_NN peers_NNS **′_**′ ._.
A01 3 ^ by_IN Trevor_NP Williams_NP ._.
A01 4 ^ a_AT move_NN to_TO stop_VB \0Mr_NPT Gaitskell_NP from_IN
A01 4 nominating_VBG any_DTI more_AP labour_NN
A01 5 life_NN peers_NNS is_BEZ to_TO be_BE made_VBN at_IN a_AT meeting_NN
A01 5 of_IN labour_NN \0MPs_NPTS tomorrow_NR ._.

위의 예와 같이 말뭉치 안의 각 어휘에 문법범주를 부착하는 작업도 결코 수월하지 않지만, 최근에는 한 걸음 더 나아가 통사구조에 관한 정보를 말뭉치의 개별 문장들에 부착하는 시도가 활발하게 이루어지고 있다. 다음의 예를 보자.

(2) [S [NP [D The_ART D] [N house_NL1 N] NP]
[VP [V has_VH3 V] [NP [A blue_ADJ A] [N walls_NN2 N] NP] VP] S]

위의 문장에 대한 통사구조 주석은 아래와 같이 수형도로 나타낼 수 있다.

(3)

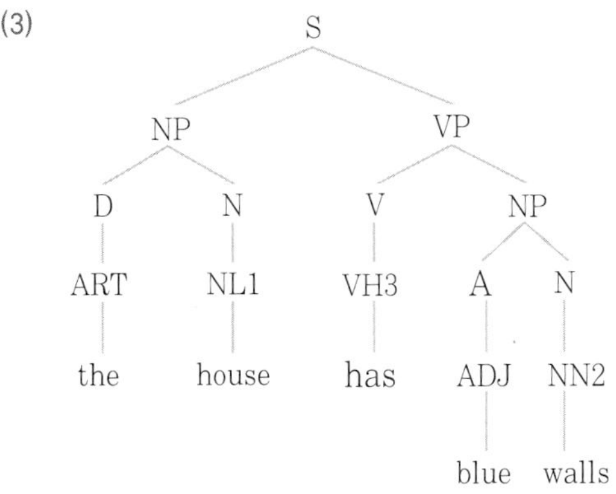

이와 같이 문법범주나 통사구조에 대한 주석 외에도 의미론적인 주석 외에도 화용론적인 주석이 말뭉치에 부착되기도 하는데, 이들 주석이 아직 많이 이용되지는 않는다(Leech/Fligelstone, 1992 : 126).

2. 용례추출기의 활용

말뭉치의 언어학적인 정보들이 보다 널리 활용되기 위해서는 말뭉치가 가진 정보를 효율적으로 추출해낼 수 있는 도구들이 필요한데, 이러한 도구들 중 가장 많이 알려져 있고 또한 실제로 활용되는 도구가 용례추출기(concordancer)이다. 용례추출기는 말뭉치로부터 용례나 부속정보를 추출할 수 있는 다양한 방법을 제공하는 소프트웨어라고 정의될 수 있는데, 아래의 예는 용례추출기를 이용해 추출한 용례들이다.

(4) 〈VLC 용례추출기의 예 : "get"의 경우〉

```
Concordances for get = 732
          Lexicon entries for get

1  id monthly in arrears and will not get a bean for the next
   twenty-one day
2  maybe thirty-six of us*- let them get a bit closer and then here
   goes.**
3  o would tread on anybody's neck to get a break in the
   Hollywood ratrace.
4  ise.**'      ^*'Good enough. ^We'll get a cab. ^Got any objection
   if I ask
5  let performances. ^*"I would never get a chance of seeing great
   ballet ot
6  *1Plebs *0reader who thinks he can get a class or discussion
   group going
7  living under the surface.         ^We get a clear result of his
   system when
8  e next show. ^Maybe Blackpool will get a closer look from the
   0H.M.W.A.
9  much afraid that if the Opposition get a Commission of Enquiry
   some rathe
10 el and he was also *'tempted**' to get a copy from me and read
   it. ^I gav
```

위의 예는 홍콩 Polytechnic University에서 개발한 VLC 용례추출기
가 LOB 말뭉치를 기초자료로 해서 추출한 732개의 결과 중에서 10개만
을 보인 것이다. 이처럼 용례추출기를 작동하여 얻어낸 결과를 색인용례
(concordance)라 하는데, 위 (4)에는 추출된 용례가 KWIC(Keyword-in-
Context)의 형태로 제시되어 있다. KWIC 방법은 색인용례를 표상하는 여
러 가지 방식 중에서 가장 널리 쓰이는 일반적인 형태이며, 코빌드 사전의
편찬에 사용된 용례추출기에서도 채택된 형태이다. VLC 용례추출시스템
은 웹을 기반으로 하는 것으로 아래의 그림에서 보듯이 웹상에서 직접 용
례를 추출할 수 있다.

(5)
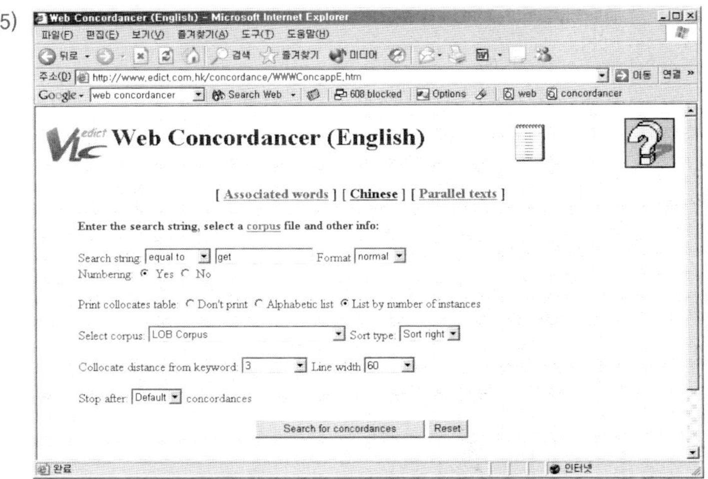

일반적으로 용례추출기를 통해서 단어의 빈도와 통계적인 자료들도 구
할 수 있기 때문에 언어교육에도 유용하게 쓰일 수 있으며, 2천 5백만 단
어 이상의 규모를 가진 말뭉치를 대상으로 할 경우에 어휘결합과 연어
(collocation)에 대한 정보도 얻을 수 있다.

한국어 말뭉치를 기초자료로 하여 용례를 추출하기 위해 국내에서 개
발된 용례추출기로는 KOCP(KAIST OCP), KIRT(Korean-text information
retrieval tool), 말씀(연세대), KLIART(고려대)와 글잡이 Ⅱ(21세기 세종계

획), 깜짝새 5.5 등이 있다(임해창, 2001). 우리는 이러한 여러 용례추출기들 중에서 글잡이 Ⅱ를 실제적으로 활용하는 방법을 소개하고자 한다. 그 이유는 여타의 용례추출기들이 일반 사용자에게 공개되어 있지 않거나,14) 일반 사용자도 쉽게 사용할 수 있는 인터페이스와 옵션을 갖추고 있지 않는 반면, 21세기 세종계획 사업의 연구결과로서 고려대 컴퓨터학과에서 개발한 글잡이 Ⅱ는 일반사용자에게 공개되어 있을 뿐만 아니라, 도스나 윈도 2000 혹은 윈도 XP 환경에서 일반사용자가 쉽게 사용할 수 있는 인터페이스를 갖추고 있기 때문이다. 글잡이 Ⅱ는 두 가지 판본을 갖고 있는데, 글잡이/직접은 원시말뭉치로부터 용례를 검색하는 시스템이고 글잡이/색인은 품사가 부착되어 있는 색인말뭉치로부터 용례를 추출할 수 있는 추출기이다. 이 글에서는 주로 글잡이/색인의 기능에 대해 살펴보고자 한다.

윈도용 글잡이/색인 Ⅱ를 설치한 후에 실행을 하면, 아래의 (6)과 같은 전체화면이 나타난다.

(6)

위의 화면에서 보듯이 전체화면은 주메뉴와 도구바 및 탐색상황 표시창 구역으로 구성되어 있다. 주메뉴는 용례추출 작업과 관련된 여러 가지

---

14) 공개가 되어 있는 '깜짝새'의 다양한 기능과 활용방안에 대해 소강춘(2002)에서 상세히 기술하고 있다.

기능을 제공하는 영역으로서 말뭉치, 용례, 용례파일, 통계 등으로 구성된
다. 여기에서 말뭉치 항목을 선택하면 말뭉치 관리창이, 용례 항목을 선택
하면 용례 검색창이 화면에 나타나고, 통계 항목을 선택하면 통계 출력창
이 나타난다.

먼저 색인된 말뭉치로부터 용례를 추출하기 위해서 색인된 말뭉치를 열
어야 한다. 이 과정은 주메뉴의 '말뭉치' 항목을 선택하여 부메뉴가 나타나
면 '색인된 말뭉치 열기' 항목을 선택한다. 여기까지 수행한 결과를 그림으
로 보이면 아래의 (7)과 같다.

색인말뭉치가 들어 있는 '색인' 폴더를 선택하여 '확인'을 마우스로 클릭하
면 다음과 같이 색인파일들에 대한 정보를 보여주는 대화상자가 나타난다.

이 대화상자는 단순히 색인파일들에 대한 정보를 보여주는 것으로 다음
단계의 작업을 위해서 닫아두어도 되며, 그렇게 하는 것이 거추장스럽지
않다. 이제 본격적으로 용례검색을 위해 주메뉴의 '용례' 항목을 선택하면
아래와 같이 용례검색창이 나타난다.

(9) 

 한국어의 존대법 용례를 구하기 위한 목적으로, 이 상태에서 형태소 '님'
과 형태소 '시'가 한 문장에 나타나는 문장들을 얻기 위해 먼저 질의형식을
'형태소 검색'으로 선택한 후에 검색식란에 '님 & 시'를 입력한다.15) 다음
'품사' 항목으로 이동하여 '모든품사'를 선택한 후 '품사넣기'를 클릭하면 아
래의 (10)과 같이 검색식이 '님 & 시_〈모든품사〉'로 변경된다. 이때에 하
단의 '검색' 항목을 클릭하면 (11)과 같은 용례검색 결과를 얻는다.

(10) 

(11) 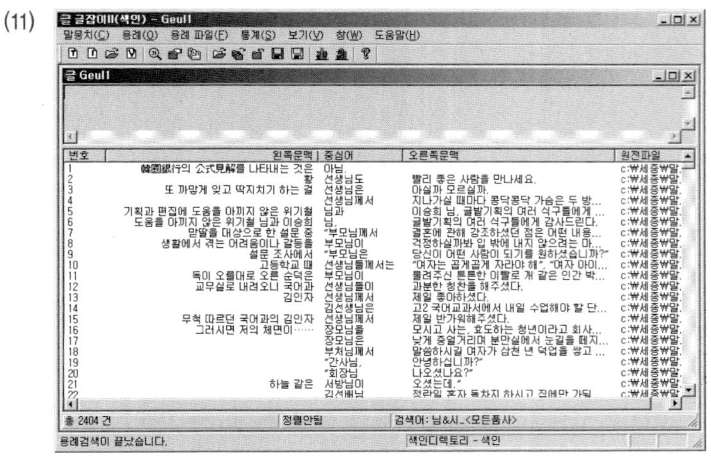

---

15) 검색식의 구성을 위해서는 검색식에 사용된 검색문법을 이해하고 있어야 하는데, 검
　　색창 하단의 '도움말'을 클릭하면 검색문법에 대한 간단한 정보를 얻을 수 있다.

　이렇게 추출된 용례들 중 어떤 특정한 용례에 대해 보다 구체적인 문맥을 확인하고 싶으면 해당 용례로 이동하여 중심어를 선택한다. 그 결과 아래의 그림과 같이 수평으로 분할된 위쪽 창에 해당 문장을 포함한 문맥이 제시된다.

(12)
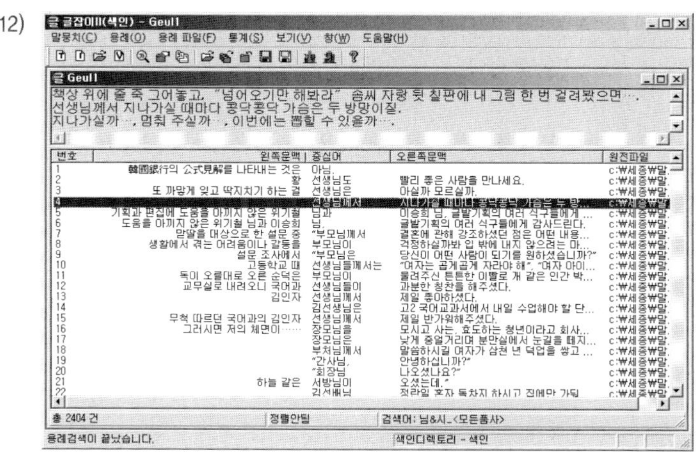

　이렇게 추출된 용례자료를 텍스트 파일로 저장되기 때문에 나중에 쉽게 활용할 수가 있다. 이를 위해서는 주메뉴의 '용례파일' 항목을 선택하고 부메뉴의 하나인 '용례 텍스트로 저장(T)'를 클릭한 후에 적절한 파일이름을 지정해 원하는 폴더 안에 넣어둘 수 있다.

　또한 우리는 말뭉치로부터 일정한 통계적인 자료도 추출할 수 있는데, 이를 위해서 주메뉴의 '통계' 항목을 클릭하면 된다. 통계항목은 '어절통계', '형태소 통계' 등으로 구성되어 있는데 우리가 동사의 분포 및 빈도수에 관심이 있으면 먼저 '형태소 통계' 항목을 선택한 후 열린 통계검색창의 '품사' 항에 '동사'를 입력하면 된다. 이렇게 해서 얻어진 결과가 다음의 (13)이다.

(13)
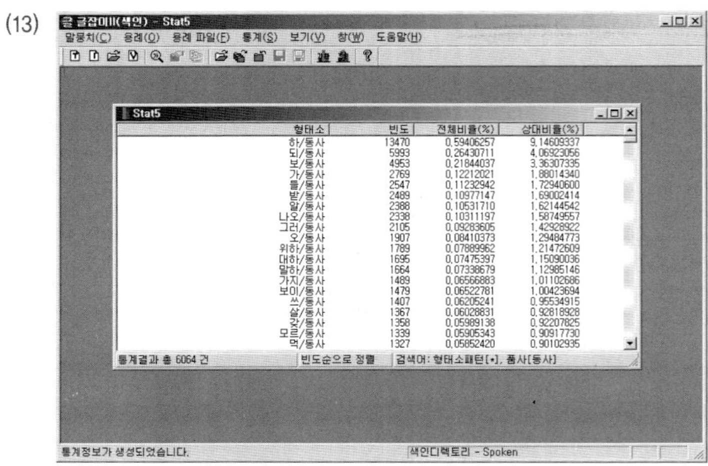

위의 통계자료가 보여주는 바는 동사 '하', '되', '보' 등의 순으로 동사의
빈도순위가 정해진다는 점인데, 이는 우리의 예측과 크게 다르지 않다.

지금까지 논의한 '색인용례 탐색'이나 '빈도정보' 외에도 글잡이 Ⅱ는 '직
접 패턴 탐색'이나 '용례 연산', '용례정렬' 등 다양한 기능을 제공하고 있
다. 이에 대한 상세한 논의는 프로그램과 함께 제공된 매뉴얼을 참고하면
된다.

이제, 21세기 세종계획 프로젝트에서 제공된 문서가 아닌 새로운 문서
를 토대로 하여 용례를 추출하거나 빈도정보를 구하려고 할 때 어떠한 절
차를 거쳐야 하는지에 대해 살펴보려고 한다. 여기서는 황석영의 단편소설
'삼포가는 길'을 대상으로 글잡이/색인 Ⅱ를 이용하여 용례와 통계정보의
추출절차를 서술한다. 전반적인 과정은 아래의 (14)와 같이 대략 5단계로
정리될 수 있다.

(14)   제1단계 : 텍스트 포맷으로 변환
        제2단계 : 품사부착
        제3단계 : 말뭉치 색인
        제4단계 : 말뭉치 등록
        제5단계 : 용례 및 통계정보 추출

위의 5단계 중에서 처음 3단계가 원시 말뭉치로부터 품사가 부착된 색인말뭉치를 생성하는 과정이고 남은 두 단계는 앞서 서술한 바 색인 말뭉치로부터 용례 및 통계정보를 추출하는 과정과 동일하다. 먼저 제1단계는 원 문서가 텍스트 포맷으로 되어 있지 않는 경우에만 적용되는 과정으로 우리의 예에서, '삼포로 가는 길'의 원 문서 '황석영-삼포가는_길.hwp'가 아래아 한글 파일 형식으로 되어 있기 때문에 완성형 텍스트 파일 포맷으로 변환할 필요가 있다. 그 결과 '황석영-삼포가는_길.txt'라는 파일을 얻는다. 후속작업을 위해서 이 파일을 미리 하나의 독립적인 폴더 안에 옮겨놓을 필요가 있는데, 이는 기존의 다른 말뭉치와 구분하기 위함이다. 제2단계는 이 파일을 대상으로 하여 품사를 부착하는 과정인데, 이를 위해서는 글잡이/색인 Ⅱ를 실행하여 주메뉴의 '말뭉치' 항목을 선택하고 그 안의 부메뉴 중 '원시말뭉치 가공'과 '품사부착'을 클릭한다. 그럼으로써 다음의 (15)와 같은 대화창이 나타난다.

(15)
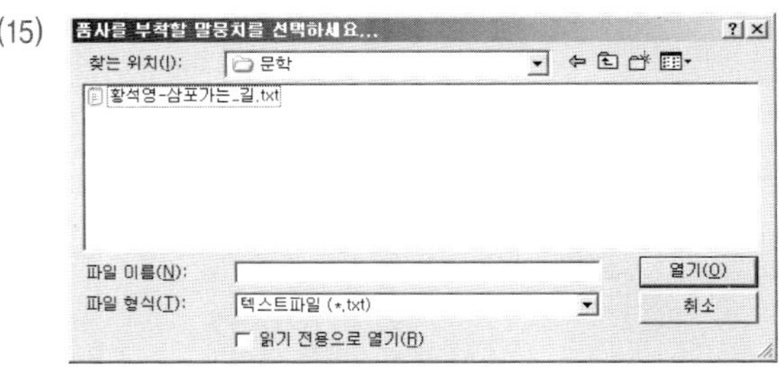

이때 해당 문서를 선택하여 '열기'를 실행하면 품사부착 공정이 진행되어 결과로 '황석영-삼포가는_길.txt.tag'라는 파일이 동일한 폴더 안에 생성된다. 제3단계는 이렇게 품사가 부착된 파일에 대해 색인작업을 하는 과정이다. 이 단계는 주메뉴의 '말뭉치' 항목을 선택한 후에 그 안의 부메뉴 중 '원시말뭉치가공'과 '말뭉치 색인'을 차례로 클릭함으로써 진행된다. 이 과정에서 다음의 그림에서 보는 바와 같이 '색인디렉토리'를 선택하는 작업이 중간에 수행되는데, 여기에서 해당 폴더를 선택하면—우리의 경우 '문학'—색인작업이 자동으로 진행되어진다.

(16)
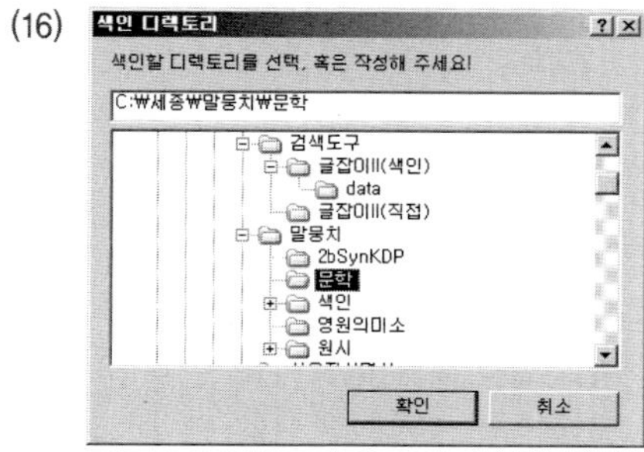

색인작업이 끝난 파일이 저장된 폴더에 대해 제4단계와 제5단계를 실행
하면 용례와 통계정보를 추출할 수 있다. 아래의 그림은 소설 '삼포가는
길'에서 추출한 '일반명사' 통계정보를 보여준다.

(17)
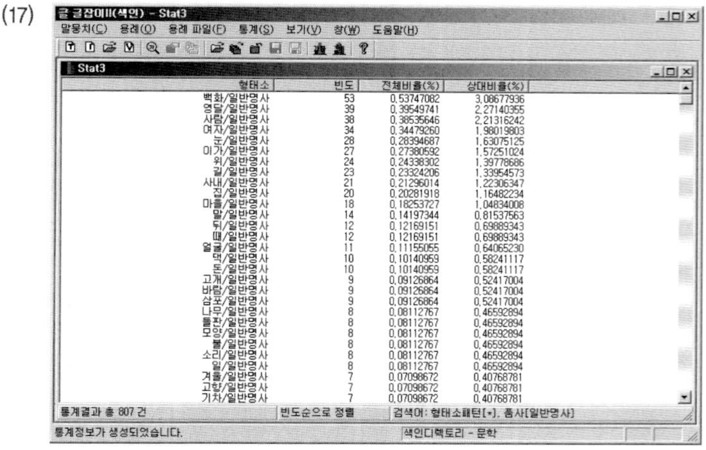

이 통계자료에서 눈에 띄는 점은 지명인 '삼포'가 일반명사로 처리되어
있다는 사실이다. 이는 품사부착단계에서 '삼포'에 일반명사라는 품사를
부착한 결과에서 비롯된 것 같다. 이러한 유형의 오류가 프로그램을 이용
하여 자동으로 품사를 부착하는 작업에서는 자주 발생하기 때문에, 자동
작업 후에 반드시 품사부착결과를 검증하고 수정하는 후처리 작업이 필수
적이다.

색인작업이 되어 있지 않은 영어나 독일어 자료로부터 용례나 통계정보를 추출하고자 하는 경우에는 글잡이/직접 II를 이용하면 된다. 다음은 미국 작가 Nathaniel Hawthorne의 'The scarlet letter'로부터 어절통계를 추출한 결과를 보여준다.

(18)
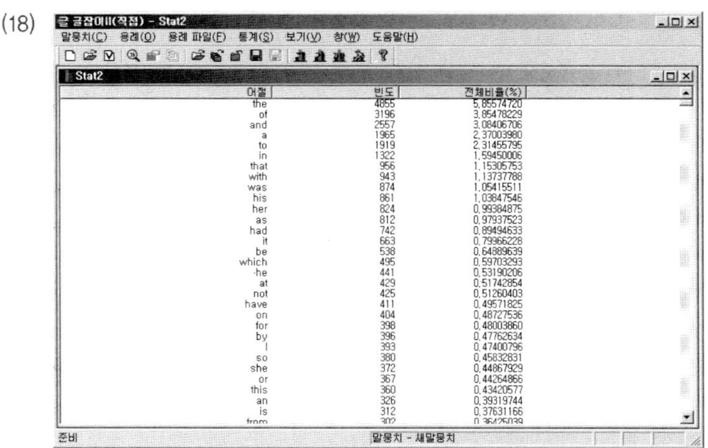

또한 동일한 문서에 대해 'to'를 검색어로 하여 용례를 추출한 결과는 아래의 (19)와 같다.

(19)
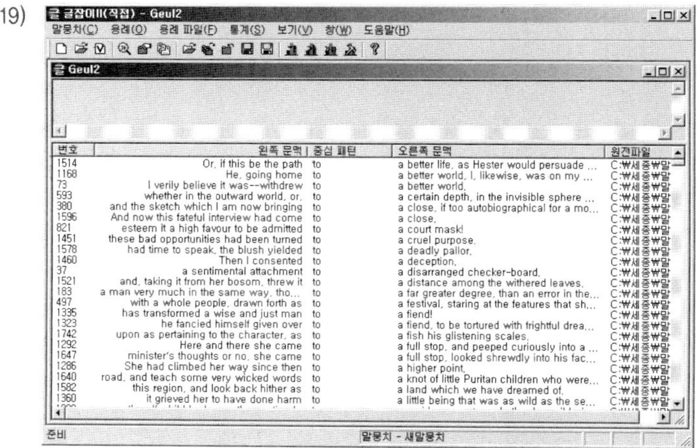

지금까지 우리는 말뭉치가 전산언어학에서 어떠한 중요성을 지니는지와 용례추출기 글잡이 Ⅱ를 이용하여 말뭉치에 들어 있는 여러 가지 유용한 정보들을 끌어낼 수 있는지에 대해서 논의하였다. 정리하자면, 말뭉치는 최근 들어 자연언어 처리와 언어학적인 연구에 있어서 그 중요성과 활용가능성이 매우 높은 것으로 인식되고 있으며 언어교육에 있어서도 응용가능성이 매우 높다고 평가된다. 그러나 전문프로그래머가 아닌 일반 사용자가 말뭉치를 폭넓게 활용할 수 있기 위해서는 말뭉치로부터 다양하고 풍부한 정보를 추출하는 훌륭한 도구가 개발되어야 하는데, 한국어 말뭉치의 경우 21세기 세종계획의 연구결과물인 글잡이 Ⅱ가 그러한 기대를 상당한 정도로 충족시키는 용례추출기이다.

제 4 부 언어학자를 위한 Prolog

제11장 술어논리와 프롤로그

1. 제1차 술어논리의 추론절차

인공지능언어로 널리 알려진 프롤로그(Prolog)는 1972년에 프랑스 마르세이유 대학의 A.Colmerauer에 의해 개발된 인공언어로서 제1차 술어논리를 근간으로 한다. 이 장에서는 프롤로그의 추론절차와 제1차 술어논리의 추론절차의 관계를 중심으로 하여, 프롤로그의 논리적인 토대에 대해 살펴본다.

프롤로그는 '논리로 프로그램짜기(PROgramming in LOGic)'라는 그 명칭이 말해주듯이 형식논리를 기반으로 한 인공언어이다. 이제 제1차 술어논리의 통사론에 대한 논의를 시작해 보자.

제1차 술어논리의 통사론은 어휘부와 통사규칙부로 구성된다. 먼저 어휘부에는 다음의 (1 i)-(1vi)에 제시된 어휘들이 들어 있다(이익환, 1995 : 347 이하).

> (1) (i) 개체상수 : j, m, …
> (ii) 개체변수 : x, y, z, …
> (iii) 술어 : P, Q, R, … 각 술어는 "항가 (Arity)"라고 불리는 일정한 수의 논항자리를 가진다.
> (iv) 명제논리의 논리상수 다섯 : ¬, ∨, ∧, →, ↔
> (v) 두 개의 양화사 : ∀, ∃

(vi) 보조기호 : '(', ')', '[' 과 ']'

다음의 (2 i)-(2iv)에 제시된 통사규칙들이 통사규칙부를 구성하는데, 이 규칙들에 의해 술어논리 언어의 문장형식(formula)들이 정해진다.

(2) (i) P 가 n-항 술어이고 t1, … , tn이 명사(term)들이면, P(t1, … , tn)은 문장형식이다.

(ii) φ와 ψ가 문장형식이면, $\neg\varphi$, $(\varphi\wedge\psi)$, $(\varphi\vee\psi)$, $(\varphi\rightarrow\psi)$와 $(\varphi\leftrightarrow\psi)$ 들이 문장형식이다.

(iii) φ가 문장형식이고 x가 개체변수이면 $(\forall x)\,\varphi$와 $(\exists x)\,\varphi$는 문장형식이다.

(iv) 술어논리언어의 문장형식들은 통사규칙 (i)-(iii)의 제한된 횟수의 적용에 의해서만 생성될 수 있다.

앞의 (2 i)-(2iii)에서 정의된 문장형식들 중 다음의 (3a)-(3b)에 제시된 두 가지 조건을 충족시킨 문장형식들을 절(clause)이라 부른다.

(3) a. 문장성분(literal)이라 불리는 유한한 수의 문장형식들이 선접되어 있다.
   b. 모든 개체변수들이 결속되어(bound) 있다.

예를 들어 아래의 (4a)-(4f)에 나열된 문장형식들은 정의에 따라 절이라 할 수 있다.

(4) a. $\neg h \vee p \vee \neg q$
   b. $(\forall x)\,[\neg p \vee C(x)]$
   c. $\neg c$
   d. $(\forall x)\,[\neg p \vee \neg C(x) \vee \exists y R(y)]$
   e. $\exists x\,[C(x) \vee d]$
   f. $\neg h \vee p \vee q$

위 술어논리의 문장형식들 중에서, (4a)-(4d)와 같이 최대한 하나의 긍정적인(positive) 문자성분을 가진 형식을 별도로 논리학자 Horn의 이름을 따, 혼절(Horn Clause)이라 이름 붙인다. 반면, (4e)와 (4f)는 혼절이 아니

다. 왜냐하면, (4e)와 (4f)에는 긍정적인 문자성분이 두 개 나타나 있기 때
문이다.

우리가 앞으로 논의하게 될 인공언어 프롤로그의 프로그램은, 바로 제1
차 술어논리의 혼절에 대응하는 한정절(Definite Clause)들의 집합이다. 프
롤로그의 한정절에는 존재양화사나 전칭양화사 등이 명시적으로 나타나지
않는다는 점에서 제1차 술어논리의 혼절과 차이가 있어 보인다. 그러나 프
롤로그의 한정절은 전칭양화사를 암묵적으로 가지고 있다고 가정되어지
며, 술어논리의 혼절은 모두 전칭양화사가 절의 전방에 위치하는 소위 스
콜렘(Skolem) 형태로 변형될 수 있기 때문에, 제1차 술어논리의 혼절과 프
롤로그의 한정절은 결국 등치관계에 있다고 할 수 있다. 정리하자면, 프롤
로그의 한정절은 전칭양화사만이 나타나는 스콜렘 형태를 갖는다.16)

술어논리의 임의의 혼절을 전칭양화사만이 절의 전방에 위치하는 소위
스콜렘 형태로 변형하는 일련의 과정을 스콜렘화(Skolemization)라 하며,
이 과정은 아래 (5ⅰ), (5ⅱ)에 정리되어 있는, 두 개의 단계를 선행절차
로 하여 진행된다.17) 이 선행절차의 첫 단계는 양화사선치 과정으로, 두
번째 단계는 연접화 과정으로 명명될 수 있다. 그리고 이 절차의 결과로
연접 정상형이 생성된다

> (5) (ⅰ) 절이 동일한 진리치를 갖는 전방형(prenex)으로 변형된다.
> (ⅱ) 이런 형태의 본체(matrix)는 등치의 연접 정상형(conjunctive
> normal form)으로 변형된다.

다음 (6ⅰ)-(6ⅶ)은 하나의 술어논리 혼절이 양화사선치 알고리즘에 의
해 연접 정상형, 곧 전방형(prenex form)으로 변형과정을 보여준다.18)

---

16) Gochet/Louis (1988 : 45) 참조. "For every logical formula, there exists an equivalent
prenex form."

17) Gochet/Louis (1988 : 48) 참조 : "The reduction of an arbitrary closed formula of predicate
logic into Skolem form requires two preliminary steps."

18) 양화사 선치 알고리즘은 대략 아래와 같이 정의된다(Gochet/Louis 1988 : 45 참조).
  • The connectives $\equiv$ and $\supset$ are eliminated by use of the rewriting rules introduced in
  paragraph 1.1.10. (여기서의 연결사 $\supset$은 우리의 →에 대응)

(6) (i) $\forall x[P(x) \wedge \forall y \exists x(\neg Q(x,y) \rightarrow \forall z R(a,x,y))]$

(ii) $\forall x[P(x) \wedge \forall y \exists x(\neg \neg Q(x,y) \vee \forall z R(a,x,y))]$,
함의 연산자 삭제(elimination of the connective)

(iii) $\forall x[P(x) \wedge \forall y \exists u(\neg \neg Q(u,y) \vee \forall z R(a,u,y))]$,
재명명 (renaming)

(iv) $\forall x[P(x) \wedge \forall y \exists u(\neg \neg Q(u,y) \vee R(a,u,y))]$,
무용한 양화사의 삭제(suppression of a useless quantification)

(v) $\forall x[P(x) \wedge \forall y \exists u(Q(u,y) \vee R(a,u,y))]$,
부정연산자에 다시쓰기 규칙 적용(application of rewriting
rules for negation)

(vi) $\forall x \forall y[P(x) \wedge \exists u(Q(u,y) \vee R(a,u,y))]$,
양화사 이동 (transfer of quantification)

(vii) $\forall x \forall y \exists u[P(x) \wedge (Q(u,y) \vee R(a,u,y))]$,
양화사 이동 (transfer of quantification)

위 (6vii)의 연접 정상형은 스콜렘화 알고리즘에 의해 다음 (6viii)과 같은 스콜렘 형식으로 변형된다.[19]

(6) (viii) $\forall x \forall y[P(x) \wedge (Q(f(x,y),y) \vee R(a,f(x,y),y))]$, 스콜렘화 알고리즘

위의 (6viii)에 제시된 형식은 전칭양화사만이 형식의 전방에 나타나는

- Bound variables are renamed (if necessary), in such a way that free and bound variables do not share common names.
- Quantifications whose scope does not contain any occurrence of the quantified variables are supressed (for they are useless).
- All occurrences of the negation are transferred immediately before the atoms.
- All quantifications are transferred in front of the formula.

[19] 스콜렘 절차 (Skolem procedure)는 대략 아래와 같이 기술될 수 있다(Gochet/Louis 1988 : 48 참조).
- In the matrix of the formula, all occurrences of an existentially quantified variable are replaced by the functional form associated with this variable.
- All existential quantifications are removed from the prefix.
위에서 사용된 개념 "functional form"은 다시 다음과 같이 정의된다
- (Def.) A functional form is associated with each existentially quantified variable.
The functor of this form is a fresh functional constant ; the arguments are the universally quantified variables which occur before the existential quantifier.

스콜렘 형태를 보여준다.

이제 술어논리 내에서의 혼절과 관련한 논의를 더 자세히 살펴보기로 한다. 술어논리에서는 특정한 혼절들의 집합이 정합성(Consistency)을 갖는지의 여부를 판별하기 위한 용해원리(Resolution Principle)가 고안되어 있다. 이 원리는 다음의 (7)과 같이 정의된다.

(7) **용해원리**(Resolution Principle)
하나의 절 c_1이 어떤 긍정적인 문자성분 L_1을 가지고 있고, 다른 하나의 절 c_2가 그것에 상응하는 부정적인 문자성분 $\neg L_2$를 가지고 있으며, L_1과 L_2가 서로 통합될 수 있으면, 그 두 개의 절은 용해되어 용해체 (resolvent)라 불리는 새로운 절이 생성된다. 이 용해체는 L_1과 $\neg L_2$를 각각 c_1과 c_2에서 삭제한 후에 두 절을 선접함으로써 얻어진다. 이러한 용해과정은 빈 절로 표현되는 모순이 나타날 때까지 계속된다.

위의 (7)에 제시된 용해원리의 정의에는 통합(Unification)이라는 개념이 나타나는데, 이 통합절차는 다시 아래의 (8a)-(8d)와 같은 규칙들에 의해 이루어진다.

(8) **통합** (Unification)
a. L_1과 L_2가 모두 같은 값을 개체상수이거나 개체변수이면 L_1과 L_2는 통합된다.
b. L_1이 개체상수이고 L_2가 개체변수이면 L_1과 L_2는 통합되어지는데, 이때 개체변수 L_2에 개체상수 L_1이 할당된다.
c. L_1과 L_2가 모두 술어-논항-구조를 가지고 있을 경우에, L_1의 술어와 L_2의 술어가 동일하고, L_1의 논항수와 L_2의 논항수가 동일하며, L_1과 L_2의 각 논항자리의 논항들이 서로서로 통합될 수 있으면, L_1과 L_2는 통합된다.
d. 위의 a-c에서 제시된 경우 이외에 통합이 이루어지는 경우는 없다.

여기에서 용해원리와 통합규칙에 의거한 용해의 예들을 살펴보자.

(9) p ∨ ¬q   ·································· (9 i)

        q ∨ ¬r   ·································· (9 ii)

$$\overline{}$$

   p ∨   ¬r   ·································· (9 iii)

위의 (9)에서 두 전제절 (9 i)과 (9 ii)가 용해원리와 통합규칙 (8a)에 의해 용해되어 용해체 (9 iii)가 생성된다.

(10) P(a) ∨ ¬Q(b,c)   ·············· (10 i)

            Q(b,c) ∨ ¬R(b,c)   ·············· (10 ii)

   P(a) ∨   ¬R(b,c)   ·············· (10 iii)

위의 (10)에서도 두 전제절 (10 i)과 (10 ii)가 용해원리와 통합규칙 (8c)에 의해 용해되어 용해체 (10 iii)가 생성된다. 여기서는 부정적인 문자성분 ¬q(b,c)와 그에 상응하는 긍정적인 문자성분 q(b,c)가 상쇄된다.

(11) P(a) ∨ ¬Q(b,c)   ············ (11 i)

     (∀x∀y)[Q(x,y) ∨ ¬R(x,y)]   ············ (11 ii)

   P(a) ∨   ¬R(b,c)   ············ (11 iii)

위의 (11)에서는 두 전제절 (11 i)과 (11 ii)가 용해원리와 통합규칙 (8c)에 의해 용해되어 용해체 (11 iii)이 생성된다. 이 과정에서 부정적인 문자성분 ¬q(b,c)와 그에 상응하는 긍정적인 문자성분 q(x,y)가 상쇄되기 위해서 각 문자성분의 논항인 개체상수 b,c와 개체변수 x,y가 각각 통합되어야 한다. 이 경우 앞서 (8b)에 제시된 통합규칙에 의해서 변수 x에 상수 b가 할당되고, 변수 y에 상수 c가 할당된다. 그에 따라 용해체 (11 iii)이 생성된다.

(12) P(a)   ·································· (12 i)

   ¬P(a)   ·································· (12 ii)

   □ (empty clause)   ·································· (12 iii)

위의 (12)에서도 두 전제절 (12ⅰ)과 (12ⅱ)가 용해원리와 통합규칙 (8a)에 의해 용해되어 빈 절 (12ⅲ)이 생성된다. 이때 빈 절은 모순이 발생한 것을 의미한다.

이상의 예를 통해 우리는 용해원리가 술어논리에서의 논리적인 추론을 위해 사용될 수 있다는 것을 잘 알 수 있다. 다른 한편, 우리는 하나의 절 C가 전제가 되는 절들인 H1, …, Hn의 집합으로부터 논리적으로 추론가능하다는 것을 증명하기 위해, 이 전제절들과 절 C의 부정적인 대응체인 ¬C를 새로운 집합으로 하여 이 집합에 용해원리를 적용해보아 모순이 나타나는지를 검증해볼 수 있다. 용해원리를 반복적으로 적용하여 빈 절이 유도될 경우에 우리는 절 C가 바로 전제절들인 H1, …, Hn으로부터의 논리적인 추론이라는 것을 확인할 수 있다. 일종의 간접증명법(refutation method)이다. 예를 들어 다음 (13ⅰ)-(13ⅳ)의 전제절들로부터 (14)의 절이 추론되는지를 검증해 보자. 먼저 절 (14)에 대한 부정절과 (13ⅰ)-(13ⅳ)의 전제절들을 하나로 포괄하는 절의 집합을 (15)와 같이 가정하고서 여기에 용해원리를 적용한다.

$$
\begin{aligned}
&(13) \quad P(a) \lor \neg Q(a,b) &&\cdots\cdots\cdots (13\,\text{ⅰ}) \\
&\qquad (\forall x \forall y)[Q(x,y) \lor \neg R(x,y)] &&\cdots\cdots\cdots (13\,\text{ⅱ}) \\
&\qquad\qquad S(b) &&\cdots\cdots\cdots (13\,\text{ⅲ}) \\
&\qquad\qquad R(a,b) &&\cdots\cdots\cdots (13\,\text{ⅳ}) \\
&(14) \quad P(a) \\
&(15) \quad \{\; P(a) \lor \neg Q(a,b) &&\cdots\cdots\cdots (15\,\text{ⅰ}) \\
&\qquad\quad (\forall x \forall y)[Q(x,y) \lor \neg R(x,y)] &&\cdots\cdots\cdots (15\,\text{ⅱ}) \\
&\qquad\qquad S(b) &&\cdots\cdots\cdots (15\,\text{ⅲ}) \\
&\qquad\qquad R(a,b) &&\cdots\cdots\cdots (15\,\text{ⅳ}) \\
&\qquad\qquad \neg P(a) &&\cdots\cdots\cdots (15\,\text{ⅴ}) \\
&\qquad\;\; \}
\end{aligned}
$$

위의 집합 (15)에 용해원리를 적용하여 빈 절로 표현되는 모순을 추론해 내는 과정은 다음의 (16)과 같다.

(16) a.   ¬Q(a,b)   ·········· (15ⅰ), (15v)
      b.   ¬R(a,b)   ·········· (15ⅱ), (16a)
      c.   □ (empty clause)   ·········· (15ⅳ), (16b)

지금까지의 논의를 정리하자면, 용해원리를 적용하는 절차는 일종의 간접추론방식이다. 특정한 절들의 집합이 비정합적(inconsistent)이라는 것을 보이기 위해 용해원리가 반복적용됨으로써 빈 절(empty clause)로 표현되는 논리적인 모순이 유도되는 것을 간접증명한 것이다. 다음 절에서 우리는 인공지능 언어인 프롤로그의 통사론에 간접증명법이 어떻게 반영되어 있는지를 논의한다.

2. 프롤로그의 추론절차

프롤로그의 프로그램은 다음의 (17)과 같은 형식으로 일반화될 수 있는 절(Clause)들의 집합이다.

(17) HEAD : - BODY
      (결론부) (조건부)

위 (17) 안의 연산자 ' : - '는 바로 명제논리와 술어논리에서의 함의 (implication)연산자에 대응되는데, 전제부와 조건부가 뒤바뀐 것이 양자의 차이이다. 예를 들어 다음의 (18a)는 프롤로그의 절을 나타낸 것인데, 이 절을 술어논리로 표현하면 (18b)와 같다.

(18) a. p : - q.
      b. q → p

위 (18b)는 다음 (19)의 선접된 문장형식과 논리적으로 등가이다. 따라서 (18a)의 프롤로그 표현이 (19)에 있는 술어논리의 문장형식에도 대응된다고 할 수 있다.

(19)　$\neg q \lor p$

그런데 프롤로그의 경우, 다음의 (20a)와 같이 연산자 ' : - '의 조건부에는 다수의 문장형식이 나타날 수 있으나, (20b)에서처럼 결론부에 여러 개의 문장형식이 나타날 수는 없다.

(20)　a. p : - q1, q2, q3.
　　　 b. p1, p2 p3 : - q.

(20a)의 절을, 그에 대응되는 술어논리의 형식으로 바꾸면 (21a)나 (21b), (21c)와 같다. 프롤로그에서의 ' , '는 술어논리에서의 연접사 '$\land$'에 대응된다.

(21)　a. $q1 \land q2 \land q3 \rightarrow p$
　　　 b. $\neg(q1 \land q2 \land q3) \lor p$
　　　 c. $\neg q1 \lor \neg q2 \lor \neg q3 \lor p$

위의 (21c)와 같은 문장형식은 단 하나의 긍정적인 문자성분을 가진 것으로서 바로 혼절(Horn Clause) 혹은 한정절(Definite Clause)에 해당한다.

이런 맥락에서 우리는 '프롤로그의 프로그램이 한정절들의 집합이다'라는 진술을 이해할 수 있다. 앞서 (17)에 제시된 일반화된 한정절을 세분화하여 다음의 (22a)-(22c)와 같이 세 가지 유형으로 나누어볼 수 있다.

(22)　a. HEAD : - BODY.　　　이때, HEAD $=\!/\!=\phi$, BODY $=\!/\!=\phi$
　　　　 (결론부)　(조건부)
　　　 b. HEAD : -.　　　　　　이때, HEAD $=\!/\!=\phi$
　　　 c. 　　　: - BODY.　　　이때, BODY $=\!/\!=\phi$

위 (22a)의 한정절은 결론부와 조건부가 모두 채워져 있는 형태이고,

(22b)의 한정절은 결론부만이 채워져 있으며 (22c)의 한정절은 조건부만이 채워져 있다. 프롤로그에서 (22a)의 한정절 형식은 규칙(rule)을 표현하기 위해서, (22b)의 한정절 형식은 사실(fact)을 나타내기 위해, 그리고 (22c)의 한정절 형식은 질의(question)를 나타내기 위해 사용된다.

프롤로그는 대화형 인공언어로서 사실과 규칙들로 이루어진 지식베이스(knowledge base)에 의거하여 사용자에 의해 질의의 형식으로 제시된 새로운 사실을 추론하는 기능을 수행한다. 곧, 사용자에 의해 던져지는 질의가 프롤로그에 의해 그 사실을 부정하는 하나의 새로운 사실로 받아들여져 기존의 지식베이스에 첨가된다. 그리고 이 확장된 지식베이스에 앞 절에서 논의한 용해원리가 적용된다. 이러한 관계들을 정리하여 다음의 (23)과 같이 나무구조로 나타낼 수 있다.

(23)

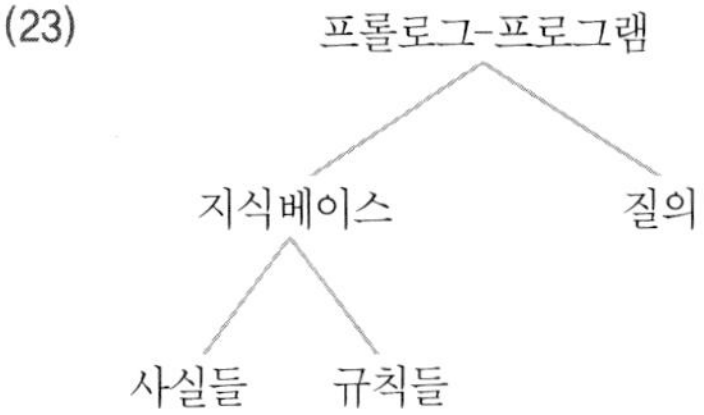

우리는 앞 절에서 정의하고 논의한 용해원리를 프롤로그의 한정절에 적용해볼 수 있겠는데, 다음의 (24)에 하나의 예가 제시되어 있다.

(24) p :- q.   ·· (i)
      q :- r.   ·· (ii)
      ─────────
      p :- r.   ·· (iii)

위의 한정절 (24 i)은 다음 (25 i)의 술어논리형식과 동일하고, 한정절 (24 ii)는 다음 (25 ii)의 술어논리형식과, 한정절 (24iii)은 다음 (25iii)의 술어논리형식과 동일하다.

(25) p ∨ ¬q   ······················· (i)
           q ∨ ¬r   ······················· (ii)
      ─────────────────
           p ∨ ¬r   ······················· (iii)

용해원리에 의해 (25 i)과 (25 ii)로부터 (25iii)이 추론된 것처럼, (24 i)과 (24 ii)로부터 (24iii)이 추론되도록 하기 위해 앞 절에서 제시한 용해원리를 프롤로그의 한정절형식으로 수정할 필요가 있다. 다음의 (26)에는 수정 용해원리가 제시되어 있다.

(26) **수정 용해원리**(Revised Resolution Principle)
    하나의 한정절 dc1 내에서 연산자 ' : - ' 다음의 전제부에 속하는 하나의 구성성분 L1이 존재하고, 그것에 상응하는 구성성분 L2가 다른 하나의 한정절 dc2의 연산자 ' : - ' 앞의 결론부에 존재하고, 그 두 구성성분 L1과 L2가 서로 통합될 수 있으면, 그 두 한정절은 용해되어 용해체(resolvent)라 불리는 새로운 한정절이 생성된다. 이 용해체는 두 번째 한정절 dc2의 전제부 전체가 첫 번째 한정절 dc1의 해당 구성성분 L1을 대치함으로써 얻어진다. 이러한 용해과정은 빈 한정절로 표현되는 모순이 나타날 때까지 계속된다.

위의 정의 (26)에서 사용된 통합개념은 앞 절의 (8)에서 정의한 것과 동일하다. 이해의 편의를 이해, 이 개념을 여기서 다시 제시해보면 다음과 같다.

(8) **통합**(Unification)
    a. L1과 L2가 모두 같은 값을 가진 개체상수이거나 개체변수이면 L1과 L2는 통합된다.
    b. L1이 개체상수이고 L2가 개체변수이면 L1과 L2는 통합되어지는데, 이때 개체변수 L2에 개체상수 L1이 할당된다.
    c. L1과 L2가 모두 술어-논항-구조를 가지고 있을 경우에, L1의 술어와 L2의 술어가 동일하고, L1의 논항수와 L2의 논항수가 동일하며, L1과 L2의 각 논항자리의 논항들이 서로서로 통합될 수 있으면, L1과 L2는 통합된다.
    d. 위의 a-c에서 제시된 경우 이외에 통합이 이루어지는 경우는 없다.

수정된 용해원리에 의거하여 하나의 프롤로그 프로그램 내에서 새로운
사실이 추론되는 과정을 살펴보자.

```
(27) computer_linguist(mimi) : - programs_in(mimi,prolog).   ·· ( i )
     programs_in(X,Y) : - knows(X,Y).                        ·· (ii)
     a_program_language(prolog) : -.                         ·· (iii)
     knows(mimi,prolog) : -.                                 ·· (iv)
```

위 (27)에 제시된 프로그램은 하나의 지식베이스로서 두 개의 규칙과
두 개의 사실로 이루어져 있다. 우리는 이 지식베이스로부터 (28)과 같은
하나의 새로운 사실을 추론하려고 한다.

```
(28) computer_linguist(mimi) : -.
```

용해원리에 의한 추론시에 술어논리에서와 마찬가지로 우리는 사실
(28)을 부정하는 하나의 한정절을 (27)의 지식베이스에 첨가하여 (30)과
같이 용해과정을 시작한다. 사실을 부정하는 것이 프롤로그에서는 질의형
식으로 표현되므로, 곧 사실 (28)에 대한 부정은 질의 (29)이다.

```
(29)  : - computer_linguist(mimi).
(30)  : - programs_in(mimi,prolog).      ·················· ( i ) (29), (27)( i )
      : - knows(mimi,prolog).            ····· (ii) (30)( i ), (27)(ii), (8)
      : -. (empty clause)                ············ (iii) (30)(ii), (27)(iv)
```

(30)의 용해과정은 (28)에 제시된 사실을 부정하는 (29)와 같은 질의에
서 출발함으로써, (30iii)에서와 같은 빈 한정절로 표현되는 논리적인 모순
이 추론되어지는 과정을 보여준다. 이와 같이 어떤 사실을 부정함으로써
논리적인 모순이 결과로 나타난 경우에 우리는 거꾸로 그 사실이 논리적으
로 추론가능하다고 결론짓는다.

지금까지 우리는 절(clause)들의 집합에 적용되는 용해원리와 통합기제
를 중심으로 프롤로그의 추론과정과 제1차 술어논리의 추론과정을 비교

논의했다. 이제 앞 절의 (1ⅰ)-(1ⅵ), (2ⅰ)-(2ⅳ)에 제시된 제1차 술어논리의 어휘부와 통사규칙에 대응하는 프롤로그의 어휘부와 통사규칙에 대해 간단히 살펴본다. 프롤로그에서도 제1차 술어논리에서와 마찬가지로 개체상수와 개체변수를 구분한다. 개체상수의 경우 영문소문자로 시작하는 문자열로, 개체변수는 영문대문자로 시작하는 문자열로 표기한다. 정수도 개체상수에 속한다. 제1차 술어논리에서처럼 프롤로그에서도 개체상수와 개체변수가 명사(term)에 속하는데, 이들 외에 술어(논항1, …, 논항n)의 형식을 가진 하나의 구조(structure)도 명사에 속하는 것으로 간주된다. 구조의 경우에, 술어가 항가라고 불리는 고정된 숫자의 논항자리를 가지는 점에서 제1차 술어논리에서의 술어와 동일하나, 프롤로그의 술어는 변수로 나타날 수 없기 때문에 술어이름이 영문소문자로 시작하는 문자열이어야 한다. 논리상수의 경우, 부정연산자는 'not'로, 선접사는 ' ; '로 표현된다. 연접사는 ' , '로, 함의연산자는 ' : - '로 각각 표현되며 그러나 술어논리의 쌍방함의 연산자 '↔'에 대응하는 연산자는 정의되어 있지 않다. 프롤로그에서는 양화사가 명시적으로 표현되지 않고, 모든 개체변수는 암묵적으로 보편양화사 ∀에 의해 결속되는 것으로 간주된다. 보조기호로 '('과')', ' . ', 혹은 ' ? '이 사용될 수 있다. 이상의 논의를 정리하면 다음의 (31ⅰ)-(31ⅴ)와 같다.

> (31) (ⅰ) 개체상수 : j, m, …
> (ⅱ) 개체변수 : X, Y, Z, …
> (ⅲ) 구조 : p1(arg1, …, argn), p2(arg1, …, argn), …, pn(arg1, …, argn)
> (ⅳ) 논리상수 : not, ' ; ', ' , ', ' : - '
> (ⅴ) 보조기호 : ' (', ') ', ' . ', '?'

술어논리의 문장형식(formula)에 대응하는 프롤로그의 한정절(definite clause)은 다음의 통사규칙에 의해 정의된다.

> (32) (ⅰ) p가 n-항 술어이고 t1, …, tn이 명사들이면, p(t1, …, tn)은 하나의 원자절(atomic clause)이다.

(ii) φ와 ψ가 원자절이면 not(φ), (ψ ; φ), (ψ , φ) 들이 복합
절 (compund clause)이다.

(iii) ψ, φ가 원자절이고 ρ가 복합절이면, (ψ.) 나 혹은 (:- φ.),
(:- ρ.)나 (ψ :- φ.), (ψ :- ρ.)이 한정절이다.

위의 통사규칙 (32iii)에서 함의연산자 ' : - ' 앞에 원자절만이 나타날 수
있도록 제한함으로써 본래의 한정절의 개념이 유지되도록 했다. (32 i)-
(32iii)에 제시된 통사규칙은 제1차 술어논리에 대응되는 것들만으로 국한
된 것이다.

1. 몇 가지 기본개념

프롤로그(PROLOG)의 프로그램은 지식베이스(Knowledge Base)와 질의 (question)로 구성되어 있다. 다시 지식베이스는 여러 개의 한정절(definite clause)로 구성된다. 그 한정절들은 형식에 따라서 사실(fact)과 규칙(rule) 으로 구분된다.

다음의 (1)에 제시된 지식베이스는 국어의 음절구조를 아주 단순화한 예이다.

```
(1)  % kb1.pl                                              /* 1a */

     consonant('ㄱ').                                       /* 1b */
     consonant('ㄴ').                                       /* 1c */
     vowel('ㅏ').                                           /* 1d */
     vowel('ㅗ').                                           /* 1e */

     syllable([P1,P2]) :- consonant(P1),vowel(P2).          /* 1f */
     syllable([P1,P2,P3]) :- consonant(P1),vowel(P2),consonant(P3).
                                                            /* 1g */
```

프로그램의 첫줄은 파일이름을 나타내는데, /* … */는 주석표시로서 프 롤로그 프로그램과는 직접적인 관계가 없고 프로그램에 대한 주석을 위해서 보조수단으로 사용된다. (1b)-(1e)는 국어의 음에 관한 '사실'들이다. (1b)와 (1c)는 각각 'ㄱ'음과 'ㄴ'음이 자음이라는 사실을, (1d)과 (1e)는 각각 'ㅏ'음과 'ㅗ'음이 모음이라는 '사실'을 기술하고 있다. (1f)와 (1g)는 국어의 음절구조를 기술하는 '규칙'들이다. (1f)의 음절규칙에 따르면 국어는 자음과 모음이 하나의 음절을 이룰 수 있고, (1g)의 음정규칙에 의하면 자음과 모음과 자음이 모여 하나의 음절을 이룰 수 있다. 예를 들어 'ㄱ'음과 'ㅏ'음이 각각 자음과 모음이기 때문에 [ㄱ, ㅏ]는 하나의 음절이 된다는 것을 규칙 (1f)를 통해 알 수 있다. 여기에서 보는 바와 같이 프롤로그의 규칙은 자연언어의 '…이면'에 대응하는 연산자 ' : -'를 중심으로 두 부분으로 나뉘어지는데, 앞부분은 머리(head)라고 불리고, 뒷부분은 몸체(body)라고 불린다. 다시 말하여 프롤로그의 규칙은 다음의 (2)와 같은 일반적인 형태를 가진다.

     (2) P : - Q1, … ,Qn

    (2)에서 P가 머리이고, Q1, … ,Qn이 함께 몸체가 된다. 우리는 편의상 Q1, Qn들 각각을 하나의 몸체를 이루는 구성성분이라 부르기로 한다. 이때 각 구성성분을 연결시키는 ' , '는 명제논리와 술어논리에서의 '∧' 내지 '&'에 대응되는 연접사(conjunctor)이다. 규칙의 경우에 몸체가 여러 개의 구성성분으로 이루어질 수 있는 반면, 머리는 단 하나의 구성성분으로 되어 있다. 이렇게 머리가 최대한 하나인 절은 한정절이라 정의되어진다. 앞서 살펴본 (1b)-(1e)의 사실들은 규칙의 몸체부분이 비어 있는 것으로 보다 정확히는 다음의 (3a)와 (3b)와 같이 표기되어야 하나 표준형 프롤로그에서는 (3c)와 (3d)에서처럼 연산자를 생략한 채 사용한다.

    (3) a. P : -.
        b. consonant('ㄱ') : -.
        c. P.
        d. consonant('ㄱ').

앞서도 설명했듯이 (3d)는 'ㄱ'음이 자음이라는 하나의 '사실'을 나타낸다. (3d)의 사실은 consonant라는 1항 술어와 'ㄱ'이라는 논항을 가진 술어-논항-구조로 되어 있다. 여기서 논항 'ㄱ'은 하나의 상수(constant)이다. 프롤로그에서 상수는 영문소문자로 시작되는 하나의 문자열(string)로 표기되고 정수(integer)도 상수에 속하는 것으로 간주된다. 영문소문자로 시작되는 문자열을 원자(atom)라 부르기 때문에 우리는 프롤로그의 상수가 원자와 정수로 이루어진다고 말할 수 있다. 다음은 여러 가지 유형의 원자들이다.

> (4) prolog_syntax
> microProcessor
> y1983

상수와 달리 변수 variable은 영문대문자나 문자 '_'로 시작되는 문자열로 표기된다. (1f)의 음절규칙의 첫 번째 구성성분의 논항인 P1과 두 번째 구성성분인 P2가 변수 예들이다. 프롤로그에서 변수의 유효범위가 그것이 속한 한정절에 국한된다는 점은 유념해야 할 사항이다. 아래에 여러 가지 유형의 변수들이 제시되어 있다.

> (5) Month
> List99
> WHAT
> _elements

상수와 변수를 함께 묶어 단순대상(simple object)이라 부르기도 하는데, 이에 대비되는 자료구조(data structure)가 단순히 구조(structure)라 불리는 것이다. 하나의 구조는 다음의 (6)과 같이 앞서 언급한 바 있는 술어-논항-구조의 형태로 되어 있다. 앞으로는 편의상, 어떤 술어를 지칭할 때 술어 뒤에 항가를 덧붙여 '술어/n'의 형식으로 부르기로 한다(주 : ',' 는 논항들간을 구분하는 연접사가 아닌 보조기호이다).

(6) 술어(논항1, … ,논항n)

이때 개별논항 자체가 또 하나의 술어-논항-구조의 형태를 가질 수도 있다. 프롤로그에서 하나의 자료구조로서 자주 등장하는 리스트(list)도 구조의 일종인데, 리스트에 관하여는 다음 3절에서 순환성(recursion)개념과 함께 논의한다. 다음은 여러 가지 유형의 구조들을 보여준다.

```
(7) language(prolog).
    is_syllable(ka).
    has(korean,is_syllable(ka)).
    dp(det(a),np(adj(good),n(prolog_book)))
    np(adj(good),np(n(book),pp(p(about),np(prolog))))
```

이상에서 논의한 상수, 변수와 구조를 한데 묶어 이름(term)이라는 하나의 범주에 포함시키기도 한다. 또한 프롤로그에는 하나의 표현체가 상수에 속하는지, 변수에 속하는지, 아니면 구조에 속하는지를 확인시켜주는 내장술어(built in predicate)들이 미리 정의되어져 있다. 그 내장술어들은 다음과 같다.

```
(8) atom,
    integer,
    atomic,
    var
```

한편, (9a), (9b)와 같이, 한정절 중에서 몸체만 있고 머리부분이 없는 절은 질의를 나타내기 위해 사용되는데, 표준형 프롤로그에서는 (9c), (9d)에서처럼 이해의 편의를 위해 연산자 ' : – ' 대신에 물음표를 포함한 기호 '?–'를 사용한다.

```
(9) a. : – Q1,···,Qn.
    b. : – syllable(['ㄱ','ㅏ']),syllable(['ㄱ','ㅏ','ㄱ']).
    c. ?– Q1,···,Qn.
```

    d. ?- syllable([′ㄱ′,′ㅏ′]),syllable([′ㄱ′,′ㅏ′,′ㄱ′]).

위의 (9d)는 [′ㄱ′,′ㅏ′]('가')와 [′ㄱ′,′ㅏ′,′ㄱ′]('각')이 국어의 음절인가를 묻는 프롤로그의 질의형식이다. 이 질의에 대한 답은 (1)의 지식베이스에 의거하여 yes로 주어진다. 이제 지금까지의 논의를 바탕으로 위 (9d)의 첫 목표문이기도 한 다음의 (10)에 제시된 질의에 대한 답이 지식베이스 (1)에 근거하여 yes가 되는 과정을 살펴보기로 한다.

    (10) ?- syllable([′ㄱ′,′ㅏ′]).

[′ㄱ′,′ㅏ′]가 국어의 음절인지를 묻는 이 질의는 하나의 목표문 goal을 가지고 있다. 목표문 syllable([′ㄱ′,′ㅏ′])가 충족되기 위해서는 우선 규칙 (1f)에 의해 목표문의 논항 [′ㄱ′,′ㅏ′]가 규칙의 머리안의 논항 [P1,P2]와 통합되어야(unified) 한다. 바로 다음 절에서 소개될 통합(unification)알고리즘에 의해서 변수 P1에 상수 'ㄱ'이, 변수 P2에 상수 'ㅏ'가 구현되어진다. 이러한 변수구현(variable instantiation)은 규칙(1g) 전체에 대해 유효하기 때문에 몸체부분의 두 목표문에도 변수구현이 동시에 이루어진다. 이에 따라 규칙(1g)의 몸체의 두 목표문은 consonant(′ㄱ′)와 vowel(ㅏ)이 되고, 다음 단계로 프롤로그해석기(prolog interpreter)는 이 목표문들이 각기 충족되어지는지를 검토한다. 두 개의 목표문 모두 지식베이스 속에 '사실'로서 들어 있기 때문에 이들이 충족되는(satisfied)것으로 간주된다.[20] 이렇게 하여 본래 질의의 목표문이 충족되어졌다. 그 결과로서 최종적으로 yes라는 답을 프롤로그해석기가 내보낸다. 다음의 두 가지 수형도는 프롤로그의 기본개념에 대한 이제까지의 논의를 함축적으로 보여준다.

---

20) A goal is satisfied if it can find a matching fact in the database.

(11) a.

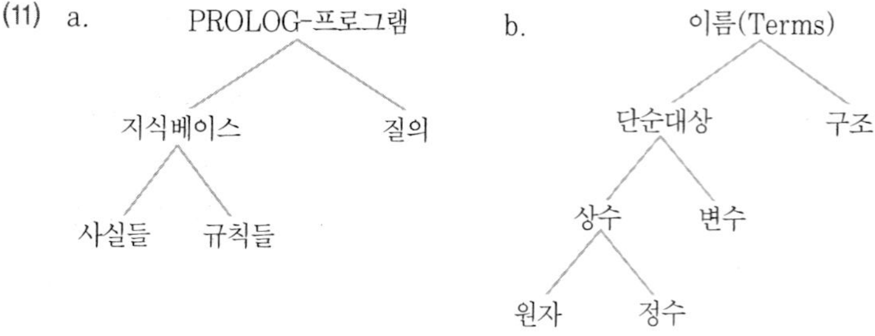

b.

2. 통합(Unification) 개념

프롤로그는 통합기제(unification mechanism)에 의해 주어진 지식베이스를 바탕으로 질의의 참과 거짓의 여부를 판별하여 그 결과를 yes나 no로 내보내거나, 참이 되기 위한 조건을 답으로 제시한다. 곧 통합기제는 지식베이스와 함께 프롤로그의 두 축을 이룬다고 할 수 있겠다. 프롤로그의 통합기제를 이해하는 것은 프롤로그에 기반한 실제적인 시스템을 발전시키는 데에 있어 반드시 거쳐야만 하는 필수불가결한 관문이라 할 수 있다. 통합은 두 개의 이름(term) 단위의 자료구조에 적용되고 두 개의 이름이 동일한 경우에만 통합이 성공한다. 여기서 가능한 모든 경우들을 몇 가지 유형으로 구분하여 통합알고리즘을 아래와 같이 제시하고자 한다.

(12) **통합알고리즘**
  두 개의 이름 T1과 T2를 통합할 경우에
  (i) T1이 상수이고 T2가 상수이면, T1과 T2가 동일할 경우 통합이 성공하고 그 밖의 경우 통합이 실패한다.
  (ii) T1이나 T2 둘 중 하나가 변수이고 다른 하나가 상수이거나 구조이면, 통합이 성공하고 동시에 상수이나 구조인 어느 한 쪽의 값이 변수에 할당되어 변수구현이 이루어진다.
  (iii) T1과 T2 모두 변수일 경우에 통합이 성공하면서 각 변수에 제3의 변수 T3이 할당된다.

(ⅳ) T1과 T2가 모두 구조인 경우에 다음의 조건들이 충족될 때에만 T1
과 T2의 통합이 성공하고 그 밖의 경우는 모두 통합이 실패한다.
- T1의 술어 P1과 T2의 술어 P2가 동일하고
- T1의 논항수를 n(n〉1)이라 할 때 T2의 논항자리수도 n이고
- T1의 첫 번째 논항을 ARG_{11}, 두 번째 논항을 ARG_{12}, …, 마지막
논항을 ARG_{1n}이라 하고 T2의 첫 번째 논항을 ARG_{21}, 두 번째 논
항을 ARG_{22}, …, 마지막 논항을 ARG_{2n}이라 할 때 T1과 T2의 각 자
리에 있는 서로 대응하는 논항들이, 예컨대 ARG_{11}과 ARG_{21}, ARG_{12}
와 ARG_{22}, ARG_{1n}과 ARG_{2n}들이 각각 통합가능해야 한다.
(ⅴ) 그 밖의 경우는 모두 T1과 T2의 통합이 실패한다.

통합을 나타내기 위한 술어로 프롤로그에서는 등호 '='가 사용된다. 다
음의 (13a)-(13b)에서부터 (16a)-(16b)까지 제시된 질의와 답들은 통합
기제의 예들이다.

(13) a. ?- np = np.
　　　 b. ?- np = dp.

(13a)와 (13b)에서 통합술어 '='의 양쪽에 상수인 이름들이 나타나 있
는데, (13a)의 경우 양자가 동일하기 때문에, 통합이 성공한다. (13b)의
경우 모두 상수인데 양자가 다르기 때문에 통합이 실패한다.

(14) a. ?- X = np.
　　　 b. ?- det(a) = DET.

(14a)에서 술어 '='의 한 쪽은 변수이고 다른 한 쪽은 상수이므로 알고
리즘 (12ⅱ)에 의해 상수가 변수에 할당되고, (14b)에서도 술어 '='의 한
쪽은 변수이고 다른 한 쪽은 구조이므로 마찬가지로 (12ⅱ)에 의해 구조가
변수에 할당된다.

(15) a. ?- X = Y.
　　　 b. ?- X = Y, X = np, Y = dp.

(15a)에서는 통합술어 '=' 양쪽에 모두 변수가 나타나기 때문에 통합이 성

공한다. 질의 (15b)의 경우 첫 번째 목표문에서 두 변수가 제3의 변수를 통해서 통합된 후에 두 번째 목표문에서 그 통합변수에 상수 np가 할당된다. 그런데 세 번째 목표문에서 이 상수 np와 상수 dp간에 통합이 실패한다.

    (16) a. ?- np(DET,N) = np(det(a),n(program)).
          b. ?- np(det(a),n(program)) = np(det(a),adj(good),n(program)).

(16a)에서 구조인 두 이름이 np라는 동일한 술어와 두 개의 논항자리를 가지고 있으므로 통합알고리즘 (11iv)의 첫 번째와 두 번째 조건을 충족시킨 상태에서 세 번째 조건을 충족시키기 위해 DET와 det(n) 그리고 N과 n(program)간에 통합이 이루어져야 한다. 이 둘은 모두 변수와 구조간의 관계이므로 알고리즘 (12iii)에 의해서 통합이 성공한다. (16b)의 경우 각 술어의 이름은 동일하나 논항수에서 차이가 나기 때문에 통합이 실패한다. 지금까지 우리는 프롤로그에서의 통합기제에 대하여 논의했는데, 이에 대한 연습은 다음 절에서 리스트개념을 논의하는 과정에서 계속될 것이다.

3. 리스트(List)와 순환성(Recursion)

리스트는 집합론에서의 집합개념에 대응하는 프롤로그에서의 자료구조이다. 다음의 예에서 보는 바와 같이 리스트는 대괄호 〔 〕 안에 넣어 표기한다.

    (17) a. 〔list〕
          b. 〔1,2〕
          c. 〔2,1〕
          d. 〔k,a,k〕
          e. 〔s,〔np,vp〕〕
          f. 〔 〕

하나의 리스트를 이루는 요소들을 집합에서처럼 원소(element)라고 부른다. 하나의 집합이 다른 집합의 원소가 될 수 있는 것처럼 위의 (17e)에서 보듯이 하나의 리스트가 다른 리스트의 원소도 될 수 있다. 집합론에서 공집합 { }이 존재하듯이 (17f)와 같은 빈 리스트가 또한 존재한다. 집합론에서 동일한 원소가 한 집합 안에 두 개 이상 들어 있을 수 없으나 (17d)와 같이 같은 원소가 한 리스트 안에 두 개 이상 들어 있을 수 있는 것이 집합과 리스트의 한 가지 다른 점이다. 양자간의 다른 차이점은 집합론에서는 원소들간의 순서 개념이 존재하지 않는 반면, 리스트에서는 원소들간의 순서가 매우 중요한 개념이다. 예를 들어 (17b)와 (17c)는 다른 리스트들이다. 바로 이 순서개념은 리스트의 정의에 밀접히 연관되어 있다. 리스트는 ' . '을 술어로 하고 리스트 안의 첫 번째 원소를 첫 논항으로 하고, 나머지 원소들을 모두 한데 묶은 리스트를 두 번째 논항으로 하는 2항 술어로 정의된다. 우리가 리스트를 하나의 구조(structure)로 간주하는 것은 바로 이 때문이다. 예를 들어 리스트 (17d)와 (17e)는 각각 (18a)와 (18b)의 술어-논항-구조와 동일한 것으로 이해된다.

(18) a. .(k,〔a,k〕)
      b. .(s,〔〔np,vp〕〕)

2항 술어인 리스트의 첫 번째 논항을 머리(Head)로 두 번째 논항을 꼬리(Tail)로 부르는데, 빈리스트 〔 〕를 제외한 모든 리스트는 머리와 꼬리로 나누어진 〔Head|Tail〕의 형태로 바꾸어 표기될 수 있다. (17a)와 같이 원소가 하나뿐인 리스트의 두 번째 논항은 빈리스트가 된다. (17a)-(17e)의 리스트들은 각각 〔Head|Tail〕의 형태로 바꾸어 표기하면 다음의 (19)와 같다.

(19) a. 〔list|〔 〕〕
      b. 〔1|〔2〕〕
      c. 〔2|〔1〕〕
      d. 〔k|〔a,k〕〕
      e. 〔s|〔〔np,vp〕〕〕

앞서 우리는 원소들이 각기 다른 순서로 배열된 리스트들의 경우 서로 상이한 두 개의 리스트라고 주장했다. 이 주장은 (19b)와 (19c)가 서로 통합될 수 없다는 사실에 의해서 분명히 뒷받침된다. 이제 리스트들간의 통합에 대해 논의하기 위해 몇 가지 예를 보자.

(20) a. ?- [k,a,k] = [k,a|T].
     b. ?- [s,[np,vp]] = [X|Y].
     c. ?- [ ] = [X|Y].

(20a)는 두 개의 리스트가 통합되기 위한 조건을 묻는 질의인데 답으로서 변수 T에 리스트 [k]가 할당된다. 여기에서 T는 왼쪽의 리스트에서 첫 번째 원소와 두 번째 원소를 제외하고 남은 원소들을 모아 만든 리스트를 가리키므로 [k]가 된다. 이러한 통합은 (20a)의 통합술어 왼쪽의 리스트를 (19d)와 같이 표기할 때 더 잘 이해된다. 마찬가지로 (20b)의 통합술어 '='의 왼쪽 리스트를 (19e)처럼 바꾸어 오른쪽의 리스트와 통합시켜보면 변수 X에 상수 s가, 변수 Y에 리스트 [[np,vp]]가 할당되어지는 것을 쉽게 알 수 있다. (20c)의 경우 통합이 실패하는데 통합술어의 왼쪽에 나오는 빈리스트 [ ]가 상수으로 간주되기 때문에 구조인 리스트 [X|Y]와 통합될 수 없다.

한편 우리는 리스트개념을 활용하여 앞서 (1)에서 다루었던 음절규칙을 언어학적으로 더 정교화된 형태로 바꾸어 볼 수 있다.

(21) syllable([P1,P2]) :- consonant(P1),vowel(P2).   /* 21a*/
     syllable([P1,P2,P3]) :- consonant(P1),vowel(P2),consonant(P3).
                                      /* 21b */

위의 규칙 (21)에서 음절이 초성과 중성 두 개의 음으로 된 경우와 초성, 중성, 종성의 세 개의 음으로 된 경우를 위해 별도의 두 가지 규칙을 설정했다. 그런데 우리는 이 두 규칙을 리스트구조를 이용하여 다음의 (22)와 같이 하나의 규칙으로 일반화시킬 수 있다.

(22) syllable([P1,P2|P3]) : - (consonant(P1), vowel(P2), P3 = [ ]) ;
                              (consonant(P1), vowel(P2), P3 = [Q|[]],
                              consonant(Q)).

규칙 (22)에서는 두 가지 유형의 음절이 정의되어 있는데, 술어 syllable
의 논항리스트 안의 P3이 무엇이냐에 따라 종성이 포함된 음절일 수도 있
고, 종성이 포함되어 있지 않는 음절일 수도 있다. 이러한 내용이 (22)의
규칙 몸체에 들어 있는 선접사 ' ; '를 통해 표현되어 있다. P3이 빈리스트
일 경우에는 초성 P1과 종성 P2만이 나타나는 음절이 되고, P3이 하나의
원소 Q를 가진 리스트일 경우 바로 이 원소를 종성으로 하는 음절이 된다.
질의 '?- syllable([′ㄱ′,′ㅏ′]).'에 대한 답은 선접사 ' ; ' 앞의 구성성분에
의해서, 질의 '?- syllable([′ㄱ′,′ㅏ′,′ㄱ′])'에 대한 답은 선접사 뒤의 구성
성분에 의해서 각각 yes로 주어진다. 음절 내에 중성과 종성으로 이루어진
음각 rhyme의 존재를 인정하는 음절음운론의 입장을 고려하는 방향으로
규칙 (22)를 수정하면 다음의 (23)과 같다.

(23) syllable([P1|P2]) : - consonant(P1), rhyme(P2).   /* 23a */
     rhyme([Q1|Q2]) : - (vowel(Q1), Q2 = []) ;
               (vowel(Q1),Q2 = [R|[]], consonant(R)).   /* 23b */

(23)의 규칙 '/* 23b */'는 음각을 두 유형으로 나누고 있는데, 종성이
나타나지 않는 경우와 종성이 들어 있는 경우이다. 규칙 '/* 23b */'의 몸
체 첫 구성성분이 종성이 없는 음각을, 두 번째 구성성분이 종성이 나타나
는 음각을 기술하고 있다.

이제 리스트처리(list processing)와 관련 있는 몇 가지 기본술어를 중심
으로 하여 순환성(recursion)개념을 논의해 보자. 다음의 (24)에 제시되는
member/2와 append/3는 리스트의 처리를 위한 기본적인 술어들이다.

(24) /* kb2.pl */
     member(E,[E|_]).   /* 24a */
     member(E,[_|R]) : - member(E,R).   /* 24b */

```
append([],L,L).                                    /* 24c */
append([E|R],L1,[E|L2]) :- append(R,L1,L2).        /* 24d */
```

2항 술어 member/2는 어떤 원소가 하나의 리스트에 속하는지를 검사
하기 위한 술어이다. 예를 들어 보자.

(25) a. member(prolog,[prolog,lisp,c]).
      b. member(c,[prolog,lisp,c]).
      c. member(ai,[prolog,lisp,c]).

(25a)의 질의는 이름인 *prolog*가 리스트 [prolog,lisp,c]의 원소인지를
묻는 것인데 그 리스트 안에 들어 있기 때문에 답이 yes로 나와야 하고,
(25b)의 경우 이름 c가 리스트 [prolog,lisp,c] 안에 들어 있기 때문에 답
이 yes여야 하는 반면, (25c)에서 이름 ai가 리스트 [prolog,lisp,c] 안에
들어 있지 않으므로 답이 no가 되어야 한다. 이처럼 각 질의에 대한 적절
한 답을, 우리는 (24)의 지식베이스 'kb2.pl' 안에 정의되어 있는 2항 술어
member/2를 통해서 얻어낼 수 있다. (24)의 술어 member/2에 대한 정
의는 두 개의 절로 구성되어 있는데, 첫 번째 절은 술어 member/2의 첫
논항이 두 번째 논항인 리스트의 머리(Head)와 동일한 경우에 첫 논항이
두 번째 논항의 원소가 되는 것을 기술한다. 두 번째 절은 첫 논항이 두 번
째 논항인 리스트의 꼬리(Tail)에 해당하는 리스트의 원소인 경우에도 첫
논항이 두 번째 논항의 원소가 되는 것을 기술하고 있다. (25a)의 질의에
대한 답은 바로 술어 member/2 정의의 첫 번째 절에 의하여 yes로 주어
진다. 왜냐하면 두 번째 논항인 리스트 [prolog,lisp,c]를 [prolog| [lisp,
c]]의 [Head|Tail]의 형태로 바꿀 수 있으며 이때 이 리스트의 머리인
*prolog*가 바로 첫 번째 논항으로 나와 있기 때문이다. 한편, (25b)의 질의
에 대한 답이 (24)의 member/2에 대한 정의에 의하여 yes로 주어지는데
이 과정을 자세히 살펴보자.

(26) (i) ?- member(c,[prolog,lisp,c]).

    ↓

    c = 리스트 [prolog|[lisp,c]]의 머리? ; (24a)

    ↓

    no

(ii) ?- member(c,[lisp,c]). ; (24b)

    ↓

    c = 리스트 [lisp|[c]]의 머리? ; (24a)

    ↓

    no

(iii) ?- member(c,[c]). ; (24b)

    ↓

    c = 리스트 [c|[]]의 머리? ; (24a)

    ↓

    yes

위의 (26 i)에서 먼저 정의 (25)의 첫 절에 의거하여 c가 리스트 [prolog|[lisp,c]]의 머리와 동일한지를 검사하는데, 그 리스트의 머리인 *prolog*와 c는 동일하지 않다. 다음 단계로 넘어가 정의의 두 번째 절에 의거하여 (26 ii)에서 c가 본래 주어진 리스트의 꼬리인 [lisp,c]에 속하는 원소인지를 묻는다. 이 질의에 답하기 위해서 다시 c가 리스트 [lisp|[c]]의 머리와 동일한지를 검사하는데, 이 리스트의 머리인 lisp과 c가 같지 않다. 다시 다음 단계로 넘어가, 정의의 두 번째 절에 의해 (26 iii)에서 c가 리스트 [c]에 속하는 원소인지를 묻는다. 이 새로운 물음에 답하기 위해서 정의 (25a)에 의거하여 먼저 c가 리스트 [c|[]]의 머리와 동일한지를 검사하는데, 양자가 같기 때문에 최종적으로 답이 yes로 주어진다. 이처럼 술어 member/2의 정의 중 첫 번째 절이 적용되었을 때 일단 답을 구하는 과정이 멈추기 때문에 이와 같은 절을 정지조건(halt condition)이라 한다. (26 i), (26 ii), (26 iii)에서 우리는 술어 member/2가 순환적(recursive) 으로 적용되는 것을 보았는데, 이 과정은 (25)에서 제시된 정의의 두 번째 절에 의하여 마련된 것이다. 우리는 프롤로그의 규칙 중 연산자 ' :-'의 머리에 있는 술어가 몸체 부분에도 나타나는 형태의 규칙을 순환규칙 (recursive rule)이라 부른다. 이러한 순환규칙은 구절구조문법에서 사용되

는 (27a)와 같은 순환적인 구절구조규칙과 동일한 기능을 가진다.

(27) a. NP → NP N
     b. John′s father′s house
     c.

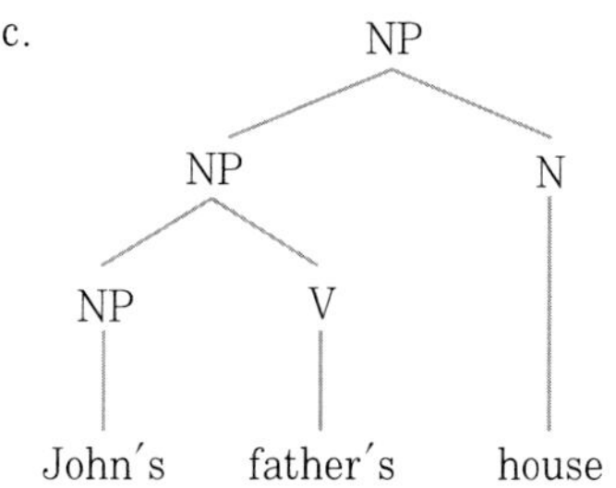

     d. NP → John′s
     e. N → father′s
     f. N → house

규칙 (27a)는 (27b)의 명사구의 구조를 기술하기 위해 사용될 수 있는데 화살표 '→'의 왼쪽에 나타난 NP가 오른쪽에 다시 나타남으로써 이 규칙이 순환적으로 적용되는 것이 가능해진다. 통사규칙 (27a)와 어휘규칙들 (27d), (27e), (27f)를 (27b)에 적용하여 얻은 구조가 수형도 (27c)이다. 프롤로그를 포함하여 모든 프로그램언어에서 순환성(recursion)의 개념은 아주 중요한데, 일반적으로 다음의 (28)과 같이 정의되어진다.

(28) 순환성(Recursion)
    하나의 함수, 절차, 언어구성체나 어떤 문제에 대한 해답을 자기자신에 의하여 정의하거나 표현하는 과정

순환적인 규칙을 정의의 일부로 갖고 있는 프롤로그의 술어의 다른 하나의 예는 3항 술어인 append/3이다.

```
(29) /* append(L1,L2,L3) */
     append([],L,L).                              /* a */
     append([E|R],L1,[E|L2]) :- append(R,L1,L2)   /* b */
```

위에 정의된 술어 append/3은 두 개의 리스트를 각 리스트 안의 원소들의 순서를 바꾸지 않은 채 합하여 새로운 리스트로 만든다. 첫 번째 절은 빈리스트와 어떤 리스트 L을 합하면 결과가 리스트 L이 된다는 것을 기술한다. 두 번째 절은 순환규칙으로 되어 있는데, 첫 논항인 리스트의 머리가 세 번째 논항인 결과가 되는 리스트의 머리가 되고 첫 논항의 꼬리와 두 번째 논항에 술어 append/3을 적용하여 얻은 결과를 세 번째 논항이 되는 리스트의 꼬리로 한다는 것을 기술하고 있다. 하나의 예를 들어 보자.

(30) (i) ?- append([1,2],[3,4],L).

[1,2] = [ ] ? ; (29a)

no

[1,2] = [1|L1], append(L1,[3,4],L2), L = [1|L2] ; (29b)

(ii) ?- [1,2] = [1|L1].

[1|[2]] = [1|L1].

[2] = L1

(iii) ?- append(L1,[3,4],L2).

?- append([2],[3,4],L2).

[2] = [ ] ? ; (29a)

no

[2] = [2|L3], append(L3,[3,4],L4), L2 = [2|L4] ; (29b)

(iv) ?- [2] = [2|L3].

[2|[]] = [2|L3].

$$\downarrow$$

$$[] = L3$$

(v) ?- append([L3],[3,4],L4). ; (29b)

$$\downarrow$$

?- append([ ],[3,4],L4).

$$\downarrow$$

[ ] = [ ] ? ; (29a)

$$\downarrow$$

yes

$$\downarrow$$

$$[3,4] = L4$$

(vi) L2 = [2|L4] = [2|[3,4]] = [2,3,4]
      L = [1|L2] = [1|[2,3,4]] = [1,2,3,4]

위의 (30v)에서 질의 ?- append([],[3,4],L4)와 술어 append/3의 정의 중 첫 번째 절이 다음의 (31)에서 보여지듯이 통합되고 그 결과 리스트 [3,4]가 L4에 할당된다. 여기에서 술어 append/3의 순환적인 적용은 멈추어지고 변수 L4에 구현된 [3,4]가 (30iii) 단계의 L2 = [2|L4]의 L4자리에 대입되어 L2의 값이 [2,3,4]로 정해지고, 이 L2 값이 다시 (30ii) 단계의 L = [1|L2]의 L2 자리에 삽입되어 L의 값이 [1,2,3,4]로 확정된다. 이 과정에서 우리는 술어 append/3의 순환적인 적용이 한없이 계속되는 것이 아니고 정의의 첫 번째 절과의 통합이 이루어진 직후에 바로 정지하는 것을 알 수 있다. 따라서 술어 append/3의 정의에서 첫 번째 절이 순환적인 적용을 정지시키는 정지조건이 된다.

술어 member/2와 append/3 외에 리스트처리시에 자주 쓰이는 술어 중의 하나가 2항 술어인 length/2이다. 술어 length/2는 첫 번째 논항인 리스트 안에 들어 있는 원소의 수를 세어서 그 값을 두 번째 논항에 표시하는 술어이다. 이 술어를 순환적인 규칙으로 다음과 같이 정의할 수 있다.

```
(31) /* length/2 */
     length([],0).                              /* a */
     length([H|T],N) ;- length(T,N1), N is N1+1.    /* b */
```

위의 첫 번째 절은 빈리스트의 원소의 수가 0인 것을 의미하는데, 이 절이 정지조건으로서 기능한다. 어떤 리스트 안에 들어 있는 원소의 수 N은 그 리스트의 꼬리가 되는 리스트 안에 들어 있는 원소의 수 N1에 1을 더한 값이라는 것을 순환규칙으로 정의된 두 번째 절이 표현하고 있다. 예를 들어 다음의 (32a), (32b)에서 보듯이 리스트 [b,c,d]의 원소의 수가 3개라면, 그 리스트를 꼬리로 하고 a라는 원소를 머리로 하는 리스트 [a,b,c,d]의 원소의 수는 3에 하나를 더한 4개가 된다.

(32) a. ?- length([b,c,d],3).
             yes
     b. ?- length([a,b,c,d], N).
             N = 4

이처럼 술어 length/2가 리스트 안의 원소의 수를 세는 데 사용되는 반면 문자열 string 안의 문자의 수를 세는 데 직접 사용되기는 어렵다. 프롤로그 안의 내장술어 name/2은 문자열을 각 문자에 대응하는 ASCII-코드들을 원소로 하는 리스트로 바꾸어 준다. 우리는 내장술어 name/2과 앞서 논의한 술어 length/2를 이용하여 문자열의 길이를 세는 술어 string_length/ 2를 다음과 같이 정의할 수 있다.

(33) /* string_length/2 */
     string_length(String,N) :- name(String,L), length(L,N).

술어 string_length/2는 첫 논항인 문자열을 내장술어 name/2을 이용하여 ASCII-코드의 리스트로 바꾼다. 이 리스트의 길이를 술어 length/2를 이용하여 센 후에 그 값을 내보낸다. 예를 들어 보자.

(34) (i) ?- string_length(prolog,N).
     (ii) ?- name(prolog,L).
             L = [112,114,111,108,111,103].
     (iii) ?- length([112,114,111,108,111,103],N).
             N = 6

(34ii)의 단계에서 내장술어 name/2이 문자열 *prolog*의 각 문자 p,r, o,l,o,g에 대응하는 ASCII-코드들인 112,114,111,108,111,103을 리스트로 만들어 〔112,114,111,108,111,103〕을 답으로 내보낸다. (34iii)단계에서 술어 length/2가 이 리스트의 원소를의 수를 센 후 그 결과로서 N = 6이라는 답을 낸다. 이제까지 우리는 리스트처리와 관련되는 기본적인 술어들과 순환성 개념을 설명했다. 다음 절에서는 한 질의에 대해 여러 개의 답이 가능한 답이 있을 경우에 어떤 절차를 따라서 답들이 구해지는지를 보기 위해 역추적(backtracking)의 개념을 살펴보고 이와 깊은 연관이 있는 컷(cut)의 개념에 대해 논의한다.

4. 역추적(Backtracking)과 컷(Cut)

이 절에서는 한 가지 질의에 대해서 여러 개의 답이 가능할 경우에 어떤 순서를 따라서 답들이 구해지는지를 살펴본다. 다음 (35)의 지식베이스는 1항 술어인 student를 정의하고 있다.

```
(35) /* kb3.pl */
     student(S) :- field(F), major_in(S,F).      /* a */
     student(junho).                              /* b */
     field(linguistics).                          /* c */
     field(computer_science).                     /* d */
     major_in(mimi,linguistics).                  /* e */
     major_in(sangmi,computer_science).           /* f */
     major_in(hosang,computer_science).           /* g */
```

위의 'student'를 정의한 규칙과 사실들에 의거하여 누가 student인지를 알아보기 위해서 우리는 다음의 (36)과 같은 질의를 할 수 있고, 그에 대해 4개의 답을 얻는다.

    (36) ?- student(Who).
            Who = mimi ;
            Who = sangmi ;
            Who = hosang ;
            Who = junho ;
                 no

질의 (36)에 대해 네 가지 답이 (35)에 주어진 지식베이스에 의거하여 얻어지는 과정을 다음의 (37)과 같이 나타낼 수 있다.

(37)

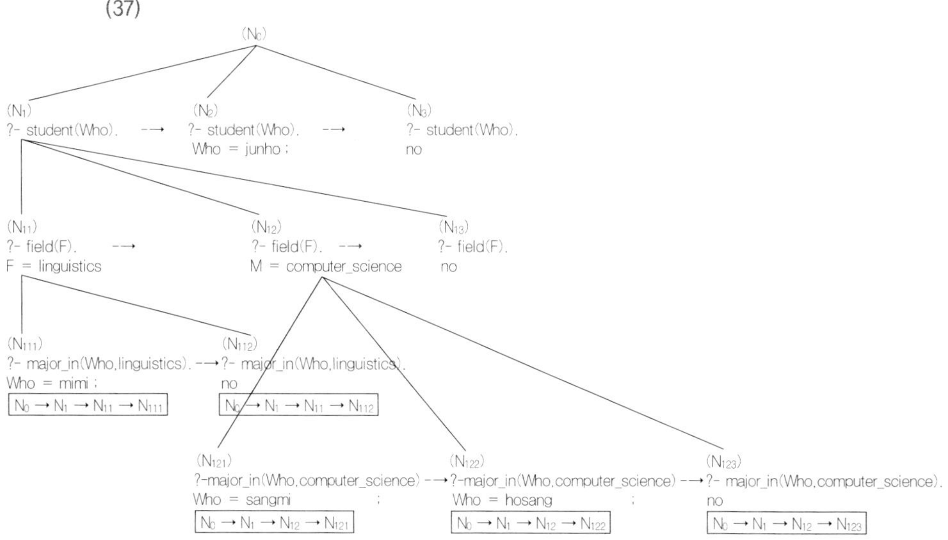

위의 수형도상의 교점 (N₀)에서 출발하여 교점 (N₁), (N₁₁)을 지나 교점 (N₁₁₁)에 이르면 Who = mimi라는 답이 얻어지는 것으로 그 경로가 각 교점 아래의 박스 안에 표시되어 있다. 지식베이스 (35)의 한정절 /* a */ 에 의해 누가 student인지를 알기 위해서 몸체부분의 첫 목표문인 ?- field(F).를 충족시키는 F값을 구한다. 여기서 최초로 얻어지는 F값은 linguistics이다. 구해진 그 값을 두 번째 부목표문인 ?- major_in(Who,F)에 대입시킨 후 얻어진 새로운 목표문 ?- major_in(Who,linguistics).를 충족시키는 Who의 값을 구하는데 그 최초의 값이 mimi이다. 이렇게 하나의 해답이 구해졌을 때 다른 답을 구하려고 하면 프롤로그에서 선접사로 이해되는 ' ; '라는 명령을 주어야 한다. 이 명령에 의해 마지막 목표문을 충족시키는 제2의 해답을 구하는데—이를 경로로 나타내면 교점 N_{111}에서 교점 N_{112}로 넘어가는 것을 의미한다—지식베이스 (35)의 경우 다른 답을 제공하지 않는다. 이때에 프롤로그의 해석기는 자동적으로 바로 그 이전의 목표문에 대한 다른 답을 찾는다. 경로로 표현하자면 교점 N_{11}에서 N_{12}로 넘어가는 것을 의미한다. 이 목표문 ?- field(F)를 충족시키는 제2의 해답은 F = computer_science이다. 이 값을 변수 F의 자리에 대입시킨 후에 다른 목표문 ?- major_in (Who,computer_science)을 충족시키는 Who의 값을 구하면 그 최초의 해답은 Who = sangmi이다. 이 답이 얻어지기까지의 과정을 경로로 나타낸 것이 $N_1 \rightarrow N_{12} \rightarrow N_{121}$이다. 이때 다시 다른 해답을 구하기 위해 ' ; '라는 명령을 내리면 마지막 목표문인 ?- major_in(Who, computer_ science)를 충족시키는 제2의 답을 찾게 되는데 그 해답이 Who = hosang이다. 그 경로를 $N_1 \rightarrow N_{12} \rightarrow N_{122}$로 표시할 수 있다. 여기에서 다시 명령 ' ; '을 통해 다른 답을 구하고자 하면 역시 마지막 목표문인 ?- major_in(Who,computer_science)를 충족시키는 제3의 답을 찾게 되는데 그러한 해답은 없다. 따라서 자동적으로 그 이전의 목표문인 ?- field(F)를 충족시키는 또 다른 답을 구하게 된다. 그러나 그에 대해서 어떤 답도 존재하지 않으므로 한 단계 상위의 교점 N_1로 되돌아가 여기에서 다시 질의 ?- student(Who)에 대한 다른 답을 찾는다. 이러한 과정을 반복함으로써, 최종적으로 'no'라는 답이 얻어진다. 지금까지 우리는 한 가지 질의에 대해 여러 개의 답이 구해지는 과정을 살펴보았다. 이 과정에서 어떤 목표문이 충족되었을 때 명령 ' ; '에 의해서 다시 그 목표문으로 되돌아가 그것을 충족시키는 다른 해답을 구하거나, 그 목표문을 충족시키는 답이 없을 때 자동적으로 바로 직전의 목표문으로 되돌아가 새로운 해답을 구하는 것을 보았다. 이처럼 다른 답을 구하기 위해서 이전의 상태로 되돌아가는 절차를 역추적(backtracking)이라 한다. 역추적의 개념은 통합의 개념과 함께 프롤로그에서 가장 중요한 개념들 중의 하나이다. 역추적이 시작되면 가장 최근에 이루어진 변수의 할당이 무효화된다. 따라서 역추적시에 그 변수에 대해 새로운 값을 구하는 과정이 다시 시작될 수 있는 것이다. 지금까지 우리는 역추적이 진행되는 복잡한 과정을 자세하게 살펴보았다. 그런데 대부분의 프롤로그시스템에는 이러한 복잡한 과정전체를 일목요연하게 재검토해 볼 수 있도록 한다. 그 검토과정은 술어 trace를 작동시킴으로써 시작되어 술어 notrace가 명령됨으로써 끝난다. 다음은 지식베이스 (35)에 근거하여 질의 (36)이 주어졌을 때 여러 답을 찾는 과정을 기록한 것이다.

(38) a. ?- trace.
    b. ?- student(Who).
    c. (18) CALL student(_G28)
       (20) CALL field(_L170)
       (20) EXIT field(linguistics)
       (21) CALL major_in(_G28,linguistics)
       (21) EXIT major_in(mimi,linguistics)
       (18) EXIT student(mimi)
       (21) REDO major_in(_G28,linguistics)
       (21) REDO major_in(_G28,linguistics)
       (21) FAIL major_in(_G28,linguistics)
       (20) REDO field(_L170)
       (20) EXIT field(computer_science)
       (20) CALL major_in(_G28,computer_science)
       (20) REDO major_in(_G28,computer_science)
       (20) EXIT major_in(sangmi,computer_science)
       (18) EXIT student(sangmi)
       (20) REDO major_in(_G28,computer_science)
       (20) EXIT major_in(hosang,computer_science)
       (18) EXIT student(hosang)
       (18) REDO student(_G28)
       (18) EXIT student(junho)
    d. ?- notrace.

위의 (38c)의 기록들이 바로 답을 찾는 과정을 보여주는데, 여기서 보듯이 call, exit, redo, fail 등 네 가지 술어들에 의해 전 과정이 진행된다. 보통 call 다음에는 exit나 fail이, fail 다음에는 redo가, 그리고 redo 다음에는 exit나 fail이 뒤따른다. 술어 call에 의해 새로운 질의에 대한 답을 찾는 과정이 시작된다. 술어 exit는 답을 찾아내는 데 성공한 것을 나타내기 위해서, 술어 fail은 답을 찾는 데 실패한 것을 나타내기 위해 사용된다. 술어 redo는 바로 직전에 주어진 질의에 대해 다른 답을 구하기 위한 것이다. 술어 redo가 술어 exit 다음에 호출되기도 한다. 곧 술어 redo가 작동되는 것은 선택명령 ' ; '에 의해서이거나 주어진 질의에 대한 답이 발견되지 않은 경우이다.

한편, 프롤로그에는 컷(cut)이라 불리는 술어 '!'이 있어서 앞서 논의한 역추적의 과정을 차단시키기도 한다. 다음의 지식베이스 (39)는 지식베이스 (35) 안의 한정절 (35a)에 컷 기호를 사용하여 1항 술어 student의 정의를 수정한 것이다.

```
(39) /* kb4.pl */
     student(S) :- field(F), !, major_in(S,F).      /* a */
     student(junho).                                /* b */
     field(linguistics).                            /* c */
     field(computer_science).                       /* d */
     major_in(mimi,linguistics).                    /* e */
     major_in(sangmi,computer_science).             /* f */
     major_in(hosang,computer_science).             /* g */
```

한정절 (39a)가 한정절 (35a)와 다른 점은 몸체부분에 컷을 지니고 있다는 점이다. 지식베이스 (39)에 의거하여 다음의 질의 (40)에 대한 답을 구할 경우에 답은 하나만 주어진다.

```
(40) ?- student(Who).
     Who = mimi ;
           no
```

이렇게 답이 하나만 얻어지는 과정을 수형도로 나타내 보면 다음의 (41)과 같다.

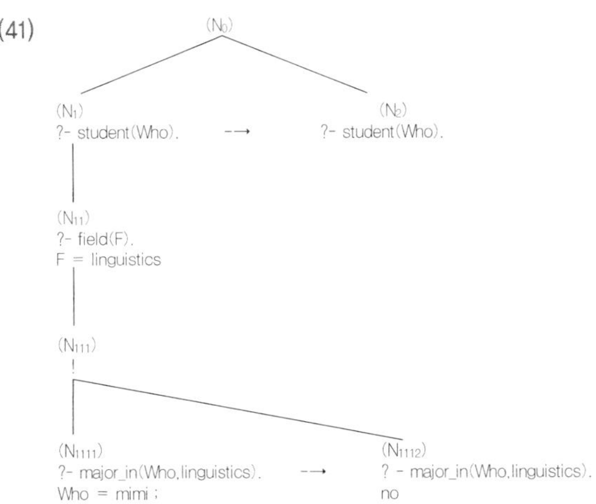

위의 수형도에서 질의 ?- student(Who)에 대해 먼저 교점 N_1으로부터 출발하여 교점 N_{1111}에 이르러 Who = mimi라는 답이 구해진다. 다음에 명령 ' ; '에 의해 교점 N_{1111}로부터 교점 N_{1112}로 수평이동이 이루어져 질의 ?- major_in(Who,lingistics)에 대한 새로운 답을 찾게 되지만 다른 답이 없어 한 단계 상위의 교점 N_{111}로 이동한다. 그런데 이 교점 N_{111}에 컷이 놓여 있기 때문에 더 상위의 교점으로 이동하는 것이 불가능하다. 이처럼 컷은 프롤로그에서 자신이 놓인 자리보다 앞쪽으로의 역추적을 차단시키는 기능을 한다. 따라서 한 한정절 안에서 컷이 어디에 놓여 있느냐에 따라 동일한 질의에 대한 답이 상이해질 수 있다. 아래의 지식베이스 (42)는 첫 번째 한정절의 컷 위치가 지식베이스 (39)의 첫 한정절 (39a)와 비교하여 차이가 날 뿐으로, 나머지는 지식베이스 (39)와 동일하다. 또한 첫 한정절을 제외하면 지식베이스 (35)와도 동일하다. 그런데 지식베이스 (41)에 의거한, 질의 ?- student(Who)에 대한 답은 (43)에서 보듯이 mimi, sangmi, hosang 등 세 가지이다.

(42) /* kb5.pl */
    student(S) :- !, field(F), major_in(S,F).   /* a */
    student(junho).   /* b */
    field(linguistics).   /* c */
    field(computer_science).   /* d */
    major_in(mimi,linguistics).   /* e */
    major_in(sangmi,computer_science).   /* f */
    major_in(hosang,computer_science).   /* g */

(43) ?- student(Who).
    Who = mimi ;
    Who = sangmi ;
    Who = hosang ;
      no

그 이유는 다음의 수형도를 통해서 쉽게 설명될 수 있다.

(44)

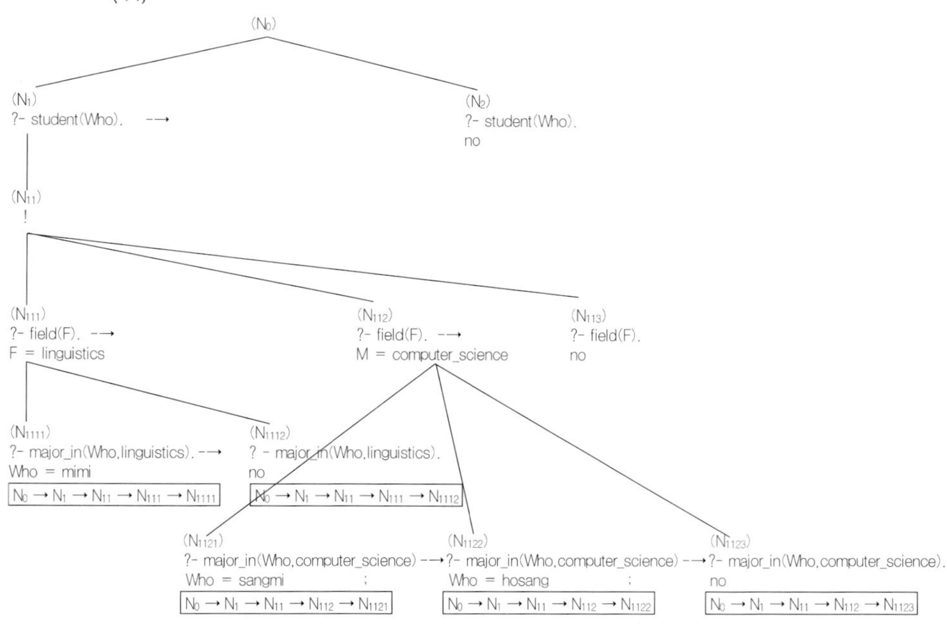

위의 수형도에서 컷이 교점 N_{11}에 걸려 있다. 질의 ?- student(Who)에

대한 해답이 mimi, sangmi, hosang순으로 얻어진 후 또 다른 답을 찾기 위해 역추적이 교점 N_{1123} → 교점 N_{112} → 교점 N_{11}의 경로를 따라 이루어진다. 그런데 교점 N_{11}의 컷에 의해 교점 N_1 방향으로의 역추적이 차단된다. 이 점에서 지식베이스 (42)가 지식베이스 (35)와 차이가 난다. 지식베이스 (35)의 경우 첫 한정절의 몸체부분에 컷이 들어 있지 않기 때문에 역추적이 차단되지 않고 계속되므로 질의 ?- student(Who)를 충족시키는 또 다른 해답 Who = junho를 두 번째 한정절인 사실 student(junho)에 의거하여 얻게 된다. 다시 말하여 동일한 질의에 대해서 지식베이스 (42)는 mimi,sangmi,hosang 등 세 개의 답을, 지식베이스 (35)는 mimi,sangmi, hosang,junho 등 네 개의 답을 제공한다.

이제까지 논의한 컷(!)의 기능을 일반화시켜 기술하자면 다음과 같다. 먼저 컷이 아래의 첫 한정절의 k번째의 부목표문과 l번째의 부목표문 사이에 위치한다고 가정하자.

(45) goal(A) : - subgoal$_1$, subgoal$_2$,⋯,subgoal$_k$,!,subgoal$_l$,⋯subgoal$_z$.
      goal(B) : - ⋯
      goal(C) : - ⋯

위의 (45)에 그 일부만 기술되어 있는 어떤 지식베이스 내에서 컷의 영향력을 살펴보면 다음과 같다. 첫째, 역추적에 의해서 다른 답들을 찾을 때에 첫 한정절의 컷(!) 앞에 놓여 있는 부목표문들, subgoal$_1$부터 subgoal$_k$까지가 고려되지 않는다. 둘째, 컷(!)이 들어 있는 한정절의 아래에 나타나는 한정절들이 고려되지 않는다. 곧, 지식베이스 (45)에서 두 번째와 세 번째 한정절의 머리부분이 첫 번째 한정절의 머리부분과 통합될 수 있는 조건을 갖추었다 해도 역추적시에 고려되지 않는다. 셋째, 컷(!)이 몸체부분에 나타나는 바로 그 한정절의 머리부분에 있는 술어에 대한 해답에만 컷은 영향을 미친다.

이 절에서 살펴본 역추적의 개념과 컷의 기능을 좀더 명확히 이해하기 위해 하나의 예를 더 들어 본다.

```
(46)  /* kb6.pl */
      trip_group1([M1,M2,M3]) :- is_manager(M1),has_time(M2),has_car(M3).
      trip_group2([M1,M2,M3]) :- is_manager(M1),!,has_time(M2),has_car(M3).
      is_manager(juyoung).
      is_manager(kenhee).
      is_manager(wujung).
      has_time(sumi).
      has_time(mimi).
      has_time(sangmi).
      has_car(sangho).
      has_car(junho).
      has_car(hojun).
```

위의 지식베이스는 아홉 사람으로 구성된 어떤 부서의 여행계획을 짜기 위한 것이다. 이 지식베이스에 근거하여 한 그룹을 이룰 수 있는 세 사람씩의 조합이 어떻게 가능한가를 알 수 있다. 예컨대 다음 (47 i)과 같은 질의를 할 경우 가능한 3인 그룹의 조합이 (47 ii)와 같이 27가지의 답이 제시된다.

(47) i . ?- trip_group1(G), write(G), fail.
      ii . [juyoung,sumi,sangho][juyoung,sumi,junho][juyoung,sumi,hojun]
           [juyoung,mimi,sangho][juyoung,mimi,junho][juyoung,mimi,hoj
           un][juyoung,sangmi,sangho][juyoung,sangmi,junho][juyoung,s
           angmi,hojun][kenhee,sumi,sangho][kenhee,sumi,junho][kenhe
           e,sumi,hojun][kenhee,mimi,sangho][kenhee,mimi,junho][kenh
           ee,mimi,hojun][kenhee,sangmi,sangho][kenhee,sangmi,junho]
           [kenhee,sangmi,hojun][wujung,sumi,sangho][wujung,sumi,jun
           ho][wujung,sumi,hojun][wujung,mimi,sangho][wujung,mimi,j
           unho][wujung,mimi,hojun][wujung,sangmi,sangho][wujung,sa
           ngmi,junho][wujung,sangmi,hojun]
           no

질의 (47 i)에서 1항 술어 write는 얻어진 결과를 화면상에 써내보내는 기능을 하는 술어로서 다음 절에서 자세히 다루어진다. 한편 0항 술어 fail

은 역추적을 유발시키는 기능을 한다. 따라서 첫 번째 해답인 리스트 [juyoung,sumi,sangho]가 찾아진 후 바로 화면에 그 답이 내보내지고, 다음에 술어 fail에 의해 역추적이 시동되어 두 번째 답인 [juyoung,sumi, junho]가 얻어지고 그 리스트가 화면에 보내진다. 이러한 과정이 반복적으로 이루어져 가능한 27가지 3인조 그룹이 모두 화면상에 나타난다. 한편 술어 trip_group2는 회사의 사정상 그 해당부서의 세 중간간부 중 서열이 가장 높은 juyoung이 리더가 되는 그룹만이 여행을 떠날 수 있을 때에, 가능한 여행그룹의 조합을 찾아내는 데에 사용될 수 있다. 다음의 질의 (48 i)에 대해 (48 ii)에 주어진 9가지의 답을 얻는다.

(48) i . ?- trip_group2(G), write(G), fail.
ii . [juyoung,sumi,sangho][juyoung,sumi,junho][juyoung,sumi,hojun]
[juyoung,mimi,sangho][juyoung,mimi,junho][juyoung,mimi,hoj
un][juyoung,sangmi,sangho][juyoung,sangmi,junho][juyoung,s
angmi,hojun]
no

이렇게 질의 (48 i)에 대해 9가지만이 답으로 제시된 것은 컷(!)의 영향 때문이다. 다른 답들을 찾는 역추적의 과정에서 컷 이전의 부목표문 ?- is_manager(M1)에 대한 대안을 더 이상 찾지 않았기 때문이다. 이상이 역추적과 컷에 대한 서술이고, 다음 절에서는 Swi-프롤로그 내에 내장된 연산자들의 속성과 연산자를 사용자가 스스로 정의하는 방법에 대해서 설명한다.

5. 연산자

앞서 우리는 소위 내장술어라 하여 프롤로그 해석기 내에 미리 정의되어 있는 연산자들이 어떻게 사용되는지를 논의했다. Swi-Prolog에서 미리 정의된 연산자들의 목록은 아래의 표와 같다.

(49) System operators

우선순위	연접성	연산자
1200	xfx	$-\!\!\rightarrow$, : -
1200	fx	: -, ?-
1150	fx	dynamic, multifile, module_transparent, discontiguous, volatile, initialization
1100	xfy	;, |
1050	xfy	$\rightarrow$
1000	xfy	,
954	xfy	\
900	fy	\+, not
900	fx	~
700	xfx	$\langle$, =, =.., = @ =, = : =, =$\langle$, ==, =\=, $\rangle$, $\rangle$=, @$\langle$, @ =$\langle$, @$\rangle$, @$\rangle$=, \=, \==, is
600	xfy	:
500	yfx	+, -, $\wedge$, $\vee$, xor
500	fx	+, -, ?, \
400	yfx	*, /, //, $\langle\langle$, $\rangle\rangle$, mod, rem
200	xfx	**
200	xfy	^

위의 예들에서 알 수 있듯이 각 연산자에는 우선순위(precedence)와 연접성(associativity)이 할당된다. 이를테면, 한정절 문법에서 사용되는 확장 연산자 '$-\!\!\rightarrow$'은 1200이라는 우선순위를 갖으며 연접성은 무표적이다. 여기서 우선순위라는 하나의 한정절 내에 여러 개의 연산자가 동시에 출현할 경우에 이들간의 우선순위를 정하기 위한 목적으로 규정된 개념인데, 우선 순위로 할당된 숫자가 낮을수록 상대적으로 높은 숫자를 갖는 연산자보다 우선하여 연산이 된다. 이것은 아래의 (50)에 제시된 산술식에서 곱셈연산이 덧셈연산보다 우선하는 것과 같다. 이 식에서 22라는 연산결과가 나오

는 것은 곱셈연산이 덧셈연산보다 우선한 데 기인하고, 반대로 덧셈연산이
곱셈연산보다 우선한다면 연산결과가 36이 될 것이다.

(50) $3 \times 5 + 7 = 22$

연접성이란 동일한 연산자가 하나의 한정절 내에 여러 번 출현할 때에
토큰의 관점에서 보아 상이한 것으로 인식이 되는 동일 연산자들간의 적용
우선순위를 정하기 위해서 고안된 개념이다. 이는 아래의 산술식에서 나눗
셈 연산자들이 여러 개 나타날 때에 이 연산자의 '좌연접성'이 중요한 기능
을 수행하는 것과 마찬가지이다.

(51) $100 \div 50 \div 10 = 2$

만약에 나눗셈 연산자가 '우연접성'을 속성으로 갖는다면 위 산술식의
연산결과는 20이 될 것이다. 프롤로그에서는 연산자에 대해 'y'를 해당 위
치에 부여하여 연접성을 규정한다. 곧 좌연접성을 가진 연산자는 'yfx'로
표기하고, 우연접성을 가진 연산자는 'xfy'로 표기한다. 연접성이 중요하지
않은 무표적인 연산자에 대해서는 'xfx' 표기를 부여한다. 그리고 'f'는 연산
자가 위치하는 자리를 표기하는 것으로 단순히 'fx'로 표기된 연산자는 접
두연산자를 가리키고 'xfx'로 표기된 연산자는 접요연산자로서 논항들 사이
에 연산자가 위치함을 의미한다. 이렇게 미리 정의된 연산자들을 사용하는
대신 필요에 따라 사용자가 연산자를 새로 정의해서 사용할 수 있는데, 이
를 위해서는 각 프로그램의 시작부분에서 op/3라는 3항 술어를 이용해 연
산자를 선언해야 한다.

다음의 (52a)와 (52b)에 제시된 연산자 정의방식은 동일한 기능을 가지
는데 이미 앞서 제4장에서 논의한 바가 있다.

(52) a. :- op(500, xfy, :).
     b. ?- op(500, xfy, :).

위의 한정절은 새로운 연산자 ' : '을 우연접성을 가진 것으로 그리고 우선순위는 500을 가진 것으로 정의하는 형식을 보여준다. 제7장에서 논의한 바 있는 다음의 한정절들도 연산자들을 새로 도입하는 형식이다.

(53) a. : - op (400, yfx, ⇒).
       b. : - op (300, yfx, &).

위의 정의에 따라 연산자 '⇒'이 연산자 '&'에 우선하는 우선순위를 가진다.

current_op/3이라는 3항 술어를 사용하여 특정한 연산자가 현재 정의되었는지의 여부를 체크해 볼 수도 있다. 다음은 한정절 문법에서 사용된 확장 연산자 ' −→'이 Swi-Prolog 내에 정의되어 있는지를 확인하기 위해 프롬프트상에서 실행한 예이다.

(54) ?- current_op(P, A, ' −→').
       P = 1200
       A = xfx
       Yes

그 결과, 이 연산자의 우선 순위가 1200이고 연접성은 무표적인 것으로 정의되어 있음을 확인할 수 있다.

6. 입력(Input)과 출력(Output)

프롤로그에서도 다른 프로그램언어에서와 마찬가지로 사용자(user)와 프롤로그 해석기(interpreter)간의 직접적인 대화가 가능하다. 사용자와 해석기간의 대화의 구조는 다음의 (54)와 같이 기술될 수 있다.

(55)

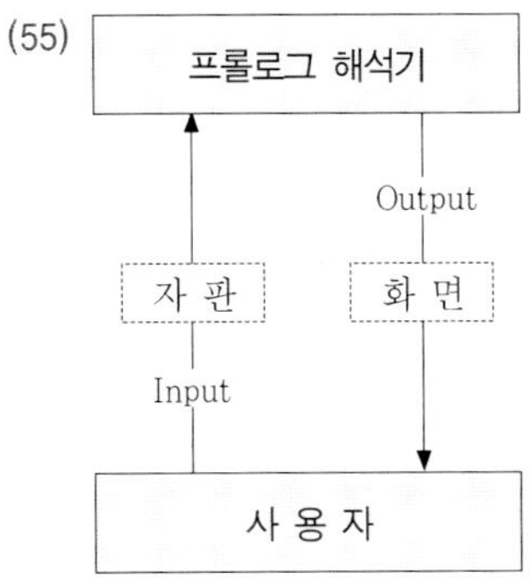

　사용자는 자판을 통해 해석기에 명령을 주고, 해석기는 그에 대해 화면
을 통해 사용자에게 답한다. 여기서 앞의 과정을 입력(input)이라 하고 뒤
의 과정을 출력(output)이라 한다. 입력과정에 가장 많이 쓰이는 술어는 1
항 술어 read인데, 술어 read/1는 자판을 통해 들어오는 명사 term를 읽
어들여 그 자신의 논항과 통합시킨다. 반면 1항 술어 write는 출력과정에
가장 많이 쓰이는데, 그의 논항자리에 있는 문자열을 화면에 내보내는 기
능을 한다. 다음의 지식베이스를 살펴보자.

```
(56)  /* kb7.pl */
        greetings :- write('Write Your Name, please :'),    /* a */
                     read(N),                                /* b */
                     nl,                                     /* c */
                     write('Hello'),                         /* d */
                     write(N),                               /* e */
                     write('welcome to our system!').        /* f */
```

　위의 지식베이스를 로드(load)시킨 후에 질의 ?- greetings.를 하면 화
면에 'Write Your Nmae, please :'라는 메시지가 나타나는데, 이것은 지
식베이스 (56)의 첫줄 안의 술어 write/1의 기능으로 인한 것이다. 이 메
시지에 답하여 사용자의 이름을, 예컨대 mimi를 영문소문자로 시작하는
문자열의 형태로 마침표 '.'와 함께 입력하면, 프롤로그 해석기가 그 이름
을 읽어들여 술어 read/1의 논항인 변수 N과 통합시킨다. 통합과정을 거

치면서 동일한 한정절 안의 모든 변수 N에 방금 읽어들인 이름이, 곧 mimi가 할당된다. 따라서 (56e)에 있는 술어 write의 논항자리의 N에도 이름 mimi가 할당된다. 지식베이스의 세 번째 줄, (56c)의 술어 nl은 미리 정의된 내장술어로서 화면상에서 새로운 줄(new line)로 넘어가라는 명령이다. (56d)의 술어 write/1에 의해 'Hello'가 화면에 나타나고, (56e)의 술어 write/1에 의해 그 논항 N에 할당된 이름, 'mimi'가 화면상에 나타난다. 마지막 줄의 술어 write/1에 의해 그 논항인 문자열, 'welcome to our system!'이 출력된다. 앞서 소개한 내장술어 nl은 새로운 줄을 화면상에 출력하는데, 마찬가지로 내장술어인 tab은 1항 술어로서 논항자리에 나타나는 정수(integer)만큼 빈자리를 화면상에 출력한다. 예를 들어 ?-tab(5).라는 질의에 대해 화면상에서 맨 처음에 있던 커서(cursor)가 다섯 자리의 빈 공간을 만든 후 그 뒤로 옮겨간다. 이 술어 tab/1은 또 다른 내장술어인 put/1을 통해 순환적으로 정의된다.

```
(57)  /* kb8.pl */
      tab(0) :- !.                                    /* a */
      tab(N) :- put(32), N1 is N - 1, tab(N1).        /* b */
```

1항 술어 put은 논항자리의 정수를 ASCII-코드로 갖는 문자를 화면에 출력하는 기능을 갖는다. 위 지식베이스의 두 번째 한정절 안의 부목표문 put(32)이 의미하는 바는 ASCII-코드 32에 대응하는 문자, 곧 빈자리 blank를 화면에 출력하라는 뜻이다. 술어 put/1의 쓰임을 보다 구체적으로 살펴보기 위해 하나의 예를 들어보자.

```
(58)  ?- put(65),put(66),put(67).
      ABC
```

영문대문자 'A'의 ASCII-코드가 65이고, 'B'의 ASCII-코드가 66이며, 'C'의 ASCII-코드가 67이기 때문에, 목표문 put(65)에 의해 'A'가, 목표문 put(66)에 의해 'B'가, 목표문 put(67)에 의해 'C'가 각각 연속하여 화면상

에 출력된다. 술어 put/1이 문자의 출력에 관계된 반면, 1항 술어 get0은
자판을 통해 입력되는 문자를 읽어들인 후에 그 문자에 대응되는 ASCII-
코드를 논항자리의 변수에 할당시킨다. 예를 들어보자.

(59) 1. ?- get0(L), nl, L1 is L+2, put(L1), put(L1), put(L1).
      2. ?- A.
      3. CCC

위의 (59.1)의 질의 중 첫 번째 부목표문에 의해 자판을 통해 들어오는
문자의 ASCII-코드를 변수 L에 할당한다. (59.2)에서와 같이 이 문자가
예컨대 영문대문자 'A'이면 변수 L에 65가 할당된다. 두 번째 부목표문이
nl이므로 다음 줄로 커서가 옮겨가고, 세 번째 부목표문에서 이미 앞서 L
에 65가 할당되었으므로 변수 L1에는 65+2, 곧 67이 할당된다. 네 번째
부목표문 put(67)에 의해 ASCII-코드 '67'에 대응하는 문자 C가 화면상에
출력되고, 다섯 번째와 여섯 번째의 부목표문에 의해 문자 C가 두번 더 화
면에 출력된다. 술어 get0/1과 거의 동일한 입력기능을 갖는 술어로 get/1
이 있는데, 술어 get의 경우 ASCII-코드 1부터 32에 대응되는 인쇄되지
않는 문자를 읽어들이지 못하는 것이 술어 get0와 다른 점이다. 아스키코
드와 연관되는 다른 술어로는 앞서 논의한 적이 있는 2항 술어 name이 있
다. 술어 name/2은 첫 번째 논항인 문자열 안의 개별문자들에 대응되는
아스키코드들을 리스트형식으로 묶어서 두 번째 논항으로 삼는다. 예를 들
어 보자.

(60) 1. ?- name('ABC',L).
      2. L = [65,66,67]

(60.2)에서 보듯이 질의 ?- name('ABC',L)에 대해 답으로 L = [65,
66,67]이 출력된다. 곧 술어 name/2의 첫 논항인 문자열 'ABC'의 각 문
자 A,B,C가 갖는 아스키코드 65,66,67이 하나의 리스트형식으로 묶여 화
면상에 출력된 것이다. 앞서 (57)에 제시된 1항 술어 tab의 정의를 응용하

여 우리는 어떤 특정한 문자를 일정한 수만큼 화면에 출력하는 새로운 술어를 정의할 수 있다. 다음의 (61)이 그러한 한 예이다.

```
(61)  /* kb9.pl */
      write_branch(0) :- !.                                /* a */
      write_branch(N) :- put(45), N1 is N - 1, write_branch(N1).
                                                           /* b */
```

1항 술어 write_branch는 논항자리의 숫자만큼 문자 ‘-’(highpoon)을 화면에 출력하는 기능을 한다. 이 술어는 뒤에 언어학적인 통사구조를 수형도로 나타내기 위해 필요한 술어를 정의할 때에 보조술어로 사용된다. 사용 예를 보자.

```
(62)  1. ?- write(\), write_branch(5).
      2. \-----
```

질의 (62.1)의 첫부목표문 write(\)에 의해 문자 ‘\’이 화면에 출력되고 이어 두 번째 부목표문 write_branch(5)에 의해 문자 ‘-’이 5개 화면에 출력되어 (62.2)와 같은 결과가 화면상에 나타난다. 이제 지금까지 설명한 여러 가지 출력과 관계된 술어들을 종합적으로 사용하여 하나의 새로운 술어를 정의해보자. 이 술어는 하나의 리스트를 수형도로 그려 출력하는 기능을 갖는다.

```
(63)  /* kb10.pl */
      prn_list_str(X) :- pp(X,3).
      pp(X,I) :- atomic(X), I1 is I - 1, tab(I1),write('\'),
                 write_branch(2), write(X),nl,!.

      pp([H|T],I) :- tab(I), write('\'), write_branch(2),
                     write(H),
                     string_length(H,N),
                     I1 is I+N+3,nl,ppx(T,I1).
      ppx([],_).
```

```
ppx([H|T],I) :- atomic(H),!,pp([H],I),ppx(T,I).
ppx([H|T],I) :- not atomic(H),!,pp(H,I),ppx(T,I).

write_branch(0) :- !.
write_branch(N) :- put(45), N1 is N-1, write_branch(N1).

string_length(A,N) :- name(A,List), length(List,N).

length([],0).
length([K|R],N) :- length(R,M),
                   N is M+1.
```

먼저 위 (63)의 1항 술어 prn_list_str을 정의하기 위해 사용된 여러 가지 술어들의 기능을 설명하겠다. atomic/1은 논항자리의 표현이 상수나 정수인지를 묻는 술어이다. 1항 술어 tab은 논항자리의 숫자만큼 빈자리를 만들어 출력한다. write_branch/1는 문자 '-'을 논항자리의 숫자만큼 화면에 출력하는 기능을 한다. 2항 술어 string_length는 첫 논항자리의 문자열이 몇 개의 문자로 되어 있는지 그 개수를 묻는다. 앞서 설명한 바와 같이 내장술어 name/2은 첫 논항자리의 문자열 안의 문자들을 대응되는 아스키코드들로 바꾼 후 리스트로 묶어 두 번째 논항으로 한다. 술어 length/2는 리스트의 길이를 나타낸다. 이제 술어 prn_list_str/1을 이용한 예를 보기로 하자.

```
(64)  i . ?- prn_list_str(np).
         \--np
      ii. ?- prn_list_str([vp,iv]).
         \--vp
            \--iv
     iii. ?- prn_list_str([np,det,n]).
         \--np
            \--det
            \--n
      iv. ?- prn_list_str([s,[np,det,n],[vp,iv]]).
         \--s
```

```
        \--np
            \--det
            \--n
        \--vp
            \--iv
  v . ?- prn_list_str([s,[np,det,n,[pp,p,np]],[vp,iv]]).
    \--s
        \--np
            \--det
            \--n
            \--pp
                \--p
                \--np
        \--vp
            \--iv
```

마지막으로, 입출력과 관련하여 가장 중요한 과제 중의 하나는 다른 파일을 불러들여 작업을 할 수 있게 하는 모듈화일 것이다. 프롤로그에서는 다음의 예에서 보듯이 1항 술어인 consult/1를 이용하여 다른 파일을 불러들일 수 있도록 고안되어 있다.

(65) ?- consult('epsg1.pl').

위 한정절은 앞서 제3장에서 차트파싱을 논의한 가운데 나타난 것으로 챠드파싱에 적용할 영어 구구조문법이 들어 있는 파일 'epsg1.pl'을 불러들이라는 명령으로 이해하면 된다. 이 술어는 아래에서 보듯이 더 간단하게 파일명에서 확장자를 제거하고 사용할 수도 있다.

(66) ?- consult(epsg1).

이외에도 파일의 출력과 관련하여 tell/1과 told/0라는 술어가 중요하게 사용되는데, 아래에 제시된 Swi-Prolog의 실행 예는 술어 tell을 통해 어떤 프로그램을 실행한 결과를 파일형식으로 저장하는 과정을 보인다.

(67) 1 ?- tell('avmprint.txt').
      Yes
      2 ?- test1.
      Yes
      3 ?- test2.
      Yes
      4 ?- told.
      Yes

위에 기술된 내용은 자질구조를 행렬방식으로 보여주는 술어들이 정의
된 파일 'avm.pl'을 불러들인 후에 진행되는 과정을 보여주는 것으로, 먼
저 'avmprint.txt'라는 파일을 출력파일로 삼아 test1과 test2를 순차적으
로 실행한 결과를 그 파일에 저장하고 마친다는 의미를 담고 있다. 그 결
과로서 출력파일에 저장된 내용은 다음의 (68)에 보여진다.

(68)
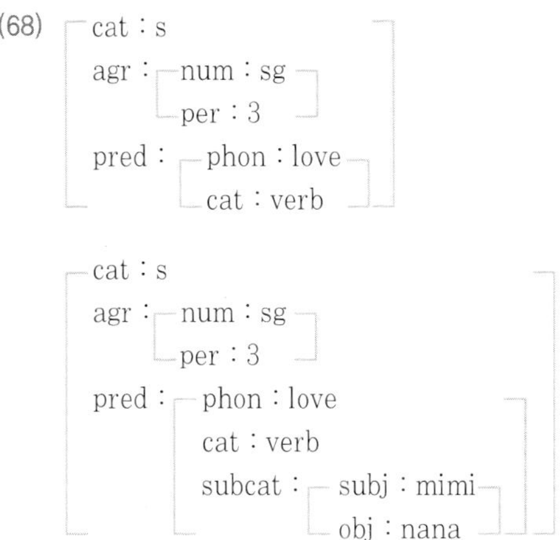

이렇게 얻어진 파일은 일반 텍스트 파일 포맷으로 되어 있어 연구를 위
한 논문이나 교육을 위한 강의록에 바로 삽입되어 활용될 수 있다.

이 밖에도 파일의 입력을 조정하는 술어들로 see/1와 seen/0이 있는데,
이들 술어들의 기능에 대해서는 본격적인 프롤로그 소개서들을 참고하면
된다.

부 록

1. 웹사이트 http://www.swi-prolog.org/에서 프로그램 파일 'w32pl547.exe'를 다운받
   아 설치한다.

2. 프로그램을 실행시키면 다음과 같은 화면이 나온다.

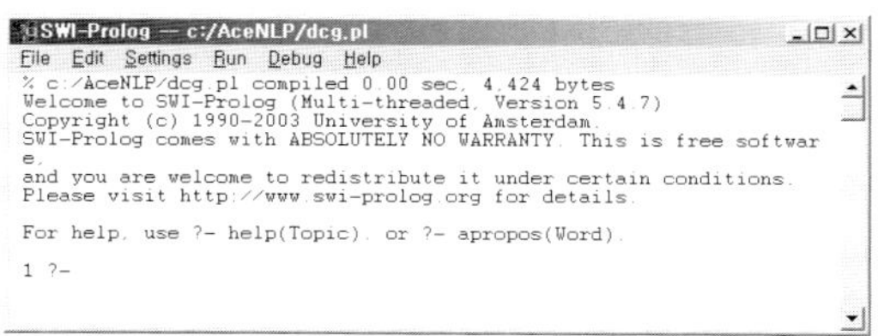

3. 프롤로그의 프롬프트 상태(?-)에서 'vp(STRvp, [employed, nurses], [ ]).'라고 입
   력하고 리턴키를 치면 다음과 같은 결과를 얻는다.

4. 마찬가지로 프롬프트 상태(?-)에서 미리정의된 술어 'test1'에 대해 질의를 하기 위
   해 'test1.'이라고 입력을 하고 리턴키를 치면 다음과 같은 결과를 얻는다.

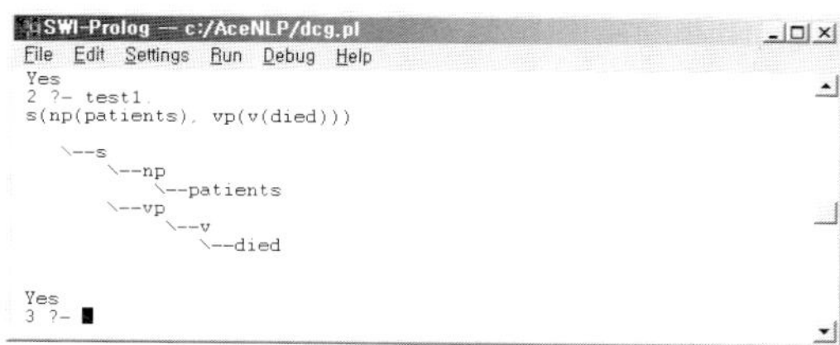

5. 프롤로그 해석기 내에서 파일을 편집할 수도 있는데, 이를 위해서 다음과 같이 '?-edit(dcg).'라고 입력하거나 메뉴의 'File-Edit'를 열어 편집할 파일을 불러낸다.

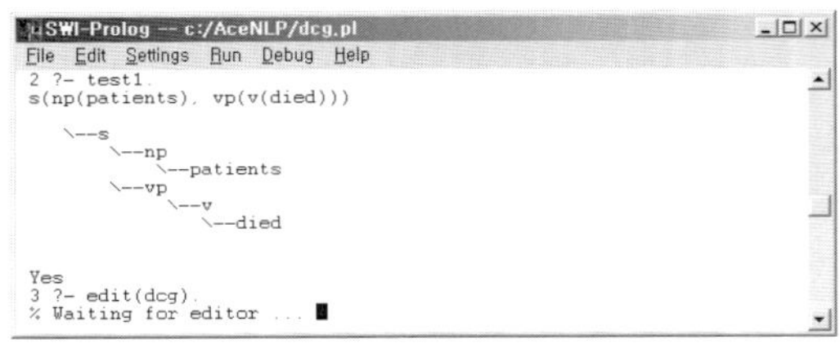

6. 위의 5항의 실행결과 윈도 편집기 '메모장' 화면이 아래와 같이 나타난다.

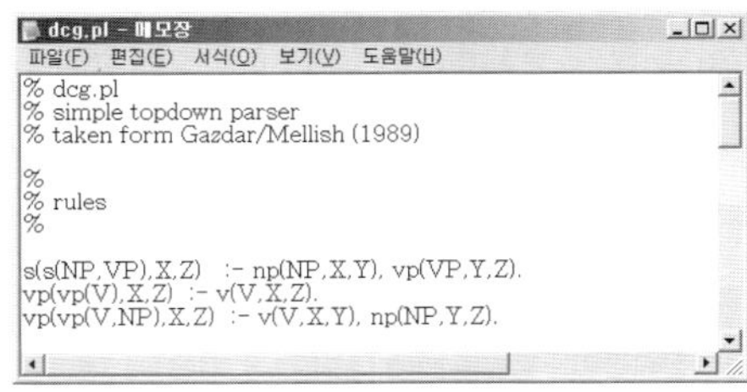

7. 이 상태에서 파일을 수정할 수 있으며, 수정이 완료된 후에 메뉴의 [파일-저장]을 선택해 저장한 후 메모장 윈도 우측상단의 종료 버튼을 눌러 메모장을 빠져나오면 다음과 같은 화면을 얻는다.

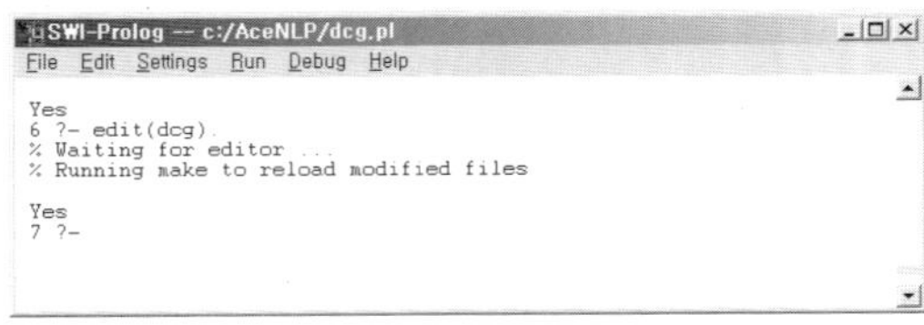

8. 내용이 수정된 'dcg.pl' 프로그램에 대해 새로운 질의 '?- s(STRs,[a,doctor,died], []),nl,tree__cs(STRs).'를 입력하면 다음과 같은 결과를 얻는다.

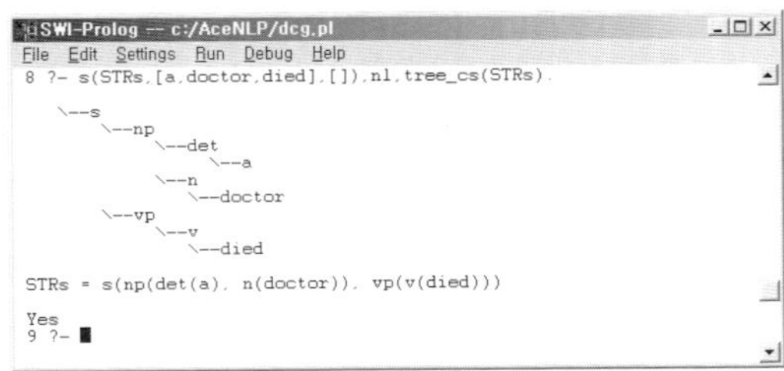

9. 프롤로그를 종료하기 위해서는 윈도 상단의 종료 버튼을 누르면 된다.

2.1. 구구조기술을 위한 "tree.pl"

```
%% Description : Tree-Representation of Constituent Structure        %%
%% Writer : Ch. Lehner (1990 : 168ff.)                              %%
%% Name : tree.pl                                                   %%

%% Tree-Representation of Constituent Structure                     %%

tree(S) : - ana(S,L,0,R,0), dr__baum(L). % 원저자의 1항 술어 drucke-baum/1을
tree/1로 개명

ana(Baum,[k(Baum,Pos)],L__aussen,R__aussen,Altes__max) : -
atomic__oder__var(Baum),
!,
atomic__length(Baum,N),
Rechtes__ende is L__aussen + N + 2,
max(Altes__max,Rechtes__ende,R__aussen),
Pos is (R__aussen + L__aussen + 2)//2 + N mod 2.

ana(Baum,[k(F,Pos),L],L__aussen,R__aussen,Altes__max) : -
Baum =.. [F|Nachfolger],
atomic__length(F,N),
M is N + 2,
max(Altes__max,M,Neues__max),
ana__nachfolger(Nachfolger,L__aussen,R__aussen,L,Neues__max),
erster__knoten(L,Pos1),
```

```
letzter__knoten(L,Pos2),
Pos is (Pos1 + Pos2)//2.

ana__nachfolger([Baum],L__aussen,R__aussen,L,Max) : -
ana(Baum,L,L__aussen,R__aussen,Max),
Pos is (L__aussen+R__aussen)//2.

ana__nachfolger([Baum|Rest],L__aussen,R__aussen,L,Max) : -
ana(Baum,L1,L__aussen,M,Max),
ana__nachfolger(Rest,M,R__aussen,L2,0),
append(L1,L2,L).

max(X,Y,X) : - X >= Y, !.
max(X,Y,Y).

tr__li(Parse) : - S =.. Parse, tree(S).

dr__baum(L) : -
L = [__|__],
drucke__knoten(L,0),
nl,
drucke__aeste(L,0),
nl,
drucke__zweige(L,L1,0),
nl,
dr__baum(L1).

dr__baum([]).

drucke__knoten([X,Y|R],Spalte1) : -
Y \= [__|__],
!,
dr__kn(X,Spalte1,Spalte2),
drucke__knoten([Y|R],Spalte2).
```

```prolog
drucke__knoten([X,[__|__]|R],S1) : -
dr__kn(X,S1,S2),
drucke__knoten(R,S2).

drucke__knoten([X],S) : -
dr__kn(X,S,__).

drucke__knoten([],__).

dr__kn(k(X,Pos),S1,S2) : -
atomic__length(X,N), N2 is Pos - N//2 - S1,
tab(N2),
S2 is Pos + N//2 + (N mod 2),
write(X).

/* Blaetter */
drucke__aeste([X,Y|Rest],S) : -
Y \= [__|__],
!,
drucke__aeste([Y|Rest],S).

drucke__aeste([X],S) : -
!.

/* nicht-verzweigende, z.B. lexikalische Kategorien */
drucke__aeste([k(X,Pos),L|Rest],S1) : -
knoten__zahl(L,1),
!,
tab(Pos-S1),
write(|),
S2 is Pos + 1 ,
drucke__aeste(Rest,S2).

/* normale Kategorien */
drucke__aeste([X,[K|R]|Rest],S1) : -
```

```prolog
        !,
    dr__ae(X,[K|R],S1,S2),
    drucke__aeste(Rest,S2).

drucke__aeste([],__).

/* dr__ae(Dominierender__Knoten,[Tochter__links,L1,Tochter__rechts,L2] */

dr__ae(k(X,Pos),L,S1,S2) : -
    erster__knoten(L,Pos1),
    letzter__knoten(L,Pos2),
    tab(Pos1-S1+1),
    n__mal(Pos-Pos1-1,'__'),
    write(|),
    n__mal(Pos2-Pos-2,'__'),
    S2 is Pos2 - 1.

erster__knoten([k(__,Pos)|L],Pos).

/* einen letzten Knoten gibt es nur dann, wenn
   es einen ersten Knoten gibt */
letzter__knoten([__|R],Pos) : -
    letzter__knoten(R,Pos).

/* 1. Fall : Blatt */
letzter__knoten([k(__,Pos)],Pos) : - !.
/* 2. Fall : dominierender Knoten */
letzter__knoten([k(__,Pos),[__|__]],Pos).

/**********************************************/
/* Blaetter */
drucke__zweige([X,Y|Rest],Rest1,S1) : -
    Y \= [__|__],
    !,
    drucke__zweige([Y|Rest],Rest1,S1).
```

```prolog
drucke__zweige([X],[],S) : -
X \= [__|__],
!.

/* nicht-verzweigende. z.B. lexikalische Kategorien */
drucke__zweige([k(__,Pos),X|Rest],L,S1) : -
knoten__zahl(X,1),
!,
tab(Pos - S1),
write(|),
S2 is Pos + 1,
drucke__zweige(Rest,L1,S2),
append(X,L1,L).

/* normale Kategorien */
drucke__zweige([X,[K|R]|Rest],L,S1) : -
!,
dr__zw(X,[K|R],S1,S2),
drucke__zweige(Rest,L1,S2),
append([K|R],L1,L).

drucke__zweige([],[],__).

/* dr__zw(Dominierender__Knoten,[Tochter__links,L1,Tochter__rechts,L2] */

dr__zw(k(X,Pos),L,S1,S4) : -
erster__knoten(L,Pos1),
tab(Pos1 - S1),
write(/),
S2 is Pos1 + 1,
knoten__dazwischen(L,S2,S3),
letzter__knoten(L,Pos2),
tab(Pos2 - S3 - 1),
write(\),
S4 is Pos2 .
```

```prolog
knoten__dazwischen([k(__,__)|R],S1,S2) : -
drucke__zweige__fuer__knoten(R,S1,S2).


drucke__zweige__fuer__knoten([k(__,__)],S,S) : - !.
drucke__zweige__fuer__knoten([k(__,__),[Letzte|Nachfolger]],S,S) : - !.
drucke__zweige__fuer__knoten([k(__,Pos)|R],S1,S2) : -
!,
tab(Pos - S1),
write(|),
S3 is Pos + 1,
drucke__zweige__fuer__knoten(R,S3,S2).
drucke__zweige__fuer__knoten([__|R],S1,S2) : -
drucke__zweige__fuer__knoten(R,S1,S2).


knoten__zahl([k(__,__)|L],1) : - not(member__x(k(__,__),L)).


n__mal(Arith,A) : - X is Arith,
n__mal__x(X,A).


n__mal__x(N,A) : - N > 0,
!,
write(A),
M is N - 1,
n__mal(M,A).
n__mal__x(0,__).
member__x(X,L) : - member(X,L), !.


atomic__oder__var(X) : - var(X), !.
atomic__oder__var(X) : - atomic(X).


atomic__length(X,5) : - var(X), !.
atomic__length(X,N) : -
name(X,L),
list__length(L,N).
list__length([],0).
```

```prolog
list__length([K|R],N) : - list__length(R,M),
N is M + 1.

term__laenge(S,N) : - atomic(S),
!,
atomic__length(S,N).
term__laenge(S,N) : - S \= [__|__],
!,
S =..[F|A],
list__length(A,L),
atomic__length(F,X),
alle__args(A,Y),
N is X + Y + 2 + L - 1.

term__laenge(L,N) : - L = [__|__],
alle__args(L,X),
list__length(L,Y),
N is X + 2 + Y - 1.
alle__args([],0).

alle__args([K|R],N) : -
term__laenge(K,X),
alle__args(R,Y),
N is X + Y.

/* test for printing the constituent structure */

test1 : - tree(s(np(det,n),vp(tv,np(det,n),pp(p,np(det,n))))).
test2 : -
tree(s(np(det(a),n(girl)),vp(tv(watches),np(det(a),n(boy)),pp(p(with),np(det(a)
,n(telescope))),pp(p(on),np(det(the),n(street))))))).
```

2.2. AVM-구조 기술을 위한 "avm.pl"

```
%% Description : For the printing a feature structure matix          %%
%% Writer : Christopf Rumpf (1992)                                   %%
%% Name : avm.pl                                                     %%

avm(AVM) : - fsmat(AVM).      % 1 항 술어 fsmat/1을 avm/1로 재정의

fsmat(FSM) : - abolish(varcnt/1),ana__fsm(FSM,AFSM),nl,
     print__fsm(AFSM),!.


ana__fsm([],fsm([],0,0)) : - !.
ana__fsm([(A : V)|T], fsm([fs(attr(A,AL),Val)|T1],L,H)) : -
    string__length(A,AL),
    ana__val(V,Val),
    ana__fsm(T,fsm(T1,L1,H1)),
    fsm__size(AL,Val,L1,H1,L,H),!.
ana__val(V,aval(V,L)) : - var(V),!, create__var__name(V,L).
ana__val(V,aval(V,L)) : - atomic(V),!,string__length(V,L).
ana__val(V,fsm(FSM,L,H)) : - ana__fsm(V,fsm(FSM,L,H)).


fsm__size(AL,aval(V,VL),L2,H2,L,H) : - H is 1+H2,
    max(AL+VL+3,L2,L).
fsm__size(AL,fsm(V,L1,H1),L2,H2,L,H) : - H is H1+H2,
    max(AL+L1+3+4,L2,L).


print__fsm(fsm([],0,0)) : - !,
    tab(2), w([[],nl]).
print__fsm(fsm(FSM,L,1)) : - !,
    tab(2), w([' [ ']),
    print__fsm1([(2,1,1)], __,[],fsm(FSM,L,1)).
print__fsm(fsm(FSM,L,H)) : - !,
    tab(2), w(['┌']),
    print__fsm1([(2,H,H)], __,[],fsm(FSM,L,H)),!.
```

```prolog
print__fsm(FSM) : -
    nl,
    write('error printing feature structure matrix : '),nl,
    write(FSM),nl.


print__fs(LB,LB1,RB,fs(attr(A,AL),aval(V,VL)),L,H) : - !,
    w([A,' : ',V]),
    RB1 is L-(AL+VL+3),
    right([RB1|RB],LB,LB1).
print__fs(LB,LB1,RB,fs(attr(A,AL),fsm(FSM,L1,1)),L,H) : - !,
    w([A,' : ',' [ ']),
    RB1 is L-(L1+AL+7),
    print__fsm1([(AL+3,1,1)|LB],LB1,[RB1|RB],fsm(FSM,L1,1)).


print__fs(LB,LB1,RB,fs(attr(A,AL),fsm(FSM,L1,H1)),L,H) : - !,
    w([A,' : ','⌈ ']),
    RB1 is L-(L1+AL+7),
    print__fsm1([(AL+3,H1,H1)|LB],LB1,[RB1|RB],fsm(FSM,L1,H1)).


print__fsm(LB,LB,RB,fsm([],__,__)) : - !.
print__fsm(LB,LB2,RB,fsm([FS|FSs],L,H)) : -
    left(LB),
    print__fs(LB,LB1,RB,FS,L,H),
    print__fsm(LB1,LB2,RB,fsm(FSs,L,H)).


print__fsm1(LB,LB2,RB,fsm([FS|FSs],L,H)) : -
    print__fs(LB,LB1,RB,FS,L,H),
    print__fsm(LB1,LB2,RB,fsm(FSs,L,H)).


left([]) : - !.
left([(T,1,__)|R]) : - !, left(R), tabs(T), write('└ '). % last line
left([(T,H,__)|R]) : - left(R), tabs(T), write('| '). % inner line


right([],[],[]) : - nl,!.
right([RT|R1],[(LT,1,1)|R2],R3) : -!,
```

```prolog
    tabs(RT), write(' ] '),
    right(R1,R2,R3).
right([RT|R1],[(LT,1,H)|R2],R3) : -!,
    tabs(RT), write('⌐'),
    right(R1,R2,R3).
right([RT|R1],[(LT,H,H)|R2],[(LT,H1,H)|R3]) : -!,
    tabs(RT), write('⌐'), dec(H,H1),
    right(R1,R2,R3).
right([RT|R1],[(LT,LH,H)|R2],[(LT,LH1,H)|R3]) : -!,
    tabs(RT), write(' | '), dec(LH,LH1),
    right(R1,R2,R3).


w([]) : - !.
w([Var|T]) : - var(Var),!,write(Var).
w([nl|T]) : - !,nl,w(T).
w([H|T]) : - write(H),w(T).


tabs(X) : - T is X, tab(T).


create_var_name(V,Length) : -
    get_var_count(Count,Length),
    name(V,[35|Count]),!.
get_var_count(Count,Length) : -
    var_counter(C),
    name(C,Count),
    length(Count,L),
    Length is L+1.
var_counter(C) : - retract(varcnt(C)), inc(C,C1),
    assert(varcnt(C1)).
var_counter(1) : - assert(varcnt(2)).


max(X,Y,X) : - X >= Y,!.
max(X,Y,Y) : - X < Y.


dec(X,X1) : - X1 is X-1.
```

```
/*

% To Test
test1 : - avm([cat : s,agr : [num : sg,per : 3|__],pred : [phon : love,cat : verb|__
]|__]).
test2 : - avm([cat : s,agr : [num : sg,per : 3|__],pred : [phon : love,cat : verb,su
bcat : [subj : mimi,obj : nana|__]|__]|__]).

?- test1.
```

```
┌ cat : s                      ┐
│ agr : ┌ num : sg ┐           │
│       └ per : 3  ┘           │
│ pred : ┌ phon : love ┐       │
└        └ cat : verb  ┘       ┘
```

Yes

```
?- test2.
```

```
  cat : s
┌ agr : ┌ num : sg ┐                   ┐
│       └ per : 3  ┘                   │
│ pred : ┌ phon : love          ┐      │
│        │ cat : verb           │      │
│        │ subcat : ┌ subj : mimi ┐    │
└        └          └ obj : nana  ┘    ┘
```

Yes
```
*/
```

```
%% Problem-Solving Process in DCG for Korean              %%
%% 관련성 : 제2장                                          %%

% Simple DCG Parser for Korean

s(s(NP,VP),X1,Z1) : - np(NP,X1,Y1), vp(VP,Y1,Z1).
vp(vp(NP,V),X2,Z2) : - np(NP,X2,Y2), v(V,Y2,Z2).
np(np('미미는'),['미미는'|X3],X3).
np(np('음악을'),['음악을'|X4],X4).
v(v('좋아해'),['좋아해'|X5],X5).

% Problem-Solving Process
```

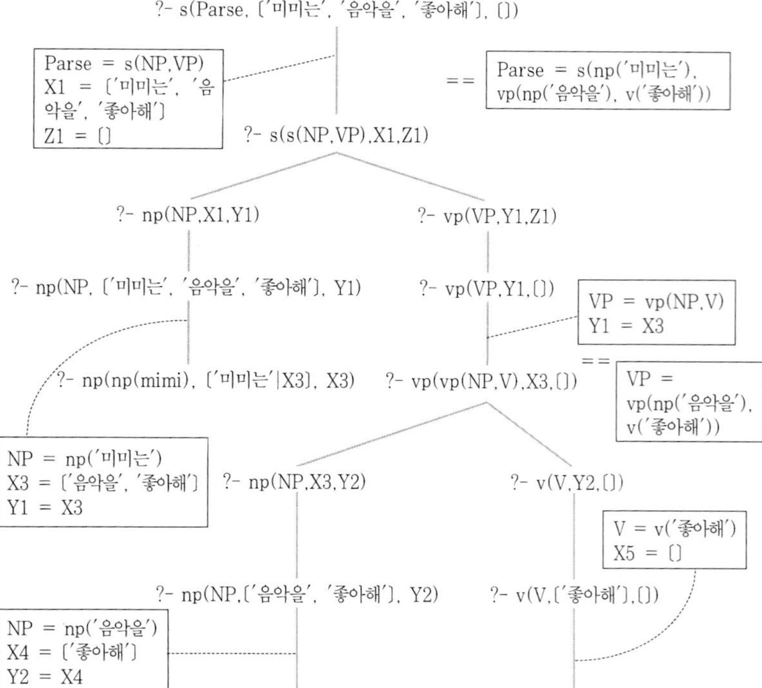

```
%% Description : Result of Chart Parsing of English          %%
%% 관련성 : 제3장                                              %%

% "peter saw the girl with a telescope"

edge(0, 1, np, [], [peter, np]).
edge(0, 0, s, [np, vp], [s]).
edge(0, 1, s, [vp], [[peter, np], s]).
edge(1, 2, tv, [], [saw, tv]).
edge(1, 1, vp, [tv, np], [vp]).
edge(1, 2, vp, [np], [[saw, tv], vp]).
edge(1, 1, vp, [tv, np, pp], [vp]).
edge(1, 2, vp, [np, pp], [[saw, tv], vp]).
edge(1, 1, vp, [tv, np, vp], [vp]).
edge(1, 2, vp, [np, vp], [[saw, tv], vp]).
edge(2, 3, det, [], [the, det]).
edge(2, 2, np, [det, n], [np]).
edge(2, 3, np, [n], [[the, det], np]).
edge(2, 2, np, [det, n, pp], [np]).
edge(2, 3, np, [n, pp], [[the, det], np]).
edge(3, 4, n, [], [girl, n]).
edge(2, 4, np, [], [[girl, n], [the, det], np]).
edge(2, 2, s, [np, vp], [s]).
edge(2, 4, s, [vp], [[[girl, n], [the, det], np], s]).
edge(1, 4, vp, [], [[[girl, n], [the, det], np], [saw, tv], vp]).
edge(0, 4, s, [], [[[[girl, n], [the, det], np], [saw, tv], vp], [peter, np], s]).
edge(1, 4, vp, [pp], [[[girl, n], [the, det], np], [saw, tv], vp]).
```

edge(1, 4, vp, [vp], [[[girl, n], [the, det], np], [saw, tv], vp]).
edge(2, 4, np, [pp], [[girl, n], [the, det], np]).
edge(4, 5, p, [], [with, p]).
edge(4, 4, pp, [p, np], [pp]).
edge(4, 5, pp, [np], [[with, p], pp]).
edge(5, 6, det, [], [a, det]).
edge(5, 5, np, [det, n], [np]).
edge(5, 6, np, [n], [[a, det], np]).
edge(5, 5, np, [det, n, pp], [np]).
edge(5, 6, np, [n, pp], [[a, det], np]).
edge(6, 7, n, [], [telescope, n]).
edge(5, 7, np, [], [[telescope, n], [a, det], np]).
edge(5, 5, s, [np, vp], [s]).
edge(5, 7, s, [vp], [[[telescope, n], [a, det], np], s]).
edge(4, 7, pp, [], [[[telescope, n], [a, det], np], [with, p], pp]).
edge(1, 7, vp, [], [[[[telescope, n], [a, det], np], [with, p], pp], [[girl, n], [the, det], np], [saw, tv], vp]).
edge(0, 7, s, [], [[[[[telescope, n], [a, det], np], [with, p], pp], [[girl, n], [the, det], np], [saw, tv], vp], [peter, np], s]).
edge(2, 7, np, [], [[[[telescope, n], [a, det], np], [with, p], pp], [girl, n], [the, det], np]).
edge(1, 7, vp, [], [[[[[telescope, n], [a, det], np], [with, p], pp], [girl, n], [the, det], np], [saw, tv], vp]).
edge(0, 7, s, [], [[[[[[telescope, n], [a, det], np], [with, p], pp], [girl, n], [the, det], np], [saw, tv], vp], [peter, np], s]).
edge(1, 7, vp, [pp], [[[[[telescope, n], [a, det], np], [with, p], pp], [girl, n], [the, det], np], [saw, tv], vp]).
edge(1, 7, vp, [vp], [[[[[telescope, n], [a, det], np], [with, p], pp], [girl, n], [the, det], np], [saw, tv], vp]).
edge(2, 7, s, [vp], [[[[[telescope, n], [a, det], np], [with, p], pp], [girl, n], [the, det], np], s]).
edge(5, 7, np, [pp], [[telescope, n], [a, det], np]).

5.1. 파서

```prolog
%% Description : Code for Chart Parsing                    %%
%% Writer : Gazdar/Mellish (1989)                          %%
%% 관련성 : 제3장                                          %%
%% Name : chart.pl                                         %%

: - consult('epsg_ch.pl').
: - consult('tree.pl').

parse(V0,Vn,String) : -
     start_chart(V0,Vn,String).

add_edge(V1,V2,Category1,[],Parse) : -
     assertz(edge(V1,V2,Category1,[],Parse)),
     foreach(rule(Category2,[Category1|Categories]),
     add_edge(V1,V1,Category2,[Category1|Categories],[Category2])),
     foreach(edge(V0,V1,Category2,[Category1|Categories],Parses), % fundamaental rule
     add_edge(V0,V2,Category2,Categories,[Parse|Parses])).

add_edge(V0,V1,Category,Categories,Parse) : -
     edge(V0,V1,Category,Categories,Parse),!.

add_edge(V0,V1,Category1,[Category2|Categories],Parses) : -
     assertz(edge(V0,V1,Category1,[Category2|Categories],Parses)),
     foreach(edge(V1,V2,Category2,[],Parse),
```

```prolog
        add__edge(V0,V2,Category1,Categories,[Parse|Parses])).

start__chart(V0,V0,[]).

start__chart(V0,Vn,[Word|Words]) : -
     V1 is V0+1,
     foreach(word(Category,Word),
     add__edge(V0,V1,Category,[],[Word,Category])),
     start__chart(V1,Vn,Words).

% test
% allows use of test sentences (in "epsg__ch.pl") with chart parsers

test(String) : -
     V0 is 0,
     initial(Symbol),
     parse(V0,Vn,String),
     foreach(edge(V0,Vn,Symbol,[],Parse),
          mwrite(Parse)),
     listing(edge),
     retractall(edge(__,__,__,__,__)).

foreach(X,Y) : -
     X,
     do(Y),
     fail.
foreach(X,Y) : -
     true.
do(Y) : - Y, !.

mwrite(Tree) : -
     mirror(Tree,Image),
     write(Image),
     nl,trans(Image,PAStr),
     tree(PAStr),nl.
```

```prolog
mirror([],[]) : - !.
mirror(Atom,Atom) : -
     atomic(Atom).
mirror([X1|X2],Image) : -
     mirror(X1,Y2),
     mirror(X2,Y1),
     append(Y1,[Y2],Image).
```

%% For translation of a List to the Predicate-Argument Structure

```prolog
trans(X,X) : - atomic(X),!.

trans([H|T],PAS) : - trans2(T,T2), PAS = ··· [H|T2].
trans2([],[]).
trans2([H|T],[H|T2]) : - atomic(H),!,trans2(T,T2).
trans2([H|T],[H2|T2]) : - not atomic(H),!,trans(H,H2),trans2(T,T2).
```

5.2. 차트파싱을 위한 한국어 문법

```prolog
%% Description : A Korean grammar for a chart parsing          %%
%% Writer : Minhaeng Lee                                        %%
%% Name : kpsg1.pl                                              %%

 : - op(1200,xfx, − − →).

sc  − − →  [smax, conj].
smax  − − →  [s, mood].

s  − − →  [kp,tp].
s  − − →  [s,coord, s].

relcl  − − →  [kp,tp__eps].
```

relcl — —→ [tp].
relcl — —→ [relcl,coord,relcl].

tp__eps — —→ [vp__eps].
tp__eps — —→ [vp__eps,t].
tp__eps — —→ [tp__eps,coord,tp__eps].

vp__eps — —→ [v2].
vp__eps — —→ [kp,v3].

kp — —→ [dp,k].

pp — —→ [dp,p].

dp — —→ [npr].
npr — —→ [relcl,npr].
dp — —→ [dp,coord,dp].
npr — —→ [npr,coord,npr].
dp — —→ [n__bar].
dp — —→ [det, n__bar].

n__bar — —→ [cn].
n__bar — —→ [pp,cn].
n__bar — —→ [dp,cn].
n__bar — —→ [relcl,cn].

tp — —→ [vp].
tp — —→ [vp,t].
tp — —→ [tp,coord,tp].

vp — —→ [v1].
vp — —→ [kp,v2].
vp — —→ [kp,kp,v3].
vp — —→ [kp,adv,v2].
vp — —→ [sc,vc].

```
vp − − → [vp,coord,vp].
```

%% Lexicon %%

```
npr − − → ['토니오'].
npr − − → ['한스'].
npr − − → ['잉에'].
npr − − → ['태지'].
npr − − → ['미미'].
npr − − → ['수한'].
npr − − → ['민수'].
npr − − → ['영미'].

v1 − − → ['자'].
v2 − − → ['읽'].
v2 − − → ['좋아하'].
v2 − − → ['결혼하'].
v2 − − → ['사랑하'].
v2 − − → ['듣'].
v2 − − → ['보'].
v2 − − → ['만나'].
v2 − − → ['하'].
v3 − − → ['주'].
v3 − − → ['선물하'].
vc − − → ['믿'].
vc − − → ['약속하'].
vc − − → ['설득하'].

adv − − → ['진정'].
adv − − → ['어제'].
adv − − → ['같이'].

det − − → ['한'].
det − − → ['그'].
det − − → ['이'].
```

dn − − → [′편′].

cn − − → [′책′].
cn − − → [′꽃′].
cn − − → [′음악′].
cn − − → [′연극′].
cn − − → [′영화′].
cn − − → [′여동생′].
cn − − → [′극장′].

k − − → [′가′].
k − − → [′이′].
k − − → [′는′].
k − − → [′은′].
k − − → [′을′].
k − − →[′를′].
k − − →[′에′].
k − − →[′의′].
k − − →[′에게′].

p − − →[′와′].
p − − →[′에서′].

coord − − → [′고′].
coord − − → [′와′].
conj − − → [′고′].

t − − → [′ㄴ′].
t − − → [′는′].
t − − → [′ㅆ′].
t − − → [′었′].
t − − → [′였′].
t − − → [′았′].
t − − → [′ㄹ′].

e − − → ['기'].
t − − → ['게'].
mood − − → ['다'].
mood − − → ['자'].

test1 : - chart(['토니오','가','잉에','와','미미','를','좋아하','ㄴ','다']).
test2 : - chart(['토니오','와','한스','가','잉에','를','좋아하','ㄴ','다']).
test3 : - chart(['토니오','와','한스','가','잉에','와','미미','를','좋아하','ㄴ','다']).
test4 : - chart(['토니오','가','잉에','를','좋아하','고','잉에','는','한스','를','좋아하',
   'ㄴ','다']).
test5 : - chart(['토니오','와','태지','가','잉에','를','좋아하','고','잉에','는','한스','
   를','좋아하','ㄴ','다']).
test6 : - chart(['토니오','가','한스','와','태지','가','좋아하','ㄴ','잉에','를','좋아하','
   ㄴ','다']).
test7 : - chart(['토니오','가','한스','가','좋아하','ㄴ','잉에','를','좋아하','고','잉에',
   '는','미미','가','좋아하','ㄴ','태지','를','좋아하','ㄴ','다']).
test8 : - chart(['토니오','가','좋아하','고','한스','가','결혼하','ㄴ','잉에','는','태지',
   '를','사랑하','였','다']).
test9 : - chart(['토니오','가','좋아하','고','한스','가','결혼하','ㄴ','잉에','는','미미',
   '를','사랑하','ㄴ','태지','를','사랑하','였','다']).
test10 : - chart(['토니오','가','좋아하','고','한스','가','결혼하','ㄴ','잉에','는','태
   지','를','진정','사랑하','였','다']).
test11 : - chart(['미미','는','토니오','가','좋아하','고','한스','가','결혼하','ㄴ','잉
   에','가','태지','를','진정','사랑하','였','다','고','믿','는','다']).
test12 : - chart(['미미','는','토니오','가','좋아하','고','한스','가','결혼하','ㄴ','잉
   에','가','음악','을','사랑하','ㄴ','태지','를','진정','사랑하','였','다','고',
   '믿','는','다']).
test13 : - chart(['미미','는','자','고','토니오','와','한스','는','책','을','읽','고','음
   악','을','듣','는','다']).
test14 : - chart(['미미','는','자','고','토니오','는','책','을','읽','고','태지','는','음
   악','을','듣','는','다']).
test15 : - chart(['미미','는','자','고','토니오','와','한스','는','책','을','읽','고','태
   지','와','잉에','는','음악','을','듣','는','다']).
test16 : - chart(['토니오','가','좋아하','였','고','한스','가','결혼하','ㄹ','잉에','는',
   '태지','를','진정','사랑하','ㄴ','다']).

```prolog
%% Description : A Left-Corner Parser                        %%
%% Writer : Pereira/Shieber (1987)                           %%
%% 관련성 : 제3장                                             %%
%% Name : lcparser.pl                                        %%


: - op(1200,xfx, - - →).


parse(Phrase) - →
      leaf(SubPhrase),
      lc(SubPhrase,Phrase).


leaf(Cat) - → [Word],{word(Word,Cat)}.


lc(Phrase,Phrase) - → [].
lc(SubPhrase,SuperPhrase) - →
      {Phrase - - → [SubPhrase|Rest]},
      parse_rest(Rest),
      lc(Phrase,SuperPhrase).


parse_rest([]) - → [].
parse_rest([Phrase|Phrases]) - →
      parse(Phrase),
      parse_rest(Phrases).
```

A7. 좌측코너 파싱 진행과정—3장 4절의 예

[도표 1]

```
?- parse(s(Tree),[a,program,halts],[]).
        |——► Phrase = s(Tree)
?- parse(Phrase,[a,program,halts],[]).

?- leaf(SubP,[a,program,halts],R1).    ?- lc(SubP,s(Tree),R1,[]).
        ——► R1 = [program,halts]
?- leaf(SubP,[a|[program,halts]],[program,halts]).    ?- lc(det(det(a)),s(Tree),[program,halts],[]).
                                                             ||
?- word(a,SubP).                                          @[도표 2]
        |——► SubP = det(det(a))
?- word(a,det(det(a))).

?- leaf(det(det(a)),[a|[program,halts]],[program,halts]).
```

[도표 2]

```
?- lc(det(det(a)),s(Tree),[program,halts],[]).

?- {Phrase --→ [det(det(a))|Rest]}   ?- parse__rest(Rest,[program,halts],R2).   ?- lc(Phrase,s(Tree),R2,[]).
        ——► Phrase = np(np(Det,N,Rel))
        ——► Rest = [n(N),optrel(Rel)]
?- {np(np(Det,N,Rel)) → [det(det(a))|[n(N),optrel(Rel)]]}
?- parse__rest([n(N),optrel(Rel)],[program,halts],R2).
                                         ?- lc(np(np(Det,N,Rel)),s(Tree),[halts],[]).
        ||                                        ||
     @[도표 3]                                 @[도표 6]
        ||                                        ||
?- parse__rest([n(n(program)),optrel(rel(epsilon))])],[program,halts],[halts]).

Tree = s(np(det(det(a)),n(n(program)),optrel(rel(epsilon))),vp(iv(halts))))
```

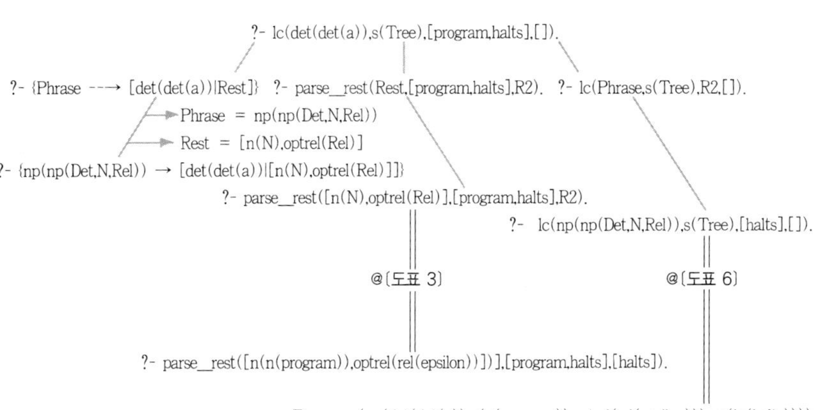

[도표 3]

?- parse__rest([n(N),optrel(Rel)],[program,halts],R2).
?- parse__rest([optrel(Rel)],R22,R2).
?- parse__rest([optrel(Rel)],[halts],R2).
@[도표 5] → Rel = rel(epsilon), R2 = [halts]
?- parse(n(N),[program,halts],R22).
?- parse__rest([optrel(rel(epsilon))],[halts],[halts]).
?- leaf(SubP,[program,halts],R3).
?- lc(SubP,n(N),R3,R22).
?- leaf(SubP,[program|[halts]],[halts]).
?- lc(n(n(program)),n(N),[halts],R22).
?- word(program,SubP).
@[도표 4] → N = n(program)
SubP= n(n(program))
?- word(program,n(n(program))).
?- lc(n(n(program)),n(n(program)),[halts],[halts]).
?- leaf(n(n(program)),[program|[halts]],[halts]).

[도표 4]

?- lc(n(n(program)),n(N),[halts],R22).
N = n(program), R22 = [halts]
?- lc(Phrase,SuperP,R2,R22).

[도표 5]

?- parse__rest([optrel(Rel)],[halts],R2). = parse__rest([optrel(rel(epsilon))],[halts],[halts]).
?- parse__rest([ ],R23,R2).
R2 = [halts]
?- parse(optrel(Rel),[halts],R23).
?- parse__rest([ ],[halts],[halts]).
?- leaf(SubP,[halts],R24).
?- lc(SubP,optrel(Rel),R24,R23).
R24 = [halts]
?- leaf(optrel(rel(epsilon)),[halts],[halts]).
?- lc(optrel(rel(epsilon)),optrel(Rel),[halts],R23).
R23 = [halts], Rel = rel(epsilon)
?- lc(optrel(rel(epsilon)),optrel(rel(epsilon)),[halts],[halts]).

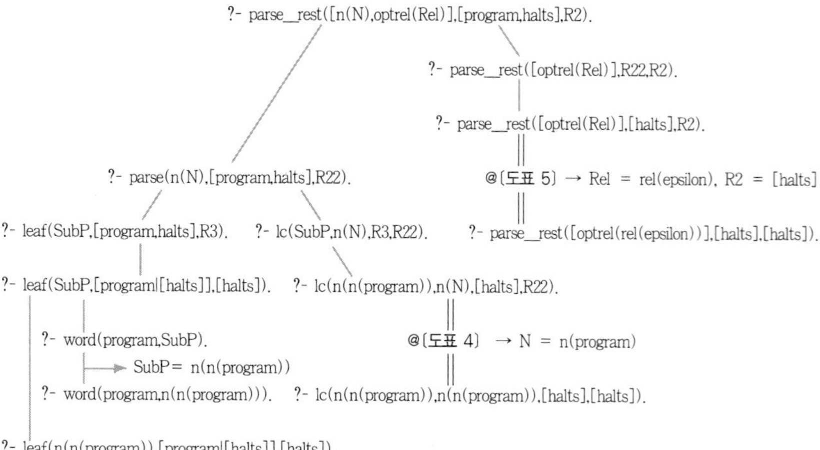

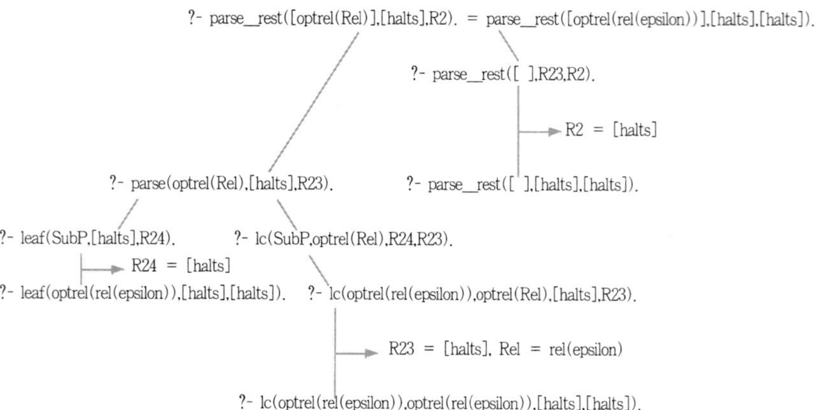

[도표 6]

?- lc(Phrase,s(Tree),[halts],[ ]).
?- lc(np(np(det(det(a)),n(n(program)),optrel(rel(epsilon)))),s(Tree),[halts],[ ]).
?- {Phrase ---→ [np(NP), vp(VP)]}
?- parse_rest(Rest,[halts],R4).
?- lc(Phrase,s(Tree),R4,[ ]).
?- {s(s(NP,VP)) ---→ [np(NP),vp(VP)]}
?- parse_rest(vp(VP),[halts],R4).
?- lc(s(s(NP,VP)),s(Tree),[ ],[ ]).
Phrase = s(s(NP,VP)),
@〔도표 7〕
Tree = s(NP,VP)
NP = np(det(det(a)),n(n(program)),optrel(rel(epsilon)))
VP = vp(iv(halts)))
Tree=s(np(det(det(a)),n(n(program)),optrel(rel(epsilon))),vp(iv(halts))))

[도표 7]

?- parse_rest(vp(VP),[halts],R4).
?- parse_rest([ ],R42,R4).
?- parse_rest([ ],[ ],R4).
?- parse(vp(VP),[halts],R42).
R4 = [ ]
R42 = [ ]
?- parse(vp(VP),[halts],[ ]).
?- leaf(SubP,[halts],R5).
?- lc(SubP,vp(VP),R5,[ ]).
?- lc(iv(iv(halts)),vp(VP),[ ],[ ])
?- word(halts,SubP]).
@〔도표 8〕
?- word(halts,iv(iv(halts))).
VP = vp(iv(halts))
SubP = iv(iv(halts))
?- leaf(iv(iv(halts)),[halts],[ ]).
R5 = [ ]

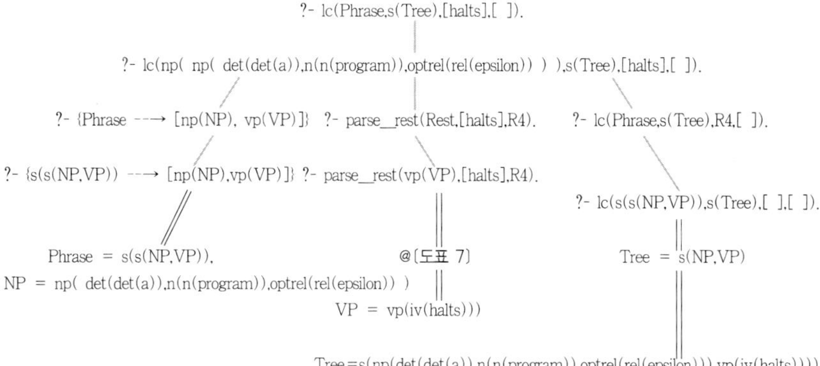

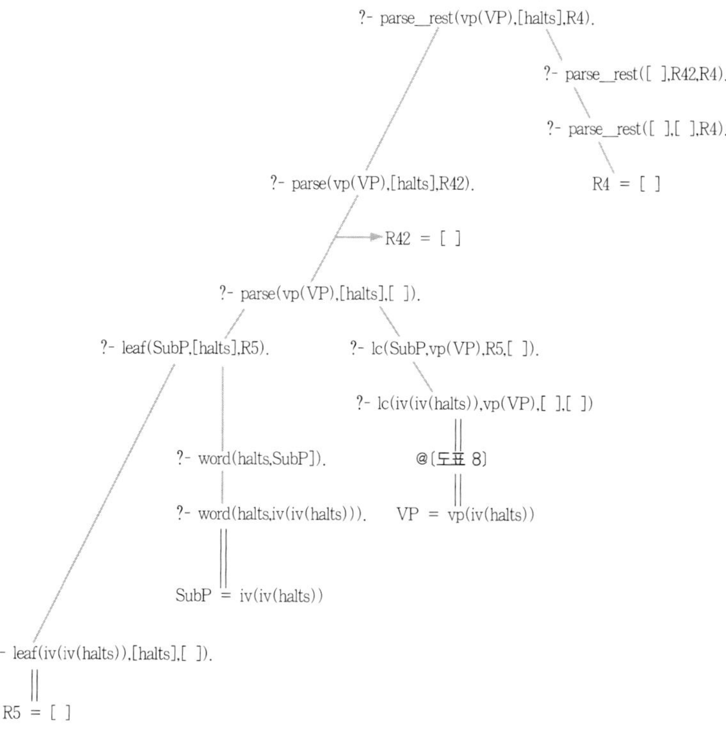

[도표 8]

?- lc(iv(iv(halts)),vp(VP),[ ],[ ]).
?- {Phrase --→ [iv(iv(halts))|Rest]}
?- parse_rest(Rest,[ ],R6).
?- lc(Phrase,vp(VP),R6,[ ]).
?- {vp(vp(IV)) --→ [iv(iv(halts))]}
?- parse_rest([ ],[ ],R6).
?- lc(vp(vp(iv(halts))),vp(VP),[ ],[ ]).
?- {vp(vp(iv(halts))) --→ [iv(iv(halts))]}
R6 = [ ]
VP = vp(iv(halts))
Phrase = vp(vp(iv(halts))),
Rest = [ ]

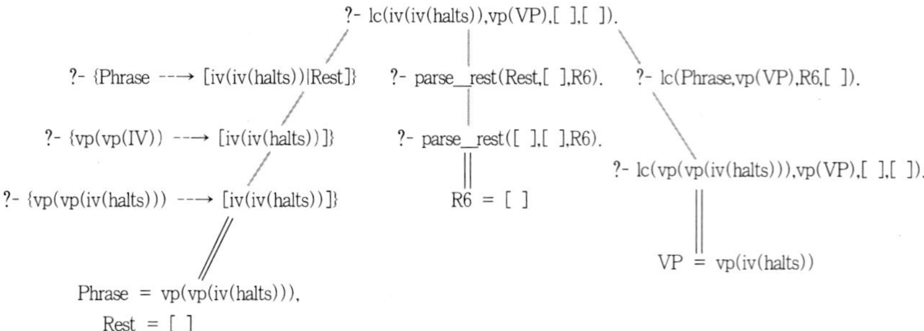

```
%% Description : A Korean Grammar for a Left-Corner Parsing        %%
%% Writer : Minhaeng Lee                                           %%
%% 관련성 : 제3장                                                   %%
%% Name : kpsg2.pl                                                 %%


/*** 한국어 문법 ***/


: - consult('lcparser.pl').
: - consult('tree.pl').


%% W.r.t. Pereira/Shieber (1987) %%


kparse(Sent) : - parse(LS,Sent,[]), LS =··· [__,LS2],nl,
                write('⟹ Syntactic Structure in PRED-ARG-STRUCture '),nl,nl,
                write(LS2),nl,nl,tree(LS2).


%% Grammar for Korean %%


sc(sc(S,C)) − − → [smax(S), conj(C)].
smax(smax(S,mood(M))) − − → [s(S), mood(M)].
s(s(KP,T)) − − → [kp(KP),tp(T)].
s(s(S1,C,S2)) − − → [s(S1),coord(C), s(S2)].
relcl(relcl(KP,T)) − − → [kp(KP),tp__eps(T)].
relcl(relcl(T)) − − → [tp(T)].
relcl(relcl(RelCL1,C,RelCL2)) − − → [relcl(RelCL1),coord(C),relcl(RelCL2)].
tp__eps(tp(V)) − − → [vp__eps(V)].
tp__eps(tp(VP,T)) − − → [vp__eps(VP),t(T)].
```

```
tp__eps(tp(TP,C,TP1)) −−→ [tp__eps(TP),coord(C),tp__eps(TP1)].
vp__eps(vp__eps(kp(eps),V)) −−→ [v2(V)].
vp__eps(vp__eps(kp(eps),KP,V)) −−→ [kp(KP),v3(V)].
kp(kp(DP,P)) −−→ [dp(DP),k(P)].
pp(pp(DP,P)) −−→ [dp(DP),p(P)].
dp(dp(D)) −−→ [npr(D)].
npr(npr(RelCL,NPR)) −−→ [relcl(RelCL),npr(NPR)].
dp(dp(D1,C,D2)) −−→ [dp(D1),coord(C),dp(D2)].
npr(npr(D1,C,D2)) −−→ [npr(D1),coord(C),npr(D2)].
dp(dp(N)) −−→ [n__bar(N)].
dp(dp(Det,N1)) −−→ [det(Det), n__bar(N1)].
n__bar(nbar(N1)) −−→ [cn(N1)].
n__bar(nbar(PP,N1)) −−→ [pp(PP),cn(N1)].
n__bar(nbar(DP,N1)) −−→ [dp(DP),cn(N1)].
n__bar(nbar(RelCL,N1)) −−→ [relcl(RelCL),cn(N1)].
tp(tp(V)) −−→ [vp(V)].
tp(tp(VP,T)) −−→ [vp(VP),t(T)].
tp(tp(TP,C,TP1)) −−→ [tp(TP),coord(C),tp(TP1)].
vp(vp(V1)) −−→ [v1(V1)].
vp(vp(KP,V2)) −−→ [kp(KP),v2(V2)].
vp(vp(KP1,KP2,V3)) −−→ [kp(KP1),kp(KP2),v3(V3)].
vp(vp(KP,ADV,V)) −−→ [kp(KP),adv(ADV),v2(V)].
vp(vp(S,V)) −−→ [sc(S),vc(V)].
vp(vp(VP,C,VP1)) −−→ [vp(VP),coord(C),vp(VP1)].


%% Lexicon %%


word('토니오',npr(pn('토니오'))).
word('한스',npr(pn('한스'))).
word('잉에',npr(pn('잉에'))).
word('태지',npr(pn('태지'))).
word('미미',npr(pn('미미'))).
word('수한',npr(pn('수한'))).
word('민수',npr(pn('민수'))).
word('영미',npr(pn('영미'))).
```

```
word('자',v1(v('자'))).
word('읽',v2(v('읽'))).
word('좋아하',v2(v('좋아하'))).
word('결혼하',v2(v('결혼하'))).
word('사랑하',v2(v('사랑하'))).
word('흠모하',v2(v('흠모하'))).
word('듣',v2(v('듣'))).
word('보',v2(v('보'))).
word('만나',v2(v('만나'))).
word('하',v2(v('하'))).
word('주',v3(v('주'))).
word('선물하',v3(v('선물하'))).
word('믿',vc(v('믿'))).
word('약속하',vc(v('약속하'))).
word('설득하',vc(v('설득하'))).
word('진정',adv(adv('진정'))).
word('어제',adv(adv('어제'))).
word('같이',adv(adv('같이'))).
word('한',det(det('한'))).
word('그',det(det('그'))).
word('이',det(det('이'))).
word('편',dn(dn('편'))).
word('책',cn(cn('책'))).
word('꽃',cn(cn('꽃'))).
word('음악',cn(cn('음악'))).
word('연극',cn(cn('연극'))).
word('영화',cn(cn('영화'))).
word('여동생',cn(cn('여동생'))).
word('극장',cn(cn('극장'))).
word('가',k(case('가'))).
word('이',k(case('이'))).
word('는',k(case('는'))).
word('은',k(case('은'))).
word('을',k(case('을'))).
word('를',k(case('를'))).
```

```
word('와',k(case('와'))).
word('에',k(case('에'))).
word('의',k(case('의'))).
word('에게',k(case('에게'))).
word('와',p(p('와'))).
word('에서',p(p('에서'))).
word('고',coord(coord('고'))).
word('와',coord(coord('와'))).
word('고',conj(conj('고'))).
word('ㄴ',t(pres('ㄴ'))).
word('는',t(pres('는'))).
word('ㅆ',t(past('ㅆ'))).
word('었',t(past('었'))).
word('였',t(past('였'))).
word('았',t(past('았'))).
word('ㄹ',t(future('ㄹ'))).
word('기',e(nsuff('기'))).
word('게',t(nsuff('게'))).
word('다',mood('다')).
word('자',mood('자')).


% Test
test1 :- kparse(['토니오','가','잉에','와','미미','를','좋아하','ㄴ','다']).
test2 :- kparse(['토니오','와','한스','가','잉에','를','좋아하','ㄴ','다']).
test3 :- kparse(['토니오','와','한스','가','잉에','와','미미','를','좋아하','ㄴ','다']).
test4 :- kparse(['토니오','가','잉에','를','좋아하','고','잉에','는','한스','를','좋아하',
                 'ㄴ','다']).
test5 :-  kparse(['토니오','와','태지','가','잉에','를','좋아하','고','잉에','는','한스',
                 '를','좋아하','ㄴ','다']).
test6 :- kparse(['토니오','가','한스','와','태지','가','사랑하','ㄴ','잉에','와','결혼하',
                 'ㄴ','다']).
test7 :- kparse(['토니오','가','한스','가','좋아하','ㄴ','잉에','를','좋아하','고','잉
                 에','는','미미','가','좋아하','ㄴ','태지','를','좋아하','ㄴ','다']).
test8 :- kparse(['토니오','가','좋아하','고','한스','가','결혼하','ㄴ','잉에','는','태
                 지','를','흠모하','였','다']).
```

test9 : - kparse(['토니오','가','좋아하','고','한스','가','결혼하','ㄴ','잉에','는','미
미','를','사랑하','ㄴ','태지','를','흠모하','였','다']).
test10 : - kparse(['토니오','가','좋아하','고','한스','가','결혼하','ㄴ','잉에','는','태
지','를','진정','사랑하','였','다']).
test11 : - kparse(['미미','는','토니오','가','좋아하','고','한스','가','결혼하','ㄴ','잉
에','가','태지','를','진정','사랑하','였','다','고','믿','는','다']).
test12 : - kparse(['미미','는','토니오','가','좋아하','고','한스','가','결혼하','ㄴ','잉
에','가','음악','을','사랑하','ㄴ','태지','를','진정','사랑하','였','다','고','
믿','는','다']).
test13 : - kparse(['미미','는','자','고','토니오','와','한스','는','책','을','읽','고','음
악','을','듣','는','다']).
test14 : - kparse(['미미','는','자','고','토니오','는','책','을','읽','고','태지','는','음
악','을','듣','는','다']).
test15 : - kparse(['미미','는','자','고','토니오','와','한스','는','책','을','읽','고','태
지','와','잉에','는','음악','을','듣','는','다']).
test16 : - kparse(['토니오','가','좋아하','였','고','한스','가','결혼하','ㄹ','잉에','는',
'태지','를','진정','사랑하','ㄴ','다']).

```
%% Description : An Korean Grammar based on a LFG Formalism   %%
%% Writer : Minhaeng Lee                                      %%
%% 관련성 : 제4장                                             %%
%% Name : lfg_kr.pl                                           %%


% 한국어 LFG ("lfg_kr.pl")


: - op(500,xfy, : ).


/* Implementation of LFG in Prolog */


/* Grammar */


s(Fs)  −→ np(Fnp), {unify(Fs, [subj : Fnp|R1])},{unify(Fnp, [case : nom|R2])},
          vp(Fvp), {unify(Fs,Fvp)}.
vp(Fvp)  −→ np(Fnp), {unify(Fvp, [obj : Fnp|R1])},
             v(Fv), {unify(Fvp,Fv)}.
vp(Fvp)  −→ v(Fv), {unify(Fvp,Fv)}.
v(Fv)  −→ vst(Fvst), {unify(Fv, Fvst)},
          tense(Ftns), {unify(Fv, Ftns)},
          mood(Fmd), {unify(Fv, Fmd)}.
np(Fnp)  −→ det(Fdet), {unify(Fnp,Fdet)},
             n(Fn), {unify(Fnp,Fn)}.
np(Fnp)  −→ pn(Fpn), {unify(Fnp,Fpn)}.
np(Fnp)  −→ n(Fn), {unify(Fnp,Fn)}.


/* Lexicon */
```

```prolog
det(X)  −→  ['그'],{unify(X, [spec : def|Rest])}.
det(X)  −→  ['어떤'],{unify(X, [spec : indef|Rest])}.
pn(X)  −→  ['미미가'],{unify(X, [pred : '미미', case : nom, sem : human|Rest])}.
pn(X)  −→  ['미미를'], {unify(X, [pred : '미미', case : acc, sem : human|Rest])}.
n(X)  −→  ['책이'],{unify(X, [pred : '책', case : nom, sem : non-human|Rest])}.
n(X)  −→  ['책을'],{unify(X, [pred : '책', case : acc, sem : non-human|Rest])}.
n(X)  −→  ['소년을'],{unify(X, [pred : '소년', case : acc, sem : human|Rest])}.
vst(X)  −→  ['읽'],{unify(X, [pred : '읽'(subj,obj),
                            subj : [case : nom, sem : human|R1],
                            obj : [case : acc, sem : non-human|R2]
                   |R3]) }.
vst(X)  −→  ['좋아하'],{unify(X, [pred : '좋아하'(subj,obj),
                            subj : [case : nom, sem : human|R1],
                            obj : [case : acc|R2]
                   |R3]) }.
vst(X)  −→  ['오'], {unify(X, [pred : '오'(subj),
                            subj : [case : nom, sem : human|R1] |R2]) }.
vst(X)  −→  ['자'], {unify(X, [pred : '자'(subj),
                            subj : [case : nom, sem : human|R1] |R2]) }.
tense(X)  −→  ['었'], {unify(X, [tense : past|R1])}.
tense(X)  −→  ['였'], {unify(X, [tense : past|R1])}.
tense(X)  −→  ['ㅆ'], {unify(X, [tense : past|R1])}.
tense(X)  −→  ['ㄴ'], {unify(X, [tense : present|R1])}.
tense(X)  −→  ['는'], {unify(X, [tense : present|R1])}.
mood(X)  −→  ['다'], {unify(X, [mood : decl|R1])}.
mood(X)  −→  ['느냐'], {unify(X, [mood : inter|R1])}.


/* Utility predicates 〈 del/3, unify/2 〉 */


del(F,[F|X],X) : - !.
del(F,[E|X], [E|Y]) : - del(F,X,Y).
unify(X,X) : - !.
unify([A : V1|R1],F2) : - del(A : V2, F2, R2),
                         unify(V1,V2),
                         unify(R1,R2).
```

```
% Test
test1 : - s(F,['미미가','책을','읽','었','다'],[]),nl,write(F).
test2 : - s(F,['미미가','책을','읽','는','다'],[]),nl,write(F).
test3 : - s(F,['미미가','오','ㄴ','다'],[]),nl,write(F).
test4 : - s(F,['미미가','자','쓰','느냐'],[]),nl,write(F).
test5 : - s(F,['미미가','자','ㄴ','다'],[]),nl,write(F).
test6 : - s(F,['미미가','책을','읽','었','느냐'],[]),nl,write(F).
test7 : - s(F,['미미가','그','소년을','좋아하','였','느냐'],[]),nl,write(F).
```

```
%% Description : An English Grammar for Feature Structure Grammar  %%
%% Writer : Minhaeng Lee                                          %%
%% 관련성 : 제4장                                                  %%
%% Name : eng__fsg.pl                                             %%


% - DAGUNIFY - originally written by Bob Carpenter
%                 and taken from Gazdar/Mellish (1987)


: - op(500,xfy, : ).
: - op(700,xfy, = = = ).


% unify two side-ways open DAGs, encoded as open-ended lists

unify(Dag,Dag) : - !.
unify([Path : Value|Dags1],Dag) : -
   pathval(Dag,Path,Value,Dags2),
   unify(Dags1,Dags2).


pathval(Dag1,Feature : Path,Value,Dags) : -
   !, pathval(Dag1,Feature,Dag2,Dags),
   pathval(Dag2,Path,Value,__).
pathval([Feature : Value1|Dags],Feature,Value2,Dags) : -
   !, unify(Value1,Value2).
pathval([Dag|Dags1],Feature,Value,[Dag|Dags2]) : -
   pathval(Dags1,Feature,Value,Dags2).


X = = = Y : - denotes(X,A), denotes(Y,B), unify(A,B).
```

```
denotes(Var,Var) : - var(Var),!.
denotes(Atom,Atom) : - atomic(Atom),!.
denotes([H|R],[H|R]) : -!.
denotes(Dag : Path,Value) : -
   pathval(Dag,Path,Value,_).


% English Grammar & Lexicon


smax(smax(S,mood(M)),Fsmax)  --→ s(S,Fs), mood(M,Fmood),
       {Fsmax === Fs, Fsmax : mood === Fmood}.
s(s(KP,T),Fs)  --→ kp(KP,ag,Fcp), tp(T,Ftp),
       {Fs === Ftp, Fs : subc : first === Fcp}.
kp(kp(DP,case(CASE)),CASE,Fkp)  --→ dp(DP,CASE,Fdp),
       {Fkp === Fdp}.
dp(dp(D),CASE,Fdp)  --→ d0(D,CASE,Fd),
       {Fdp === Fd}.
dp(dp(Det,N),CASE,Fdp)  --→ det(DET,CASE,Fdet), cn(N,Fcn),
       {Fdp === Fdet, Fdp : comp === Fcn}.
dp(dp(Det,Nbar),CASE,Fdp)  --→ det(DET,CASE,Fdet), nbar(Nbar,Fnbar),
       {Fdp === Fdet, Fdp : comp === Fnbar}.
nbar(nbar(N,PP),Fnbar)  --→ cn(N,Fcn), pp(PP,Fpp),
       {Fnbar === Fcn, Fnbar : adjunct === Fpp}.
pp(pp(P,DP),Fpp)  --→ p(P,Fp), dp(DP,Fdp),
       {Fpp === Fp, Fpp : comp === Fdp}.
tp(tp(VP,tense(T)),Ftp)  --→ vp(VP,T,Fvp),
       {Ftp === Fvp}.
vp(vp(V),T,Fvp)  --→ v1(V,T,Fv),
       {Fvp === Fv}.
vp(vp(DP,V),T,Fvp)  --→ v2(V,T,Fv), kp(DP,pa,Fdp),
       {Fvp === Fv, Fvp : subc : second === Fdp}.
vp(vp(DP1,DP2,V),T,Fvp)  --→ v3(V,T,Fv), kp(DP1,ben,Fdp1),kp(DP2,pa,Fdp2),
       {Fvp === Fv, Fvp : subc : second === Fdp1, Fvp : subc : third === Fdp2}.
vp(vp(S,V),T,Fvp)  --→ vc(V,T,Fv), sc(S,Fs),
       {Fvp === Fv, Fvp : subc : second === Fs}.
sc(S,Fsc)  --→ smax(S,Fs),  {Fsc === Fs}.
```

% Lexicon

mood(decl,Fmood) —→ [ˈ.ˈ], {Fmood : phon = = = ˈ.ˈ,
                Fmood : cat = = = mood}.
conj(conj(that),Fc) —→ [that], {Fc : phon = = = that,
                Fc : cat = = = conj}.
vc(v(believe__),pres,Fv) —→ [believes], {Fv : phon = = = believes,
                Fv : cat = = = v,
                Fv : subc : first : agr : num = = = sg,
                Fv : subc : first : agr : per = = = 3}.
vc(v(believe__),pres,Fv) —→ [believe], {Fv : phon = = = believe,
                Fv : cat = = = v,
                Fv : subc : first : agr : num = = = pl,
                Fv : subc : first : agr : per = = = 3}.
vc(v(believe__),past,Fv) —→ [believed], {Fv : phon = = = believed,
                Fv : cat = = = v,
                Fv : subc : first : agr : num = = = NUM,
                Fv : subc : first : agr : per = = = PER}.
v1(v(sleep__),pres,Fv) —→ [sleeps], {Fv : phon = = = sleeps,
                Fv : cat = = = v,
                Fv : subc : first : agr : num = = = sg,
                Fv : subc : first : agr : per = = = 3,
                Fv : subc : second = = = end}.
v1(v(sleep__),pres,Fv) —→ [sleep], {Fv : phon = = = sleep,
                Fv : cat = = = v,
                Fv : subc : first : agr : num = = = sg,
                Fv : subc : first : agr : per = = = 1,
                Fv : subc : second = = = end}.
v2(v(love__),pres,Fv) —→ [loves], {Fv : phon = = = loves,
                Fv : cat = = = v,
                Fv : subc : first : agr : num = = = sg,
                Fv : subc : first : agr : per = = = 3,
                Fv : subc : first : case = = = nom,
                Fv : subc : second : case = = = acc}.
v2(v(love__),past,Fv) —→ [loved], {Fv : phon = = = loved,

```
                Fv : cat  = = =  v,
                Fv : subc : first : agr : num  = = =  sg,
                Fv : subc : first : agr : per  = = =  3,
                Fv : subc : first : case  = = =  nom,
                Fv : subc : second : case  = = =  acc}.
v3(v(present__),pres,Fv)  − −→  [presents], {Fv : phon  = = =  presents,
                Fv : cat  = = =  v,
                Fv : subc : first : agr : num  = = =  sg,
                Fv : subc : first : agr : per  = = =  3,
                Fv : subc : first : case  = = =  nom,
                Fv : subc : second : case  = = =  dat,
                Fv : subc : third : case  = = =  acc }.
d0(d(peter),ag,Fd)  − −→  [peter], {Fd : phon  = = =  peter,
                Fd : cat  = = =  det,
                Fd : agr : per  = = =  3,
                Fd : agr : num  = = =  sg,
                Fd : case  = = =  nom}.
d0(d(they),ag,Fd)  − −→  [they], {Fd : phon  = = =  they,
                Fd : cat  = = =  pronoun,
                Fd : agr : per  = = =  3,
                Fd : agr : num  = = =  pl,
                Fd : case  = = =  nom}.


d0(d(susi),ben,Fd)  − −→  [susi], {Fd : phon  = = =  susi,
                Fd : cat  = = =  det,
                Fd : case  = = =  dat}.
d0(d(susi),pa,Fd)  − −→  [susi], {Fd : phon  = = =  susi,
                Fd : cat  = = =  det,
                Fd : case  = = =  acc}.
d0(d(he),ag,Fd)  − −→  [he], {Fd : phon  = = =  he,
                Fd : cat  = = =  pronoun,
                Fd : case  = = =  nom}.
d0(d(him),pa,Fd)  − −→  [him], {Fd : phon  = = =  him,
                Fd : cat  = = =  pronoun,
                Fd : case  = = =  acc}.
```

```
cn(n(woman),Fcn)  −→ [woman], {Fcn : phon  = = =  woman,
                Fcn : cat  = = =  n,
                Fcn : gend  = = =  fem}.
cn(n(child),Fcn)  −→ [child], {Fcn : phon  = = =  child,
                Fcn : cat  = = =  n,
                Fcn : gend  = = =  masc}.
det(det(a),__,Fdet)  −→ [a], {Fdet : phon  = = =  a, Fdet : ref  = = =  indef,
                Fdet : cat  = = =  det }.
det(det(the),__,Fdet)  −→ [the], {Fdet : phon  = = =  the, Fdet : ref  = = =  def,
                Fdet : cat  = = =  det }.
p(p(about),Fp)  −→ [about], {Fdet : phon  = = =  about, Fp : cat  = = =  p,
                Fp : comp : case  = = =  acc }.
p(p(from),Fp)  −→ [from], {Fp : phon  = = =  from, Fp : cat  = = =  p,
                Fp : comp : case  = = =  acc }.


/* Examples */

test1 : - smax(CSsmax,FSsmax,[a,woman,sleeps,.],[ ]),
            ,tree__pas(CSsmax),
            fstr__dmp(FSsmax).
test2 : - smax(CSsmax,FSsmax,[a,woman,loves,susi,.],[ ]).
            ,tree__pas(CSsmax),
            fstr__dmp(FSsmax).


test3 : - smax(CSsmax,FSsmax,[a,woman,presents,susi,a,book,.],[ ]).
            ,tree__pas(CSsmax),
            fstr__dmp(FSsmax).


test4 : - smax(CSsmax,FSsmax,[peter,love,susi,.],[ ]).


test5 : - smax(CSsmax,FSsmax,[a,man,loves,she,.],[ ]).


%% Tree Representation for Predicate-Argument-Structure


tree__pas(X) : - pp(X,3).
```

```prolog
pp(X,I) : - atomic(X), I1 is I - 1, tab(I), write(\),
            ltab(2), write(X), nl,!.
pp(X,I) : - not(atomic(X)), X =··· [F|A], tab(I),
            write(\), ltab(2),
            write(F),
            atomic_length(F,N),
            I1 is I+N+3,
            nl,
            ppx(A,I1).


ppx([],__).
ppx([H|T],I) : - pp(H,I),ppx(T,I).


ltab(0) : - !.
ltab(N) : - put(45), M is N - 1, ltab(M).


atomic_length(A,N) : - name(A,List),
                       length(List,N).


%% Tree Representation of Feature-Structures        %%
%% Writer : SeongMook Kim (1988)                     %%


fstr_dmp(F) : - fstr_dump(F,[]),!.
fstr_dump(F,__) : - var(F).
fstr_dump([Func : Val|FT],Bar) : - !, bar_dmp(Bar),
            write('I ──→'), write(Func),
            (
                is_fstructure(Val),!,
                next_level_bar(FT,Bar,Bar2),
                nl, fstr_dump(Val,Bar2) ;
                write(' : '), write(Val),nl
            ),
            fstr_dump(FT,Bar).
is_fstructure([__ : __|__]).
next_level_bar(F,Bar,[none|Bar]) : - var(F),!.
```

```
next_level_bar(_,Bar,[exist|Bar]).
bar_dmp([]).
bar_dmp([none|Bar]) :- bar_dmp(Bar),write(´ ´).
bar_dmp([exist|Bar]) :- bar_dmp(Bar),write(´I ´).
```

```
%% Description : An English grammar for a Left-Corner Parse      %%
%% Writer : Minhaeng Lee                                         %%
%% 관련성 : 제6장                                                 %%
%% name : lcsem__e.pl                                            %%

: - op(1200,xfx, - - →).
: - op(950, xfy, to).
: - op(930, yfx, lambda).
: - op(920, xfy, &).
: - op(920, xfy, ⇒).
: - op(920, xfy, ⇔).
: - op(800, fy, non).

semparse(Sent) : - parse(Sem,Sent,[]), Sem  = ··· [Cat,Core__sem],
            write('Category = '),write(Cat),nl,
            write('Semantic Representation = '),nl,tab(8),write(Core__sem),nl.

parse(Phrase)  - →
    leaf(SubPhrase),
    lc(SubPhrase,Phrase).

leaf(Cat)  - → [Word],{word(Word,Cat)}.
leaf(Phrase)  - → {Phrase  - - → []}.

lc(Phrase,Phrase)  - → [].
lc(SubPhrase,SuperPhrase)  - →
    {Phrase  - - → [SubPhrase|Rest]},
```

```
    parse__rest(Rest),
    lc(Phrase,SuperPhrase).

parse__rest([]) − −→ [].
parse__rest([Phrase|Phrases]) − −→
    parse(Phrase),
    parse__rest(Phrases).


% English semantic Grammar

s(S) − −→ [np(VP to S), vp(VP)].
np(NP) − −→
    [det(N2 to NP), n(N1), optrel(N1 to N2)].
np(NP) − −→
    [det(N2 to NP), n(N1), pp(N1 to N2)].
np((S lambda E) to S) − −→ [pn(E)].
n((ADJ & N1) lambda X) − −→ [adj(ADJ lambda X), n(N1 lambda X)].
vp(IV lambda X) − −→ [tv(TV lambda X), np(TV to IV)].
vp(ADVS lambda X) − −→ [tv(TV lambda X), np(TV to IV),
                              adv(ADVS lambda IV to ADVS)].
vp(IV) − −→ [iv(IV)].
vp(ADVS lambda X) − −→ [iv(IV lambda X), adv(ADVS lambda IV to
                              ADVS)].
optrel( (S1 lambda X) to ((S1 & S2) lambda X)) − −→ [relpn, vp(S2 lambda X)].
optrel(N to N) − −→ [].
pp( (S1 lambda X) to ((S1 & S2) lambda X)) − −→ [prep(S3 lambda X),
np(S3 to S2)].
pp(P to P) − −→ [].


word(every, det((P lambda X) to (Q lambda X) to forall(X, P ⇒ Q) ) ).
word(a,det((P lambda X) to (Q lambda X) to exists(X, P & Q)) ).
word(some,det((P lambda X) to (Q lambda X) to exists(X, P & Q)) ).
word(the,det((P lambda X1) to (Q lambda X2) to exists(X2, forall(X1, P ⇔
equal(X1,X2)) & Q))).
word(no,det( (P lambda X) to (Q lambda X) to non exists(X, P & Q) )).
```

```prolog
word(good, adj(good(X) lambda X)).
word(slow, adj(slow(X) lambda X)).
word(bad, adj(bad(X) lambda X)).
word(fast, adj(fast(X) lambda X)).
word(former, adj(former(X) lambda X)).
word( program, n( program(X) lambda X )).
word( student, n(student(X) lambda X)).
word( book, n(book(X) lambda X )).
word( professor, n(professor(X) lambda X )).
word( city, n(city(X) lambda X )).
word(terry, pn(terry )).
word(shrdlu, pn(shrdlu )).
word(mimi, pn(mimi )).
word(sharon__stone, pn(sharon__stone )).
word(that, relpn).
word(of,prep((poss(X,Y) lambda Y) lambda X)).
word(from,prep((from(X,Y) lambda Y) lambda X)).
word(wrote, tv((wrote(X,Y) lambda Y) lambda X )).
word(loved, tv((loved(X,Y) lambda Y) lambda X )).
word(halts, iv(halts(X) lambda X )).
word(runs, iv(runs(X) lambda X )).
word(disappeared, iv(disappeared(X) lambda X )).
word(slowly, adv(slowly(V1) lambda V1 to slowly(V1))).
word(fast, adv(fast(V1) lambda V1 to fast(V1))).
word(necessarily, adv(necessarily(V1) lambda V1 to necessarily(V1))).

% Test
% to test
% ?- test7.


test1 : - semparse([mimi,loved,sharon__stone]).
test2 : - semparse([mimi,wrote,a,program]).
test3 : - semparse([mimi,wrote,every,program]).
test4 : - semparse([every,program,halts]).
test5 : - semparse([a,student,loved,sharon__stone]).
```

test6 : - semparse([a,student,wrote,every,program]).
test7 : - semparse([every,student,wrote,a,program]).
test8 : - semparse([mimi,wrote,a,program,that,halts]).
test9 : - semparse([no,program,halts]).
test10 : - semparse([a,good,program]).
test11 : - semparse([every,good,program]).
test12 : - semparse([a,bad,program,halts]).
test13 : - semparse([mimi,wrote,a,bad,program]).
test14 : - semparse([every,good,student,wrote,a,bad,program]).
test15 : - semparse([a,program,of,the,student]).
test16 : - semparse([a,program,of,every,student]).
test17 : - semparse([every,fast,program,of,a,student]).
test18 : - semparse([every,fast,program,of,the,good,student]).
test19 : - semparse([every,fast,program,of,the,good,student,from,the,city]).
test20 : - semparse([every,program,runs,slowly]).
test21 : - semparse([every,good,student,wrote,a,program,slowly]).
test22 : - semparse([every,fast,program,of,the,good,student,runs,slowly]).
test23 : - semparse([every,good,fast,program,of,the,bad,student,runs,slowly]).
test24 : - semparse([mimi,wrote,a,good,program,that,runs,fast]).

```prolog
%% Description : Lambda Calculus for a fragment of English      %%
%% Writer : Patrick Blackburn & Johan Bos (1997)                %%
%% 관련성 : 제8장                                                %%
%% name : lambdaPL.pl                                            %%

: -op(400,yfx,⇒). % 연산자가 원래 '>'로 정의되었으나, 가독성을 높이기 위해 바꿈
: -op(300,yfx,&).


/*=========================================
Functional Application (FA)
========================================*/

fa(lambda(Argument,Result),Argument,Result).


/*=========================================
DCG rules
========================================*/
s(Sem)    --→ np(SemNP), vp(SemVP), {fa(SemNP,SemVP,Sem)}.
np(Sem)   --→ det(SemDet), noun(SemNoun), {fa(SemDet,SemNoun,Sem)}.
np(Sem)   --→ pn(Sem).
vp(Sem)   --→ iv(Sem).
vp(Sem)   --→ tv(SemTV), np(SemNP), {fa(SemTV,SemNP,Sem)}.
vp(Sem)   --→ [is,a], noun(Sem).
vp(Sem)   --→ dv(SemDV), np(SemNP1), np(SemNP2),
{fa(SemDV,SemNP2,SemTV),fa(SemTV,SemNP1,Sem)}.
/*=========================================
Determiners
========================================*/
```

```
det(lambda(P1,lambda(P2,forall(X,R1 ⇒ R2)))) --→ [every], {fa(P1,X,R1),fa(P2,X,R2)}.
det(lambda(P1,lambda(P2,exists(X,R1 & R2)))) --→ [a],
{fa(P1,X,R1),fa(P2,X,R2)}.
/*======================================
Proper Names
=====================================*/
pn(lambda(P,R)) --→ [vincent], {fa(P,vincent,R)}.
pn(lambda(P,R)) --→ [peter], {fa(P,peter,R)}.          % 추가
pn(lambda(P,R)) --→ [mia], {fa(P,mia,R)}.
/*======================================
Nouns
=====================================*/
noun(lambda(X,man(X))) --→ [man].
noun(lambda(X,boxer(X))) --→ [boxer].
noun(lambda(X,woman(X))) --→ [woman].          % 추가
noun(lambda(X,student(X))) --→ [student].          % 추가
noun(lambda(X,program(X))) --→ [program].          % 추가
noun(lambda(X,footmassage(X))) --→ [foot,massage].
/*======================================
Intransitive Verbs
=====================================*/
iv(lambda(X,walk(X))) --→ [walks].
/*======================================
Transitive Verbs
=====================================*/
tv(lambda(K1,lambda(Y,K2))) --→ [loves], {fa(K1,lambda(X,love(Y,X)),K2)}.
tv(lambda(K1,lambda(Y,K2))) --→ [writes], {fa(K1,lambda(X,write(Y,X)),K2)}. % 추가
tv(lambda(K1,lambda(Y,K2))) --→ [likes], {fa(K1,lambda(X,like(Y,X)),K2)}.
tv(lambda(K1,lambda(Y,K2))) --→ [is,loved,by], {fa(K1,lambda(X,love(X,Y)),K2)}.
/*======================================
Ditransitive Verbs
=====================================*/
dv(lambda(K1,lambda(K2,lambda(X,K4)))) --→ [gives],
{fa(K1,lambda(Z,give(X,Y,Z)),K3),fa(K2,lambda(Y,K3),K4)}.
```

%% Description : An integrated grammar for the syntactic and semantic parsing
                                                                    %%
%% Writer : Minhaeng Lee   %%
%% 관련성 : 제7장   %%
%% name : ilcp.pl   %%

%% 정보구조로서 AVM 구조를 포함하는 통합프로그램
%% Based on Left-Corner Parser of Pereira/Shieber (1987)

: - consult('tree.pl').
: - consult('avm.pl').

: - op(500,xfy, :).
: - op(700,xfy, = = =).

: - op(1100,xfx, − − →).
: - op(950, xfy, to).
: - op(930, yfx, lambda).
: - op(920, xfy, &).
: - op(920, xfy, ⇒).
: - op(920, xfy, ⇔).
: - op(800, fy, non).

% - DAGUNIFY - originally written by Bob Carpenter

% unify two side-ways open DAGs, encoded as open-ended lists

```
unify(Dag,Dag) : - !.
unify([Path : Value|Dags1],Dag) : -
  pathval(Dag,Path,Value,Dags2),
  unify(Dags1,Dags2).


pathval(Dag1,Feature : Path,Value,Dags) : -
  !, pathval(Dag1,Feature,Dag2,Dags),
  pathval(Dag2,Path,Value,__).
pathval([Feature : Value1|Dags],Feature,Value2,Dags) : -
  !, unify(Value1,Value2).
pathval([Dag|Dags1],Feature,Value,[Dag|Dags2]) : -
  pathval(Dags1,Feature,Value,Dags2).


X === Y : - denotes(X,A), denotes(Y,B), unify(A,B).


denotes(Var,Var) : - var(Var),!.
denotes(Atom,Atom) : - atomic(Atom),!.
denotes([H|R],[H|R]) : -!.
denotes(Dag : Path,Value) : -
   pathval(Dag,Path,Value,__).


synsem(Sentence) : - parse(SynSem,Sentence,[ ]),
                  SynSem =··· [Cat,Core__syn,Core__sem,Core__fs],
                  write('Category = '), write(Cat),nl,
                  write('Syntactic Structure = '),nl,tab(10),
                  write(Core__syn),nl,tree(Core__syn),nl,
                  write('Semantic Representation = '),nl,tab(10),
                  write(Core__sem),nl,nl,
                  write('AVM Information Structure = '),nl,tab(10),
                  write(Core__fs),nl,nl,avm(Core__fs),nl.


parse(Phrase)  --->
        leaf(SubPhrase),
        lc(SubPhrase,Phrase).
```

```
leaf(Cat)  − −→  [Word],{word(Word,Cat)}.
leaf(Phrase)  − −→  {Phrase − − −→ []}.


lc(Phrase,Phrase)  − −→  [].
lc(SubPhrase,SuperPhrase)  − −→
        {Phrase − − −→ [SubPhrase|Rest]},
        parse_rest(Rest),
        lc(Phrase,SuperPhrase).


parse_rest([])  − −→  [].
parse_rest([Phrase|Phrases])  − −→
        parse(Phrase),
        parse_rest(Phrases).


% English Grammar


s(s(NPcs,VPcs),S,Sfs)  − − −→  [np(NPcs,VP to S,NPfs), vp(VPcs,VP,VPfs)] : -
    (Sfs : head  = = =  VPfs, Sfs : subj  = = =  NPfs).
np(np(DETcs,Ncs),NP,NPfs)  − − −→
    [det(DETcs,N1 to NP,DETfs), n(Ncs,N1,Nfs)] : -
    (NPfs : head  = = =  Nfs, NPfs : specifier  = = =  DETfs).
np(np(PNcs),(S lambda E) to S,NPfs)  − − −→  [pn(PNcs,E,PNfs)] : -
    (NPfs : head  = = =  PNfs).
np(np(DETcs,Ncs,RELcs),NP,NPfs)  − − −→
    [det(DETcs,N2 to NP,DETfs), n(Ncs,N1,Nfs), optrel(RELcs,N1 to N2,RELfs)] : -
    (NPfs : head  = = =  Nfs, NPfs : specifier  = = =  DETfs, NPfs : adjunct  = = =  RELfs).
np(np(DETcs,Ncs,PPcs),NP,NPfs)  − − −→
    [det(DETcs,N2 to NP,DETfs), n(Ncs,N1,Nfs), pp(PPcs,N1 to N2,PPfs)] : -
    (NPfs : head  = = =  Nfs, NPfs : specifier  = = =  DETfs, NPfs : adjunct  = = =  PPfs).
n(n(ADJcs,Ncs),(ADJ &  N1) lambda  X,Nfs)  − − −→
    [adj(ADJcs,ADJ lambda X,ADJfs), n(Ncs,N1 lambda X,N1fs)] : -
    (Nfs : head  = = =  N1fs,Nfs : adjunct  = = =  ADJfs).
vp(vp(TVcs,NPcs),IV lambda X,VPfs)  − − −→  [tv(TVcs,TV lambda X,TVfs),
np(NPcs,TV to IV,NPfs)] : -
    (VPfs : head  = = =  TVfs, VPfs : complement  = = =  NPfs).
```

vp(vp(TVcs,NPcs,ADVcs),ADVS lambda X,VPfs) − − → [tv(TVcs,TV lambda X,TVfs), np(NPcs,TV to IV,NPfs), adv(ADVcs,ADVS lambda IV to ADVS, ADVfs)] : -
   (VPfs : head = = = TVfs, VPfs : complement = = = NPfs, VPfs : adjunct = = = ADVfs).
vp(vp(IVcs),IV,VPfs) − − → [iv(IVcs,IV,IVfs)] : -
   (VPfs : head = = = IVfs).
vp(vp(IVcs,ADVcs),ADVS lambda X,VPfs) − − → [iv(IVcs,IV   lambda X,IVfs), adv(ADVcs,ADVS lambda IV to ADVS,ADVfs)] : -
   (VPfs : head = = = IVfs, VPfs : adjunct = = = ADVfs).
optrel(rels(relprn(that),VPcs), (S1   lambda X)   to ((S1   & S2)   lambda X),OPTRELfs) − − → [relprn, vp(VPcs,S2 lambda X,VPfs)] : -
   (OPTRELfs : head = = = that, OPTRELfs : complement = = = VPfs).
% optrel(rels([]),N to N, OPTRELfs) − − → [] : - (OPTRELfs : phon = = = empty).
pp(pp(Pcs,NPcs), (S1 lambda X) to ((S1 & S2) lambda X),PPfs) − − → [prep(Pcs,S3 lambda X,Pfs), np(NPcs,S3 to S2,NPfs)] : -
   (PPfs : head = = = Pfs, PPfs : complement = = = NPfs).
% pp(pp([]),P to P,Pfs) − − → [] : - (Pfs : phon = = = empty).

% English Lexicon

word(every, det(det(every),(P lambda X) to (Q lambda X) to forall(X, P ⇒ Q),Fd)) : -
   (Fd : phon = = = every, Fd : cat = = = det, Fd : semfunc = = = for_all).
word(a,det(det(a),(P lambda X) to '(Q lambda X) to exists(X, P & Q),Fd)) : -
   (Fd : phon = = = a, Fd : cat = = = det, Fd : semfunc = = = for_some).
word(some,det(det(some),(P lambda X) to (Q lambda X) to exists(X, P & Q),Fd)) : -
   (Fd : phon = = = some, Fd : cat = = = det, Fd : semfunc = = = for_some).
word(the,det(det(the),(P lambda X1) to (Q lambda X2) to exists(X2, forall
      (X1, P ⇔ equal(X1,X2)) & Q),Fd)) : -
   (Fd : phon = = = the, Fd : cat = = = det, Fd : semfunc = = = definite).
word(no,det(det(no), (P lambda X) to (Q lambda X) to non exists(X, P & Q),Fd)) : -
   (Fd : phon = = = no, Fd : cat = = = det, Fd : semfunc = = = negation).
word(good, adj(adj(good),good(X) lambda X, Fadj)) : -
   (Fadj : phon = = = good, Fadj : cat = = = adj).
word(slow, adj(adj(slow),slow(X) lambda X, Fadj)) : -

```
        (Fadj : phon  = = =  slow, Fadj : cat  = = =  adj).
word(bad, adj(adj(bad),bad(X) lambda X, Fadj)) : -
        (Fadj : phon  = = =  bad, Fadj : cat  = = =  adj).
word(fast, adj(adj(fast),fast(X) lambda X, Fadj)) : -
        (Fadj : phon  = = =  fast, Fadj : cat  = = =  adj).
word(former, adj(adj(former),former(X) lambda X, Fadj)) : -
        (Fadj : phon  = = =  former, Fadj : cat  = = =  adj).
word(new, adj(adj(new),new(X) lambda X, Fadj)) : -
        (Fadj : phon  = = =  new, Fadj : cat  = = =  adj).
word(program, n(n(program), program(X) lambda X, Fn)) : -
        (Fn : phon  = = =  program, Fn : cat  = = =  noun).
word( student, n(n(student),student(X) lambda X, Fn)) : -
        (Fn : phon  = = =  student, Fn : cat  = = =  noun).
word(book, n(n(book),book(X) lambda X, Fn)) : -
        (Fn : phon  = = =  book, Fn : cat  = = =  noun).
word(professor, n(n(professor),professor(X) lambda X, Fn )) : -
        (Fn : phon  = = =  professor, Fn : cat  = = =  noun).
word(city, n(n(city),city(X) lambda X, Fn )) : -
        (Fn : phon  = = =  city, Fn : cat  = = =  noun).
word(terry, pn(pn(terry),terry,Fpn )) : -
        (Fpn : phon  = = =  terry, Fpn : cat  = = =  proper_noun,Fpn : gend  = = =
        masc).
word(shrdlu, pn(pn(shrdlu),shrdlu, Fpn )) : -
        (Fpn : phon  = = =  shrdlu,Fpn : cat  = = =  proper_noun,Fpn : gend  = = =
        neut).
word(mimi, pn(pn(mimi),mimi,Fpn)) : -
        (Fpn : phon  = = =  mimi, Fpn : cat  = = =  proper_noun,Fpn : gend  = = =
        fem).
word(sharon_stone, pn(pn(sharon_stone),sharon_stone,Fpn )) : -
        (Fpn : phon  = = =  sharon_stone, Fpn : cat  = = =  proper_noun,Fpn : gend
        = = =  fem).
word(that, relprn).
word(of,prep(p(of),(poss(X,Y) lambda Y) lambda X,Fprp)) : -
        (Fprp : phon  = = =  of, Fprp : cat  = = =  prep).
word(from,prep(p(from),(from(X,Y) lambda Y) lambda X,Fprp)) : -
```

```
    (Fprp : phon  = = =  from, Fprp : cat  = = =  prep).
word(writes, tv(tv(writes),(writes(X,Y) lambda Y) lambda X,Fv )) : -
    (Fv : phon  = = =  wrote, Fv : cat  = = =  verb, Fv : tense  = = =  present).
word(wrote, tv(tv(wrote),(wrote(X,Y) lambda Y) lambda X,Fv )) : -
    (Fv : phon  = = =  wrote, Fv : cat  = = =  verb, Fv : tense  = = =  past).
word(loved, tv(tv(loved),(loved(X,Y) lambda Y) lambda X,Fv )) : -
    (Fv : phon  = = =  loved, Fv : cat  = = =  verb, Fv : tense  = = =  past).
word(ran, iv(iv(ran),(ran(X,Y) lambda Y) lambda X,Fv )) : -
    (Fv : phon  = = =  ran, Fv : cat  = = =  verb, Fv : tense  = = =  past).
word(halts, iv(iv(halts),halts(X) lambda X,Fv )) : -
    (Fv : phon  = = =  halts, Fv : cat  = = =  verb, Fv : tense  = = =  present).
word(runs, iv(iv(runs),runs(X) lambda X,Fv )) : -
    (Fv : phon  = = =  runs, Fv : cat  = = =  verb, Fv : tense  = = =  present).
word(disappeared, iv(iv(disappeared),disappeared(X) lambda X,Fv )) : -
    (Fv : phon  = = =  disappeared, Fv : cat  = = =  verb, Fv : tense  = = =  past).
word(slowly, adv(adv(slowly),slowly(V1) lambda V1 to slowly(V1), Fadv)) : -
    (Fadv : phon  = = =  slowly, Fadv : cat  = = =  adverb).
word(fast, adv(adv(fast),fast(V1) lambda V1 to fast(V1), Fadv)) : -
    (Fadv : phon  = = =  fast, Fadv : cat  = = =  adverb).
word(necessarily, adv(adv(necessarily),necessarily(V1) lambda V1 to necessarily
    (V1),Fadv)) : -
    (Fadv : phon  = = =  necessarily, Fadv : cat  = = =  adverb).


% Test
% to test
% ?- test24.


test1 : - synsem([mimi,loved,sharon__stone]).
test2 : - synsem([mimi,wrote,a,program]).
test3 : - synsem([mimi,wrote,every,program]).
test4 : - synsem([every,program,halts]).
test5 : - synsem([a,student,loved,sharon__stone]).
test6 : - synsem([a,student,wrote,every,program]).
test7 : - synsem([every,student,wrote,a,program]).
test8 : - synsem([mimi,wrote,a,program,that,halts]). % fail
```

```
test9 : - synsem([no,program,halts]).
test10 : - synsem([a,good,program]).
test11 : - synsem([every,good,program]).
test12 : - synsem([a,bad,program,halts]).
test13 : - synsem([mimi,wrote,a,bad,program]).
test14 : - synsem([every,good,student,wrote,a,bad,program]).
test15 : - synsem([a,program,of,the,student]).
test16 : - synsem([a,program,of,every,student]).
test17 : - synsem([every,fast,program,of,a,student]).
test18 : - synsem([every,fast,program,of,the,good,student]).
test19 : - synsem([every,fast,program,of,the,good,student,from,the,city]).
test20 : - synsem([every,program,runs,slowly]).
test21 : - synsem([every,good,student,wrote,a,program,slowly]).
test22 : - synsem([every,new,program,of,the,good,student,runs,slowly]).
test23 : - synsem([every,good,new,program,of,the,bad,student,runs,fast]).
test24 : - synsem([mimi,wrote,a,good,program,that,runs,fast]).
test25 : - synsem([every,new,program,of,the,bad,student,that,wrote,a,good,progra
         m,runs,slowly]).
test26 : - synsem([every,new,program,of,the,student,that,wrote,a,good,program,tha
         t,ran,fast,runs,slowly]).
test27 : - synsem([every,new,student,of,the,bad,professor,that,wrote,a,fast,program
         ,writes,a,good,program,slowly]).
test28 : - synsem([every,new,student,of,the,bad,professor,from,the,city,writes,a,goo
         d,program,that,runs,fast,slowly]).
test29 : - synsem([every,new,student,of,the,bad,professor,that,wrote,a,fast,program
         ,writes,a,good,program,that,runs,fast,slowly]).
test30 : - synsem([every,new,student,from,the,city,of,the,bad,professor,that,wrote,a
         ,fast,program,writes,a,good,program,that,runs,fast,slowly]).
```

```prolog
%% Description : A grammar for the syntactic, semantic, and discourse parsing
                                                        %%
%% Writer : Minhaeng Lee                               %%
%% 관련성 : 제6장                                        %%
%% Name : eilcp.pl                                     %%


%% 영어의 통사 · 의미분석을 위한 좌측코너 파서
%% 정보구조로서 AVM 구조와 담화표상구조를 포함하는 통합프로그램


%% Based on Left-Corner Parser of Pereira/Shieber (1987)

: - consult('tree.pl').
: - consult('avm.pl').


: - op(500,xfy, : ).
: - op(700,xfy, = = = ).


: - op(1100,xfx, — — → ).
: - op(950, xfy, to).
: - op(930, yfx, lambda).
: - op(920, xfy, &).
: - op(920, yfx, ⇒). % 연산자가 원래 '>'로 정의되었으나, 가독성을 높이기 위해 바꿈
: - op(920, xfy, ⇔).
: - op(800, fy, non).


: - op(300,yfx,v).
: - op(200,fy, ~ ).
```

```prolog
/*==========================================================
Functional Application (FA)
========================================================*/

fa(lambda2(Argument,Result),Argument,Result).


/*==========================================================
DRS-merge
========================================================*/


mergeDrs(drs(D,C1),drs(D,C2)) : -
mergeDrs(C1,C2).
mergeDrs(merge(B1,B2),drs(D3,C3)) : -
mergeDrs(B1,drs(D1,C1)),mergeDrs(B2,drs(D2,C2)),
append(D1,D2,D3),append(C1,C2,C3).
mergeDrs([B1 ⟹ B2|C1],[B3 ⟹ B4|C2]) : -!,
mergeDrs(B1,B3),mergeDrs(B2,B4),mergeDrs(C1,C2).
mergeDrs([B1 v B2|C1],[B3 v B4|C2]) : -!,
mergeDrs(B1,B3),mergeDrs(B2,B4),mergeDrs(C1,C2).
mergeDrs([~ B1|C1],[~ B2|C2]) : -!, mergeDrs(B1,B2),mergeDrs(C1,C2).
mergeDrs([C|C1],[C|C2]) : -
mergeDrs(C1,C2).
mergeDrs([],[]).


% - DAGUNIFY - originally written by Bob Carpenter

% unify two side-ways open DAGs, encoded as open-ended lists

unify(Dag,Dag) : - !.
unify([Path : Value|Dags1],Dag) : -
  pathval(Dag,Path,Value,Dags2),
  unify(Dags1,Dags2).

pathval(Dag1,Feature : Path,Value,Dags) : -
  !, pathval(Dag1,Feature,Dag2,Dags),
  pathval(Dag2,Path,Value,__).
pathval([Feature : Value1|Dags],Feature,Value2,Dags) : -
```

```
!, unify(Value1,Value2).
pathval([Dag|Dags1],Feature,Value,[Dag|Dags2]) : -
  pathval(Dags1,Feature,Value,Dags2).


X = = = Y : - denotes(X,A), denotes(Y,B), unify(A,B).


denotes(Var,Var) : - var(Var),!.
denotes(Atom,Atom) : - atomic(Atom),!.
denotes([H|R],[H|R]) : -!.
denotes(Dag : Path,Value) : -
    pathval(Dag,Path,Value,__).


synsem(Sentence) : - parse(SynSem,Sentence,[]),
                    SynSem = ⋯ [Cat,Core__syn,Core__sem,Core__fs,Core__drs],
                    write('Category = '), write(Cat),nl,
                    write('Syntactic Structure = '),nl,tab(10),
                    write(Core__syn),nl,tree(Core__syn),nl,
                    write('Semantic Representation = '),nl,tab(10),
                    write(Core__sem),nl,nl,
                    write('AVM Information Structure = '),nl,tab(10),
                    write(Core__fs),nl,nl,avm(Core__fs),nl,
                    write('Discourse Representation a la DRT = '),nl,nl,tab(10),
                    write__drs(Core__drs),nl.


write__drs(Core__drs) : - (mergeDrs(Core__drs,DRS),!,write(DRS)) ; write(Core__drs),nl.


parse(Phrase) —→
        leaf(SubPhrase),
        lc(SubPhrase,Phrase).


leaf(Cat) — —→ [Word],{word(Word,Cat)}.
leaf(Phrase) — —→ {Phrase — — —→ []}.


lc(Phrase,Phrase) — —→ [].
lc(SubPhrase,SuperPhrase) — —→
```

```
        {Phrase  − −→  [SubPhrase|Rest]},
        parse_rest(Rest),
        lc(Phrase,SuperPhrase).

parse_rest([])  −→ [].
parse_rest([Phrase|Phrases])  −→
        parse(Phrase),
        parse_rest(Phrases).
```

% English Grammar

```
s(s(NPcs,VPcs),S,Sfs,Sdr)  − −→  [np(NPcs,VP to S,NPfs,NPdr), vp(VPcs,VP,
    VPfs,VPdr)] : -
    (Sfs : head  = = =  VPfs, Sfs : subj  = = =  NPfs),fa(NPdr,VPdr,Sdr).
np(np(DETcs,Ncs),NP,NPfs,NPdr)  − −→
    [det(DETcs,N1 to NP,DETfs,DETdr), n(Ncs,N1,Nfs,Ndr)] : -
    (NPfs : head  = = =  Nfs, NPfs : specifier  = = =  DETfs),fa(DETdr,Ndr,NPdr).
np(np(PNcs),(S lambda E) to S,NPfs,PNdr)  − −→  [pn(PNcs,E,PNfs,PNdr)] : -
    (NPfs : head  = = =  PNfs).
vp(vp(TVcs,NPcs),IV lambda   X,VPfs,VPdr)  − −→  [tv(TVcs,TV lambda
    X,TVfs,TVdr),
np(NPcs,TV to IV,NPfs,NPdr)] : -
    (VPfs : head  = = =  TVfs, VPfs : complement  = = =  NPfs),fa(TVdr,NPdr,VPdr).
vp(vp(TVcs,NPcs,ADVcs),ADVS lambda X,VPfs)  − −→  [tv(TVcs,TV lambda
    X,TVfs),
np(NPcs,TV to IV,NPfs), adv(ADVcs,ADVS lambda IV to ADVS,ADVfs)] : -
    (VPfs : head  = = =  TVfs, VPfs : complement  = = =  NPfs, VPfs : adjunct
    = = =  ADVfs).
vp(vp(IVcs),IV,VPfs,IVdr)  − −→  [iv(IVcs,IV,IVfs,IVdr)] : -
    (VPfs : head  = = =  IVfs).
```

% English Lexicon

```
word(every, det(det(every),(P lambda X) to (Q lambda X) to forall(X, P ⇒
    Q),Fd,lambda2(P2,lambda2(Q2,drs([],[drs([X2|D],C) → B]))) )) : -
```

```
        (Fd : phon  = = =  every, Fd : cat  = = =  det, Fd : semfunc  = = =
for__all),fa(P2,X2,drs(D,C)),fa(Q2,X2,B).
word(a,det(det(a),(P lambda X) to (Q lambda X) to exists(X, P & Q),Fd,
lambda2(P2,lambda2(Q2,merge(drs([X2|D],C),B))) )) : -
        (Fd : phon  = = =  a, Fd : cat  = = =  det, Fd : semfunc  = = =  for__some),
        fa(P2,X2,drs(D,C)),fa(Q2,X2,B).
word(program, n(n(program), program(X) lambda X, Fn,lambda2(X2,drs([],
        [program(X2)])) )) : -
        (Fn : phon  = = =  program, Fn : cat  = = =  noun).
word(student,  n(n(student),student(X)  lambda  X,  Fn,lambda2(X2,drs([],
        [student(X2)])) )) : -
        (Fn : phon  = = =  student, Fn : cat  = = =  noun).
word(book, n(n(book),book(X) lambda X, Fn,lambda2(X2,drs([],[book(X2)])) )) : -
        (Fn : phon  = = =  book, Fn : cat  = = =  noun).
word(professor,  n(n(professor),professor(X)  lambda  X,  Fn,lambda2(X2,drs([],
        [professor(X2)])))) : -
        (Fn : phon  = = =  professor, Fn : cat  = = =  noun).
word(city, n(n(city),city(X) lambda X, Fn,lambda2(X2,drs([],[city(X2)]))  )) : -
        (Fn : phon  = = =  city, Fn : cat  = = =  noun).
word(terry, pn(pn(terry),terry,Fpn,lambda2(P,merge(drs([X],[X=terry]),B)) )) : -
        (Fpn : phon  = = =  terry, Fpn : cat  = = =  proper__noun,Fpn : gend  = = =
        masc),fa(P,X,B).
word(shrdlu, pn(pn(shrdlu),shrdlu, Fpn,lambda2(P,merge(drs([X],[X=shrdlu]),B)) )) : -
        (Fpn : phon  = = =  shrdlu,Fpn : cat  = = =  proper__noun,Fpn : gend  = = =
        neut),fa(P,X,B).
word(mimi, pn(pn(mimi),mimi,Fpn,lambda2(P,merge(drs([X],[X=mimi]),B))))) : -
        (Fpn : phon  = = =  mimi, Fpn : cat  = = =  proper__noun,Fpn : gend  = = =
        fem),fa(P,X,B).
word(sharon__stone,
pn(pn(sharon__stone),sharon__stone,Fpn,lambda2(P,merge(drs([X],[X=sharon__ston
        e]),B)) )) : -
        (Fpn : phon  = = =  sharon__stone, Fpn : cat  = = =  proper__noun,Fpn : gend
        = = =  fem),fa(P,X,B).
word(wrote, tv(tv(wrote),(wrote(X,Y) lambda Y) lambda X,Fv,lambda2(K,
        lambda2(Y2,B)) )) : -
```

```prolog
  (Fv : phon === wrote, Fv : cat === verb, Fv : tense === past),fa(K,
lambda2(X2,drs([],[wrote(Y2,X2)]))),B).
word(loved, tv(tv(loved),(loved(X,Y) lambda Y) lambda X,Fv,lambda2(K,
   lambda2(Y2,B)) )) : -
   (Fv : phon === loved, Fv : cat === verb, Fv : tense === past),fa(K,
lambda2(X2,drs([],[loved(Y2,X2)]))),B).
word(ran, iv(iv(ran),(ran(X,Y) lambda Y) lambda X,Fv,lambda2(X2,drs
   ([],[ran(X2)])) )) : -
   (Fv : phon === ran, Fv : cat === verb, Fv : tense === past).
word(halts, iv(iv(halts),halts(X) lambda X,Fv,lambda2(X2,drs([],[halts(X2)])) )) : -
   (Fv : phon === halts, Fv : cat === verb, Fv : tense === present).
word(runs, iv(iv(runs),runs(X) lambda X,Fv,lambda2(X2,drs([],[runs(X2)])) )) : -
   (Fv : phon === runs, Fv : cat === verb, Fv : tense === present).
word(disappeared, iv(iv(disappeared),disappeared(X) lambda
X,Fv,lambda2(X2,drs([],[disappeared(X2)])) )) : -
   (Fv : phon === disappeared, Fv : cat === verb, Fv : tense === past).


% Test
% to test
% ?- test5.

test1 : - synsem([terry,runs]).
test2 : - synsem([a,program,halts]).
test3 : - synsem([every,program,ran]).
test4 : - synsem([terry,loved,sharon__stone]).
test5 : - synsem([mimi,wrote,a,program]).
test6 : - synsem([mimi,wrote,every,program]).
test7 : - synsem([every,student,wrote,a,program]).
```

```
%% Description : A bidirectional system for Korean - English machine translation
                                                            %%
%% Writer : Minhaeng Lee                                    %%
%% 관련성 : 제9장                                            %%
%% name : lfg_mt.pl                                         %%


/***** LFG-based Bidirectional Machine Translation *****/

lfgmtke(KS) : - s(KFS,KS,[]),write('The F-structure of source language is '),
nl,tab(6),write(KFS),nl, unify(KFS,EFS),
            esmax(EFS,ES,[]),nl,write('One of the translation results is '),
            nl,tab(6),write(ES),nl,fail.

lfgmtek(ES) : - esmax(EFS,ES,[]),write('The F-structure of source language is '),
nl,tab(6),write(EFS),nl, unify(EFS,KFS),
            s(KFS,KS,[]),nl,write('One of the translation results is '),nl,tab
            (6),nl,write(KS),nl,fail.


/* Implementation in PROLOG */

/* Grammar for Korean */

s(Fs)  --> np(Fnp), {unify(Fs, [subj = Fnp|R1])},{unify(Fnp, [case = nom|
            R2])}, vp(Fvp), {unify(Fs,Fvp)}.
vp(Fvp)  --> np(Fnp), {unify(Fvp, [obj = Fnp|R1])},
            tv(Fv), {unify(Fvp,Fv)}.
```

```
vp(Fvp)  ──→  iv(Fv), {unify(Fvp,Fv)}.
np(Fnp)  ──→  det(Fdet), {unify(Fnp,Fdet)},
                n(Fn), {unify(Fnp,Fn)}.
np(Fnp)  ──→  pn(Fpn), {unify(Fnp,Fpn)}.
np(Fnp)  ──→  n(Fn), {unify(Fnp,Fn)}.


/* Lexicon for Korean */

det(X)  ──→  ['그'],{unify(X, [spec = def|Rest])}.
det(X)  ──→  ['어떤'],{unify(X, [spec = indef|Rest])}.

pn(X)  ──→  ['미미가'],{unify(X, [pred = mimi, case = nom, sem = human|
              Rest])}.
pn(X)  ──→  ['미미를'], {unify(X, [pred = mimi, case = acc, sem = human|
              Rest])}.
n(X)  ──→  ['책이'],{unify(X, [pred = book, case = nom, sem = non-human|
              Rest])}.
n(X)  ──→  ['책을'],{unify(X, [pred = book, case = acc, sem = non-human|
              Rest])}.
n(X)  ──→  ['소년을'],{unify(X, [pred = boy, case = acc, sem = human|Rest])}.
n(X)  ──→  ['소년들이'],{unify(X, [pred = boy, case = nom, num = pl,sem =
              human|Rest])}.

tv(X)  ──→  ['읽는다'],{unify(X, [pred = read(subj,obj),mood=decl,tense=present,
                          subj = [case = nom, sem = human|R1],
                          obj = [case = acc, sem = non-human|R2]
              |R3])
                }.
tv(X)  ──→  ['읽느냐'],{unify(X, [pred = read(subj,obj), mood=interrog,tense=
              present,
                          subj = [case = nom, sem = human|R1],
                          obj = [case = acc, sem = non-human|R2]
              |R3])
                }.
```

```
tv(X) ─→ ['읽었다'].{unify(X, [pred = read(subj,obj), mood=decl,tense=past,
                             subj = [case = nom, sem = human|R1],
                             obj  = [case = acc, sem = non-human|R2]
                    |R3])
                }.
tv(X) ─→ ['읽었느냐'].{unify(X, [pred = read(subj,obj), mood=interrog,tense=past,
                             subj = [case = nom, sem = human|R1],
                             obj  = [case = acc, sem = non-human|R2]
                    |R3])
                }.
tv(X) ─→ ['좋아한다'].{unify(X, [pred = like(subj,obj),mood=decl,tense=present,
                             subj = [case = nom, sem = human|R1],
                             obj  = [case = acc, sem = human|R2]
                    |R3])
                }.
tv(X) ─→ ['좋아하니'].{unify(X, [pred = like(subj,obj), mood=interrog,tense=present,
                             subj = [case = nom, sem = human|R1],
                             obj  = [case = acc, sem = human|R2]
                    |R3])
                }.
tv(X) ─→ ['좋아했다'].{unify(X, [pred = like(subj,obj), mood=decl,tense=past,
                             subj = [case = nom, sem = human|R1],
                             obj  = [case = acc, sem = human|R2]
                    |R3])
                }.
tv(X) ─→ ['좋아했느냐'].{unify(X, [pred = like(subj,obj), mood=interrog,tense=past,
                             subj = [case = nom, sem = human|R1],
                             obj  = [case = acc, sem = human|R2]
                    |R3])
                }.


iv(X) ─→ ['온다']. {unify(X, [pred = come(subj), mood=decl,tense=present,
                             subj = [case = nom, sem = human|R1] |R2])
                }.
iv(X) ─→ ['오느냐']. {unify(X, [pred = come(subj), mood=interrog,tense=present,
```

```
                                      subj = [case = nom, sem = human|R1] |R2])
                   }.
iv(X) --→ ['왔다'], {unify(X, [pred = come(subj), mood=decl,tense=past,
                              subj = [case = nom, sem = human|R1] |R2])
                   }.
iv(X) --→ ['왔니'], {unify(X, [pred = come(subj), mood=interrog,tense=past,
                              subj = [case = nom, sem = human|R1] |R2])
                   }.
iv(X) --→ ['잔다'], {unify(X, [pred = sleep(subj), mood=decl,tense=present,
                              subj = [case = nom, sem = human|R1] |R2])
                   }.
iv(X) --→ ['자느냐'], {unify(X, [pred = sleep(subj), mood=interrog,tense=present,
                              subj = [case = nom, sem = human|R1] |R2])
                   }.
iv(X) --→ ['잤다'], {unify(X, [pred = sleep(subj), mood=decl,tense=past,
                              subj = [case = nom, sem = human|R1] |R2])
                   }.
iv(X) --→ ['잤니'], {unify(X, [pred = sleep(subj), mood=interrog,tense=past,
                              subj = [case = nom, sem = human|R1] |R2])
                   }.


/* Grammar for English */

esmax(Fsmax) --→ es1(Fs), {unify(Fsmax, Fs)},
                 emood(Fmood), {unify(Fsmax,Fmood)},{unify(Fmood,[mood
                 = decl|R1])}.
esmax(Fsmax) --→ es2(Fs), {unify(Fsmax, Fs)},
                 emood(Fmood), {unify(Fsmax,Fmood)},{unify(Fmood,[mood
                 = interrog|R1])}.
es1(Fs) --→ enp(Fnp), {unify(Fs, [subj = Fnp|R1])},{unify(Fnp, [case = nom|R2])},
            evp(Fvp), {unify(Fs,Fvp)},{unify(Fvp,[vform = fin|R3])}.
es2(Fs) --→ eaux(Faux), {unify(Fs,Faux)},
            enp(Fnp), {unify(Fs, [subj = Fnp|R1])},{unify(Fnp, [case = nom|R2])},
            evp(Fvp), {unify(Fvp,Faux)}, {unify(Fvp,[vform = inf|R3])}.
evp(Fvp) --→ etv(Fv), {unify(Fvp,Fv)},
```

```
                enp(Fnp), {unify(Fvp, [obj = Fnp|R1])}.
evp(Fvp)  −→ eiv(Fv), {unify(Fvp,Fv)}.
enp(Fnp)  −→ edet(Fdet), {unify(Fnp,Fdet)},
                en(Fn), {unify(Fnp,Fn)}.
enp(Fnp)  −→ epn(Fpn), {unify(Fnp,Fpn)}.
enp(Fnp)  −→ en(Fn), {unify(Fnp,Fn)}.


/* Lexicon for English */


edet(X)  −→ [the],{unify(X, [spec = def|Rest])}.
edet(X)  −→ [a],{unify(X, [spec = indef|Rest])}.


epn(X)  −→ [mimi],{unify(X, [pred = mimi, person = 3, num = sg,sem =
                human|Rest])}.
en(X)  −→ [book],{unify(X, [pred = book, person = 3, num = sg,sem =
                non-human|Rest])}.
en(X)  −→ [boy],{unify(X, [pred = boy, person = 3, num = sg,sem = human|Rest])}.
en(X)  −→ [boys],{unify(X, [pred = boy, person = 3, num = pl,sem = human|Rest])}.
eaux(X)  −→ [does],{unify(X, [tense = present|Rest])}.
eaux(X)  −→ [did],{unify(X, [tense = past|Rest])}.
etv(X)  −→ [reads],{unify(X, [pred = read(subj,obj), vform=fin,tense=present,
                    subj = [case = nom, person = 3, num = sg, sem = human|R1],
                    obj  = [case = acc, sem = non-human|R2]
                  |R3])
                }.
etv(X)  −→ [read],{unify(X, [pred = read(subj,obj),vform=fin,tense=past,
                    subj = [case = nom, person = 3, sem = human|R1],
                    obj  = [case = acc, sem = non-human|R2]
                  |R3])
                }.
etv(X)  −→ [read],{unify(X, [pred = read(subj,obj),vform=inf,
                    subj = [case = nom, sem = human|R1],
                    obj  = [case = acc, sem = non-human|R2]
                  |R3])
                }.
```

```
etv(X) ——→ [likes],{unify(X, [pred  =  like(subj,obj),  vform=fin,tense=present,
                    subj = [case = nom, person = 3, num = sg,sem = human|R1],
                    obj   = [case  =  acc|R2]
                   |R3])
                }.


etv(X) ——→ [liked],{unify(X, [pred  =  like(subj,obj),  vform=fin,tense=past,
                    subj = [case = nom, sem = human|R1],
                    obj   = [case  =  acc|R2]
                  |R3])
                }.


etv(X) ——→ [like],{unify(X, [pred  =  like(subj,obj),  vform=fin,tense=present,
                    subj = [case = nom, person = 3, num = pl,sem = human|R1],
                    obj   = [case  =  acc|R2]  ·
                  |R3])
                }.
etv(X) ——→ [like],{unify(X, [pred  =  like(subj,obj),  vform=inf,
                    subj = [case  =  nom,  sem  =  human|R1],
                    obj   = [case  =  acc|R2]
                  |R3])
                }.
eiv(X) ——→ [comes], {unify(X, [pred  =  come(subj),  vform=fin,tense=present,
                    subj  =  [case  =  nom,  person  =  3,  num  =
                            sg,sem  =  human|R1]  |R2])
                }.
eiv(X) ——→ [sleeps], {unify(X, [pred  =  sleep(subj),  vform=fin, tense=present,
                    subj  =  [case  =  nom,  person  =  3,  num  =
                            sg,sem  =  human|R1]  |R2])
                }.
eiv(X) ——→ [sleep], {unify(X, [pred  =  sleep(subj),  vform=inf,
                    subj  =  [case  =  nom,sem  =  human|R1]  |R2])
                }.


eiv(X) ——→ [slept], {unify(X, [pred  =  sleep(subj),  vform=fin,tense=past,
```

$$subj = [case = nom,\ person = 3,\ num = sg,sem = human|R1]\ |R2])$$

```
                }.
emood(X) −→ ['.'], {unify(X, [mood = decl|R1])}.
emood(X) −→ ['?'], {unify(X, [mood = interrog|R1])}.


/* Predicate 〈 unify/2 〉 */
del(F,[F|X],X) : - !.
del(F,[E|X], [E|Y]) : - del(F,X,Y).
unify(X,X) : - !.
unify([A=V1|R1],F2) : - del(A=V2, F2, R2),
                        unify(V1,V2),
                        unify(R1,R2).


% Test
test1 : - lfgmtke(['미미가','책을','읽었다']).
test2 : - lfgmtke(['미미가','책을','읽는다']).
test3 : - lfgmtke(['미미가','온다']).
test4 : - lfgmtke(['미미가','잤니']).
test5 : - lfgmtke(['미미가','잔다']).
test6 : - lfgmtke(['미미가','책을','읽었느냐']).
test7 : - lfgmtke(['미미가','그','소년을','좋아했느냐']).
test8 : - lfgmtek([mimi,read,a,book,'.']).
test9 : - lfgmtek([mimi,reads,a,book,'.']).
test10 : - lfgmtek([mimi,comes,'.']).
test11 : - lfgmtek([does,mimi,sleep,'?']).
test12 : - lfgmtek([did,the,boys,read,a,book,'?']).
test13 : - lfgmtek([did,the,boys,like,mimi,'?']).
test14 : - lfgmtek([did,mimi,like,the,boy,'?']).
```

참고문헌

강범모(2003), 『언어, 컴퓨터, 코퍼스 언어학 : 컴퓨터를 이용한 국어 분석의 기초와 이론』, 고려대학교 출판부.

강승식(2002), 『한국어 형태소 분석과 정보검색』, 홍릉과학출판사.

김성묵(1988), 『술어적 보족어에 대한 통사·의미론 연구』, 서울대 석사학위 논문.

김영택(1994), 『자연언어처리』, 교학사.

나동렬(1994), 「한국어 파싱에 대한 고찰」, 정보과학회지 12권 8호.

박여성·이민행(1998), 「대화행위개념과 열차좌석 예약대화의 분석」, 1998년도 한국인지과학회 학술발표대회 논문집.

박혜은·이민행(1999), 「대화행위의 연쇄관계와 대화흐름에 대하여-일정협의 대화를 중심으로」, 인지과학 10.2.

서상규·한영균(1999), 『국어정보학 입문-인문학과 컴퓨터』, 태학사.

서영훈·김영택(1990), 「활성챠트를 이용한 중심어 후행언어의 파싱」, 한국정보과학회 논문지 17권 1호.

소강춘(2002), 「정보처리 프로그램에 대하여-SynKDP를 중심으로」, 홍윤표 교수회갑 기념 논문집, 태학사.

손덕진·최기선·김길창(1990), 「단일화중심문법론에서의 단일화 방법」, 인지과학 2권 1호, 한국인지과학회.

신수송(1991), 『통합문법이론의 이해』, 한신문화사.

신수송(편)(2003), 『독일어의 구조와 기능』, 도서출판 역락.

신효식(2002), 「한국어 백과사전에 등장하는 외조응적 영대명사의 복원에 관한 전산학적 연구」, 연세대학교 컴퓨터공학과 석사학위논문.

심광섭·김영택(1994), 「기계 번역 시스템」 In : 정보과학회지 제12권 8호, 한국정보과학회.

윤준태·송만석(1992), 「한국어 구문 분석기에 대한 연구」, 한국정보과학회 가을 학술발표논문집.

이기용(1998), 『전산형태론』, 고려대학교 출판부.

이민행(1993), 「문법이론들내에서의 통사적인 관계에 대한 다양한 기술에 대하여」, 제주대학교 논문집 제37집.

이민행(1994), 「국어와 독일어의 대조통사론과 기계번역-격정보와 시제정보 표현의 대조성을 중심으로」, 독일문학 51집, 한국독어독문학회.

이민행(1995), 「Shieber의 통사분석 알고리즘의 몇 가지 문제점－독일어의 어순기술과 관련하여」, 독일언어문학 제3집, 독일언어문학연구회.

이민행(1998), 「독일어 등위접속구문의 기계적인 분석」, 독일언어문학 제9집.

이민행(1999), 「멀티미디어를 이용한 독일어 교육－외국어교육의 통합모형」, 독일언어문학 제11집.

이민행(2002), 「전산독어학의 이해」, In : 신수송 (편), 『독일어의 구조와 기능』, 도서출판 역락.

이민행(편)(2002), 『제3회 국어정보화 아카데미－기본강좌 강의자료집』, 연세대학교.

이민행·지광신·정소우(1998), 「기계번역 시스템 측정장치 연구」, 언어와 정보 2.2, 한국언어정보학회.

이민행·최승권·최경은(1998), 「독일어 명사구 기계번역 시스템의 구축」, 언어와 정보 2(1).

이익환(2000), 『영어의미론』, 한국문화사.

이익환·이민행(1999), 「한국어 대화에서의 대명사의 선행사 탐색－통제된 중심화이론적 접근」, 제 11회 한글 및 한국어정보처리 학술대회 발표논문집.

이익환·이민행(2005), 『심리동사의 의미론』, 도서출판 역락.

이해윤(2003), 「코퍼스를 이용한 독일어 연구－정량적 분석의 응용사례」, 독일문학 제88집.

임해창(1998), 「범용 용례 추출 도구의 개발」, In : 21세기 세종계획 : 국어 기초자료 구축, 문화관광부.

장석진(1993), 『정보기반 한국어문법』, 언어와 정보.

장석진(2001), 「자연언어이해를 위한 중간언어 표상」, 학술원 논문집 40집.

정희성(1989), 「통합지식 표현에 의한 자연언어처리기법 : 한글 구구조문법」, 전자통신 11권 1호, 한국전자통신연구소.

정희성(1989), 「한글 구 구조문법(KPSG) : 단일화문법의 형식화에 의한 국어의 계산문법」, 전자통신 111권 2호, 한국전자통신연구소.

조자경(1995), 「의미선택의 제약기술」, 독일문학 36권 3호.

최병진(1998), 「독일어 형태정보습득의 전산언어학적 접근」, 독일언어문학 9.

최병진(2000), 「한국어 문장분석과 어휘정보의 연결에 관한 연구」, 언어와 정보 4권 2호.

최승권(1995), 「한국어-독일어 자동번역」, 독일문학 37권 1호.

최운호·장석진(1998), 「ALE를 이용한 한국어 문법의 설계」, 제10회 한글 및 한국어 정보처리 학술대회.

최재웅(1994), 「담화표상이론」, In : 장석진 (편), 『현대언어학 어디로』, 한신문화사.

최재웅·이민행(1999), 「초점」, In : 강범모 외, 『형식의미론과 한국어기술』, 한신문화사.

홍윤표(편)(2002), 『한국어와 정보화』, 태학사.

홍재성 외(1997), 『현대 한국어 동사 구문 사전』, 두산동아출판사.

홍훈기(2002), 『독일어 대명사의 선행사 탐색 연구-코퍼스 기반 통계적 접근』, 연세대 석사학위 논문.

Allen, James(1995), *Natural Language Understanding*, Second Edition. Redwood City, CA : Benjamin/Cummings.

Armstrong, Susan (ed.)(1994), *Using Large Corpora*, First MIT Press edition 1994. Association for Computational Linguistics.

Arnold, D. L. Balkan, R. Lee Humphreys, S. Meijer & Louisa Sadler(1994), *Machine Translation : An Introductory Guide*, Oxford : Blackwell.

Barr, A. / Feigenbaum, E. (eds.)(1981) *The Handbook of Artificial Intelligence*, Vol. I. Los Altos, CA : William Kaufmann.

Barr, A. / P.R. Cohen / E.A. Feigenbaum (eds.)(1989). *The Handbook of Artificial Intelligence, Volume IV*. Reading, Massachusetts, Addison Wesley.

Batori, I. / W. Lenders / W. Putschkeet (eds.)(1989). *Computational Linguistics: An International Handbook on Computer Oriented Language Research and Applications*. [= Computerlinguistik (Handbucher zur Sprachund. Kommunikationswissenschaft; 4)]. Berlin et al., W. de Gruyter Verlag.

Berman. J. / A. Frank(1996), *Deutsche und Französische Syntax im Formalismus der LFG*, Linguistische Arbeiten 344, Niemeyer, Tübingen.

Bichsel, P.(1969), "Ein Tisch ist ein Tisch", In : *Kindergeschichten*, Neuwied / Berlin : Luchterhand(1969).

Blackburn, P. / J. Bos(1997), *Representation and Interface for Natural Language : A First Course in Computational Semantics*, Lecture Notes for ESSLLI97, Aix-en-Provence.

Borsley, Robert D.(1991), "Phrase Structure Grammar", In : Jacobs et. al. (1991). *Handbook of Syntax*. Walter De Gruyter. Berlin.

Borsley, Robert D. 1996. *Modern Phrase Structure Grammar*. Blackwell Publishers.

Bos, J. / E. Mastenbroek / S. McGlashan / S. Millies / M. Pinkal(1994), *A Compositional DRS-based Formalism for NLP Applications*. VerbMobil, Universität des Saarlandes.

Bowen, D. L. and L. M. Byrd(1983), "A portable Prolog compiler", In L. M. Pereira, ed., *Proceedings of the Logic Programming Workshop* 1983, Lisabon, Portugal, 1983. Universidade nova de Lisboa.

Bratko, I.(1986), *Prolog Programming for Artificial Intelligence*, Addison-Wesley, Reading MA(1986).

Bresnan, J. ed.(1982), *The mental representation of grammatical relations*, Cambridge : MIT Press.

Burnard, L.(1992), "Tools and Techniques for Computer-assisted Text Processing", In : C.S. Butler (ed), *Computer and Written Texts*, Basil Blackwell Ltd (1992).

Chomsky, N.(1981), *Lectures on Government and Binding*, Foris, Dordrecht.

Chomsky, N.(1986), *Barriers*, The MIT Press, Cambridge, Mass.

Clocksin, W. F. and C. S. Mellish(1994), *Programming in Prolog*, Fourth Edition. Berlin : Springer-Verlag.

Cole, R. et al.(1997), *Survey of the State of the Art in Human Language Technology*, Cambridge : CUP.

Cook, Walter A., S. J.(1989), *Case grammar theory*. Washington, D.C. : Georgetown University Press.

Cooper, R., I. Lewi, and A. W. Black(1993), *Prolog and Natural Language Semantics*, Notes for AI3/4 Computational Semantics, University of Edinburgh.

Covington, Michael A.(1994), *Natural Language Processing for Prolog Programmers*, Englewood Cliffs : Prentice Hall.

Dörre, Jochen(1987), *Weiterentwicklung des Earley-Algorithmus für kontextfreie und ID/LP-Grammatiken LILOG-Report 28*.

Eisele, Andreas(1985), "A Lexical Functional Grammar System in Prolog", LDV-Forum 2.

Gal, A., Guy Lapalme, Patrick Saint-Dizier & Harold Somers(1991), *Prolog for Natural Language Processing*. Chichester : Wiley.

Gazdar, Gerald and Chris Mellish(1989), *Natural Language Processing in Prolog. Reading*, MA : Addison-Wesley.

Grishman, Ralph(1986), *Computational Linguistics : An Introduction,* Cambridge : Cambridge University Press.

Haegeman, L.(1991), *Introduction to Government and Binding Theory*, Oxford : Basil Blackwell.

Harris, M. Dee(1985), *Introduction to natural language processing*. Reston Publishing Co. Reston, VA, USA

Hausser, R.(1999), *Foundations of Computational Linguistics*. Berlin et al. : Springer Verlag.

Hays, D. G.(1964), *Dependency Theory : A Formalism and Some Observations*. In : Langauge 40.

Hutchins, W. J. / H. L. Somers(1992), *An Introduction to Machine Translation*. London et al. : Academic Press.

Jurafsky, D. / J. H. Martin(2000), *Speech and Language Processing*, Prentice Hall.

Kamp, H.(1984), "A Theory of Truth and Semantic Representation", In : J. Groenendijk, T. M. Janssen, and M. Stockhof (Eds.), *Truth, Interpretation and Information ; Selected Papers from the Third Amsterdam Colloquium*, 1-41. Foris Publishers.

Kamp, H. / U. Reyle(1993), *From Discourse to Logic*. Kluwer Publishing.

Lee, Ik-Hwan / Minhaeng Lee(1999), "On the Anaphora Resolution in Korean Dialogues", In : Harvard Studies in Korean Linguistics Vol. 8. 490-501.

Lee, Minhaeng(1992a), *Kontrastive Syntax und maschinelle Sprachanalyse im Rahmen einer Unifikationsgrammatik — Untersuchungen zum Deutschen und Koreanischen*, Frankfurt a. M.

Leech, G.N. & S. Fligelstone(1992), "Computers and corpus analysis", In C.S.Butler (ed.).

Lehner, Ch(1990), *Prolog und Linguistik*. München.

Matthews, O.(1981), *Syntax*. Cambridge University Press.

Mazuka, R & Nagai, N (eds.)(1995), *Japanese Sentence Processing*. Hillside, NJ : Lawrence Erlbaum Associates.

Mezer, Ch. F.(2002), *English Corpus Linguistics : An Introduction*. Cambridge Universitz Press.

Pereira, F. & S. M. Shieber(1987), *Prolog and Natural Language Analysis*. Stanford : CSLI. CSLI Lecture Notes Nr. 10. Stanford University.

Pollard, C. and I. Sag(1987), *Information-based syntax and semantics*. Stanford : CSLI.

Pollard/Sag(1994), *Head-driven Phrase Structure Grammar*. Stanfod : CSLI.

Pollock, J. Y.(1989), *Verb Movement, Universal Grammar, and the Structure of IP*. In : Linguistic Inquiry 20.

Rumpf, Ch(1992), *Default Unification of Feature Structures*. Ms. Univeristy Duesseldorf.

Saussure, F. D.(1960), *Cours de linguistique generale*. Payot, Paris.(최승언 역(1990), 『일반언어학 강의』, 민음사)

Schank. R. C.(1975), *Conceptual Information Processing*, North-Holland.

Shieber, S.(1986), *An introduction to unification-based approaches to grammar*, Stanford : CSLI.

Shin, H.-S.(1991), *Kasus als Funktionale Kategorie*. Dissertation. Universität Regensburg.

Sommers, H. L.(1987), *Valency and Case in Computational Linguistics*, Edinburgh.

Sterling, L. and E. Shapiro(1994), *The Art of Prolog. MIT Press*, Cambridge MA(1986), (2nd ed.)

Tesniere, L.(1969), *Elemente de syntaxe structurale*. 2. Auflage. Paris.(Deutsche

Übersetzung von U. Engel : Grundzüge der strukturalen Syntax. Stuttgart. 1980.)

Trost H.(1984), *Deklarative Wissensrepraesentation : Ein Ueberblick und eine Anwendung im Bereich natuerlichsprachiger Systeme, Berichte der Oesterreichischen Studiengesellschaft fuer Kybernetik*, Wien.

Tsujii, J.(1989), "Machine Translation : Research and Trends", In : Batori, I.S. / W. Lenders/ W. Putschke (eds.). *Computational Linguistics : An international Handbook on Computer Oriented Language Research and Applications*, Berlin/New York : Walter de Gruyter.

Young, S. / G. Bloothoft(1997), *Corpus-Based Methods in Language and Speech Processing*.

Vennemann, Th(1977), "Konstituenz und Dependenz in einigen neueren Grammatiktheorien", In : Sprachwissenschaft 2.

Vennemann, Th. / J. Jacobs(1982), *Sprache und Grammatik*, Darmstadt.

Wahlster, Wolfgang(1982), *Natuerrlichsprachliche Systeme — Eine Einfuehrung in diesprachorientierte KI-Forschung*, KIFS.

Weisweber, W.(1997), *PROLOG-Logische Programmierung in der Praxis*, Thomson Publishing.

http://hpsg.stanford.edu/hpsg/leading-ideas.html

http://www.cogsci.princeton. edu/~wn/

http://www.dfki.de/lt/HPSG/Bib/

http://www.dfki.de/~stefan/Babel/e_babel.html

http://www.ling.ohio-state.edu/hpsg/

http://www.ltg.hcrc.ed.ac.uk/projects/ledtools/ale-hpsg/index.html

http://www.swi-prolog.org/ (Swi-Prolog 사이트)

ㅈ

ㅊ

ㅋ

ㅌ

ㅍ

파싱 57
프레임 언어 122
프레임 이론 133
프롤로그 16, 81, 107
피통제자 34

ㅎ

저 자 **이민행**(李民行)

leemh@yonsei.ac.kr
http://www.coling.info/

- 서울대학교 인문대학 독어독문학과 졸업(1982)
  - 독어독문학 전공, 경제학 부전공
- 서울대학교 대학원 독어독문학과 졸업(1984)
  - 독어학 전공
- 독일 뮌헨대학교 대학원 졸업(1991)
  - 독어독문학부내 이론언어학 전공, 독어학 부전공, 논리학 부전공
- Visiting Scholar, Harvard-Yenching 연구소, 미국 Harvard University(2002~2003)
- 국립 제주대학교 독어독문과 조교수(1992~1995)
- 연세대학교 문과대학 독어독문학과 조교수, 부교수, 교수(1995~현재)
- 한국언어정보학회 총무
- 문화관광부 지원 제1~3회 국어정보화 아카데미 조직위원장 역임
- 한국언어학회 홍보 상임이사 역임
- 한국독어독문학회 홍보, 국제 상임이사 역임
- 한국독어학회 연구 상임이사 역임
- 『언어와 정보』, 『어학연구』, 『독일언어문학』 편집위원 역임

현재
- 연세대학교 언어정보연구원 부원장
- 연세대학교 대학원 협동과정 언어정보학 전공 주임교수
- 『언어정보와 사전편찬』 편집위원장, 『언어와 정보』, 『독어학』, 『독일언어문학』, 『외국어로서의 독일어』 편집위원

주요논저
- 저서 『Kontrastive Syntax und Maschinelle Sprachanalyse im Rahmen einer Unifikationsgrammatik <대조통사론과 컴퓨터에 의한 언어분석-통합문법의 틀안에서>』 (Peter Lang 출판사, 1992)
  『형식의미론과 한국어기술』(공저, 한신문화사, 1999)
  『인지과학 : 마음, 언어, 기계』(공저, 학지사, 2000)
  『심리동사의 의미론』(공저, 도서출판 역락, 2005)
- 역서 『새로운 의미론』(공역, 한국문화사, 1999)
  『전산언어학의 기초』(공역, 한국문화사, 2002)
- 논문 "Development of a Multilingual Information Retrieval and Check System Based on Database Semantics", In: LDV-FORUM-Zeitschrift für Computerlinguistik und Sprachtechnologie 16(2)(공저자 : 장석진, 이기용, 최기선 외)
  "Anaphora Resolution and Discourse Structure: A Controlled Information Packaging Approach", In: Language and Information 4(1)(공저자 : 이익환)
  「독-한 명사구 기계번역 시스템의 구축」, 언어와 정보 2.1(공저자 : 최승권·최경은)
  「기계번역 시스템 측정 장치 연구」, 언어와 정보 2.2(공저자 : 지광신·정소우)
  「독일어 등위접속구문의 기계적인 분석」, 독일언어문학 9 등 30여 편.

전산 통사 · 의미론 ▨ ▨ ▨
－ 이론과 응용

인 쇄 2005년 6월 23일
발 행 2005년 6월 30일
저 자 이 민 행
펴낸이 이 대 현
편 집 권분옥, 김민희
펴낸곳 도서출판 역락
　　　　서울 성동구 성수2가 3동 301-80 (주)지시코 별관 3층
　　　　전화 • 3409-2058, 3409-2060 / FAX • 3409-2059
　　　　홈페이지 • http://www.youkrack.com
　　　　이메일 • youkrack@hanmail.net
　　　　등록 • 1999년 4월 19일 제2-2803호

정 가 17,000원
ISBN 89-5556-403-1-93700

■ 잘못된 책은 교환해 드립니다.